总第77集

行政执法与行政审判

中华人民共和国最高人民法院
行政审判庭 编

中国法制出版社
CHINA LEGAL PUBLISHING HOUSE

目　录

理论探索

审理征收拆迁案件适用新司法解释评析

王晓滨

【摘要】征收拆迁案件的审理是当前困扰行政审判的主要难点之一。2018年2月《最高人民法院关于适用〈中华人民共和国行政诉讼法〉的解释》(以下简称新司法解释)的实施,为人民法院妥善处理此类纠纷提供了更为具体的适用依据,带来了改进工作的重大契机。本文从立案和受理、审理和判决、证据规则、执行四个方面,对新司法解释的新增规定及新制度结合征收拆迁案件的审理特点加以评析,以期为法官准确适用该司法解释,实质化解相关矛盾提供一些具有针对性、可操作性的参考和建议。

【关键词】征收拆迁案件　审判程序　证据规则　执行

在推进城镇化建设过程中,因征收拆迁(泛指国有土地上房屋征收、农村集体土地征收和违法建设拆除)引发的"官"民纠纷,是人民法院审理行政案件相对最集中的领域。此类案件不仅数量大,涉及利益重大,协调处理难度大,而且往往群体性因素多,对相关法律法规理解争议多,法官在审理中的困惑多。能否处理好此类案件,切实保障人民群众切身合法权益,监督行政机关依法行政,是考验人民法院在国家治理体系中功能作用的发挥效果,是考验行政法官审判业务能力的试金石。自《行政诉讼法》于2015年5月1日起修订实施以来,对征收拆迁案件的审理在准据法上得以根本性改进,最高人民法院在2000年《最高人民法院关于执行〈中华人民共和国行政诉讼法〉若干问题的解释》的基础上针对新制度（如立案登记、双被告、行政协议等）曾制定了27条补充性、过渡性的司法解释，因而整合原有司法解释、全面制定新司法解释的任务被摆上议事日程。2018年2月，新司法解释应运而生，该解释的许多规定对处理和化解征收拆迁等纠纷提供了针对性、可操作性更强的依据，为法官正确适用法律提供了系统化指南。鉴于新司法解释体系庞杂，涉及问题点众多，本文重点结合征收拆迁案件，就该解释一些新规定的适用问题提出一孔之见，旨在突出和强调在审理征收拆迁案件时对该解释的关注点，为相关司法实践提供参考和建议。下文主要围绕立案和受理、审理和判决、证据规则、执行四大问题展开。

一、立案和受理问题

现行《行政诉讼法》第12条第（5）项、第（7）项、第（11）项分别将“征收、征用决定及其补偿决定”“侵犯农村土地承包权、农村土地经营权”以及“土地房屋征收补偿协议”明确规定为行政诉讼受案范围，凸显了征收拆迁活动所涉及的最广泛的行政活动形态或权利影响状态，较之1989年《行政诉讼法》是一大突破。同时，该条其他项所列举的行政处罚、行政强制、行政许可、行政确权、履行法定职责（行政不作为）等情形，在征收拆迁活动中都能找出相应的表现形式，如责令限期拆除处罚决定、不动产权属争议及颁证行为、强制拆除行为，等等。此外，行政诉讼法还将规范性文件一并审查、相关民事争议一并审理纳入行政诉讼受案范围，且保护领域扩大至人身权、财产权以外的“等合法权益”（如知情权）。

但是，这种扩大受案范围的趋势并非漫无边际。从立法科学性、诉讼经济等角度考量，并非所有行政行为均需由法院受理，当事人提起诉讼应当符合《行政诉讼法》第49条规定的起诉条件，人民法院对法定起诉条件应当作出合理必要的审查。就征收拆迁案件而言，新司法解释在以下三个方面的新规定值得关注。

（一）对受理范围的限定

新司法解释最大的亮点之一，就是结合审判实践和司法规律，在行政诉讼法以及原司法解释相关规定基础上，对行政诉讼受案范围加以科学限定。[①]新增加内容（第 1 条）：一是“行政机关作出的不产生外部法律效力的行为”。实践中常常表现为在推进征收拆迁活动中，行政机关所进行的各种内部沟通、会签意见、方案报批等行为，因其不对外发生法律效力，不具有救济可得性，不宜纳入受案范围。二是“行政机关为作出行政行为而实施的准备、论证、研究、层报、咨询等过程性行为”，如在征收拆迁中的方案酝酿、入户调查、征询意见等行为皆具有此特征，属于尚不具有成熟性的行政行为。三是“行政机关根据人民法院的生效裁判、协助执行通知书作出的执行行为”，在涉及不动产登记、强制执行过程中，不少情形属于执行法院生效裁判。但司法解释专门规定“行政机关扩大执行范围或者采取违法方式实施的除外”。同时还需注意，这里的生效裁判不仅是生效行政裁判，还包括其他裁判，且行政机关针对驳回原告诉讼请求的胜诉判决以及行政非诉案件中申请法院强制执行的依据，并非是生效裁判本身，而是经过司法审查的生效行政法律文书，这也是人民法院开展“裁执分离”的合理性基础。四是“上级行政机关基于内部层级监督关系对下级行政机关作出的听取报告、执法检查、督促履责等行为”，主要指上级行政机关对下级机关的一般监督管理职责，属于行政系统内部事务，往往特指法律、法规等规定的上级行政机关的一般性、笼统性监督职责，监督程序并未具体化、特定化。如《国有土地上房屋征收与补偿条例》第 6 条第 1 款规定“上级人民政府应当加强对下级人民政府房屋征收与补偿工作的监督”，这种规定并不直接设定当事人新的权利义务关系，要求履行此种监督职责难以支持。实践中，要注意区分此种监督与“行政复议”监督以及“内部行政行为”等概念的差别。五是“行政机关针对信访事项作出的登记、受理、交办、转送、复查、复核意见等行为”。大量征收拆迁矛盾以信访方式体现出来，上述行为往往不对信访人的实体权利义务产生实质影响，不具有强制执行力。但是在实践中，要注意避免行政机关对群众提出的业务性履责申请借信访事项为由规避其应当履行的法定职责（如查处违建、复议职责等），若有些以《信访事项告知书》形式作出，人民法院可按照不作为标准立案审查。

---

① 根据《行政诉讼法》第 13 条规定，下列 4 种情形不属于受案范围：（一）国防、外交等国家行为；（二）行政法规、规章或者行政机关制定、发布的具有普遍约束力的决定、命令；（三）行政机关对行政机关工作人员的奖惩、任免等决定；（四）法律规定由行政机关最终裁决的行政行为。此外，新司法解释第 69 条援引原司法解释相关规定列举了 10 项不符合起诉条件的情形，如起诉超期、重复起诉，等等。

（二）对原告、第三人主体资格的理解

在征收拆迁领域，关于原告、第三人诉讼主体资格的认定是困扰审判实践多年的难题。新司法解释从多个角度对此作出改进和完善，提高了可操作性。

首先，对于《行政诉讼法》第 25 条规定的“与行政行为有利害关系”，迥异于民事、刑事诉讼以及以往司法解释的相关规定，新司法解释对此作出 6 项列举（第 12 条），即：1. 被诉的行政行为涉及其相邻权或者公平竞争权的；2. 在行政复议等行政程序中被追加为第三人的；3. 要求行政机关依法追究加害人法律责任的；4. 撤销或者变更行政行为涉及其合法权益的；5. 为维护自身合法权益向行政机关投诉，具有处理投诉职责的行政机关作出或者未作出处理的；6. 其他与行政行为有利害关系的情形。上述规定在涉及不动产权属证书颁证纠纷、土地房屋行政强制执行纠纷以及要求查处违法建设方面的行政作为和不作为诉讼中，常常以不同方式表现出来：有的主体应当成为原告而难以得到认可，有的虽未提起诉讼（同案件处理结果有利害关系）却需列为第三人，应审慎把握。特别是第（5）项投诉类案件，所谓“具有处理投诉职责的行政机关”不是泛指一般监督管理职责机关，而是法律、行政法规设定了处理投诉具体职责与程序的机关，否则很容易在实践中形成滥诉，给行政管理的安定性造成困扰。

其次，新司法解释对债权人的原告资格作出一般性排除（第 13 条）。即如其以行政机关对债务人所作的行政行为损害债权实现为由提起行政诉讼的，人民法院应当告知其就民事争议提起民事诉讼，但行政机关作出行政行为时依法应予保护或者应予考虑的除外。此规定在征收拆迁案件中对于租赁人权益的理解常常引起争议。由于征收活动往往会涉及停产停业事项的补偿，通常把握的标准是，对补偿决定而言，如果用于经营性用途且确有停产停业损失的，可给予租赁人原告主体资格；如果仅用于居住（如学区房），通常不给予租赁人原告主体资格，但对于房改前的直管公房、自管公房租赁人，在法律地位上往往视为“准被征收人”，宜给予其原告资格。同时，如果因强制执行行为违法造成实际居住者的财产乃至人身直接损害，即便是租赁人也应给予其对强制执行行为的原告主体资格。

最后，新司法解释对于合伙企业、个体工商户的原告主体资格作出规范

（第15条）。即核准登记的合伙企业以其字号为原告，未依法登记领取营业执照的个人合伙以全体合伙人为共同原告；个体工商户以营业执照上登记的经营者为原告，有字号的以营业执照上登记的字号为原告。这些规定对于征收拆迁中涉及权属登记、确定补偿对象以及强制执行的救济具有直接指导意义。

此外，新司法解释还赋予了事业单位、社会团体、基金会、社会服务机构等非营利法人的出资人、设立人对损害法人合法权益的行政行为的原告主体资格（第17条）。同时，对于涉及业主共有利益的行政行为，赋予业主委员会以及专有部分占建筑物总面积过半数或者占总户数过半数的业主的原告主体资格（第18条）。上述规定对于现实中在征收拆迁案件特别是违法建设拆除类案件中如何确定原告主体资格提供了明确依据。当然，对于不属于“业主共有利益”的情形，有利害关系的业主个人有权起诉。

（三）对被告主体资格的把握

《行政诉讼法》第49条规定了起诉应当“有明确的被告”，而在征收拆迁案件中，被告的适格性往往成为征收拆迁各方诉辩焦点。有些情形是不动产被强拆，却无任何行政、民事主体承认由其实施；有些情形是本应行政机关实施却辩称只存在民事侵权；有些情形是多部门联合执法却人为限缩被告范围；有些情形是行政机关内设机构、派出机构实施难以界定被告；等等。新司法解释虽然无法全面应对所有争议，但在以下几个关键问题上有较大突破。

一是重申了经批准行为的被告认定规则（第19条）。即当事人不服经上级行政机关批准的行政行为，向法院起诉的，以在对外发生法律效力的文书上署名的机关为被告。例如根据《土地管理法》第58条“有关人民政府自然资源主管部门报经原批准用地的人民政府或者有批准权的人民政府批准，可以收回国有土地使用权”之规定，收回土地决定可由署名的自然资源主管部门为被告。

二是明确了非独立行政主体及行政机关内设机构、派出机构所作行政行为如何认定被告规则（第20条）。即：1. 行政机关组建并赋予行政管理职能但不具有独立承担法律责任能力的机构（如一些地方政府组建的拆迁领导组、项目指挥部等），以自己的名义作出行政行为，当事人不服提起诉讼的，应当以组建该机构的行政机关为被告；2. 法律、法规或者规章授权行使行政职权的行政机关内设机构、派出机构或者其他组织，超出法定授权范围实施行政行为（如征收部门作出征收决定，城建部门、街道办未经政府责成而直接实施拆违），当事人不服提起诉讼的，应当以实施该行为的机构或者组织为被告；3. 没有法律、法规或者规章规定，行政机关授权其内设机构、派出机构或者其他组织行使行政职权的（如区县政府授权城管部门局、乡镇政府查处本应由土地管理部门处罚的违反《土地管理法》第 83 条之违建），属于《行政诉讼法》第 26 条规定的委托。当事人不服提起诉讼的，应当以该行政机关为被告。

三是明晰了开发区及其所属职能部门以及村委会、居委会作被告的情形（第 21 条、第 24 条）。即：1. 对由国务院、省级人民政府批准设立的开发区管理机构作出的行政行为不服提起诉讼的，以该开发区管理机构为被告；对由国务院、省级人民政府批准设立的开发区管理机构所属职能部门作出的行政行为不服提起诉讼的，以其职能部门为被告；对其他开发区管理机构所属职能部门作出的行政行为不服提起诉讼的，以开发区管理机构为被告；开发区管理机构没有行政主体资格的，以设立该机构的地方人民政府为被告。2. 当事人对村委会或者居委会依据法律、法规、规章的授权履行行政管理职责的行为不服提起诉讼的，以村委会或者居委会为被告。当事人对村委会、居委会受行政机关委托作出的行为不服提起诉讼的，以委托的行政机关为被告。实践中，因开发区建设、城中村改造和农村集体土地征收所涉的组织实施行为被诉的情形比比皆是，在认定被告时争议颇多，上述规定基本解决了此问题。同时，需要指出的是，如果村委会、居委会在没有行政授权或委托背景下直接实施的拆除活动，通常只构成民事侵权。

四是规范了国有土地上房屋征收活动的相关被告（第 25 条）。即市、县级人民政府确定的房屋征收部门组织实施房屋征收与补偿工作过程中作出行政行为，被征收人不服提起诉讼的，以房屋征收部门为被告。征收实施单位（通常是不以营利为目的的政府组建的企事业单位，有些地方还包括政府派出机构）受房屋征收部门委托，在委托范围内从事的行为，被征收人不服提起诉讼的，应当以房屋征收部门为被告。

五是针对确定被告事宜明确了原告配合义务与法院的指定职权（第 26 条）。即原告所起诉的被告不适格，人民法院应当告知原告变更被告；原告不同意变更的，裁定驳回起诉。应当追加被告而原告不同意追加的，人民法院应当通知其以第三人的身份参加诉讼，但行政复议机关作共同被告的除外。该规定对于规范征收拆迁审判秩序，防止少数人过度缠诉无疑具有很强的指导性。

二、审理和判决问题

征收拆迁案件不仅体现在立案难，实践中还突出呈现审理难。有的表现为当事人哄闹法庭、要求全体法官回避或者无正当理由拒不到庭；有的表现为当事人虽然到庭却拒绝陈述，或者对行政机关出庭人员的身份不断提出质疑。有的法官在认定行政行为无效或者认定构成重复起诉而驳回诉讼请求时标准不一，争议较大。对此，新司法解释有针对性地作出回应，对于指导征收拆迁案件的审理可谓“及时雨”，增强了法官驾驭庭审、化解诉辩紧张关系、从容作出判决的底气。

（一）审理中的关注点

首先，增加了当事人滥用回避申请权的果断处理措施（第74条第3款）。新司法解释规定：“对当事人提出的回避申请，人民法院应当在三日内以口头或者书面形式作出决定。对当事人提出的明显不属于法定回避事由的申请，法庭可以依法当庭驳回。”不少征收拆迁案件当事人出于干扰法庭秩序、施加压力、延缓开庭等目的而申请法官整体回避，可依据上述规定当庭驳回。该规定对规范审判秩序十分必要，也是新司法解释有别于民事、刑事诉讼回避制度的特有规定。

其次，明确了被告未到庭的处理规则（第79条第3款）。新司法解释规定：“根据行政诉讼法第五十八条的规定，被告经传票传唤无正当理由拒不到庭，或者未经法庭许可中途退庭的，人民法院可以按期开庭或者继续开庭审理，对到庭的当事人诉讼请求、双方的诉辩理由以及已经提交的证据及其他诉讼材料进行审理后，依法缺席判决。”该规定细化了操作方式，对行政机关依法应诉具有督促功能。此种情形目前已很少发生。笔者认为，行政机关既无负责人出庭又无相关的工作人员出庭，仅委托律师到庭，有违《行政诉讼法》第3条之规定，虽不能等同于被告未到庭，但人民法院宜采取相应的惩戒措施或者向有权机关提出相关处理建议。

再次，规定了拒绝陈述的法律后果（第80条第1款）。新司法解释规定：

"原告或者上诉人在庭审中明确拒绝陈述或者以其他方式拒绝陈述，导致庭审无法进行，经法庭释明法律后果后仍不陈述意见的，视为放弃陈述权利，由其承担不利的法律后果。"该条规定对于应对个别征收拆迁当事人在法庭上恣意宣泄不满、不服从审判长指挥、不举证不陈述致使庭审无法进行等情形，具有直接适用意义。

最后，明晰了行政机关负责人及相应工作人员的范围（第128条、第130条）。新司法解释将行政机关负责人界定为"正职、副职负责人以及其他参与分管的负责人"，将行政机关工作人员界定为"具有国家行政编制身份的工作人员以及其他依法履行公职的人员"，将能够代表政府的工作人员界定为"政府所属法制工作机构的工作人员"以及"被诉行政行为具体承办机关工作人员"。这些规定既考虑到行政机关负责人及工作人员出庭的现实合理性，也防止了实践中一部分征收拆迁当事人借题发挥、阻滞庭审的现象，对于规制地方政府自身当被告频率最高的征收拆迁案件的审判程序，无疑具有十分积极的作用。

（二）判决时的关注点

首先，明确了无效判决的审查标准和适用方式（第94条、第99条）。实践中，征收拆迁案件当事人经常提出要求确认行政行为无效的诉求，同时，不同程度地存在法官在审理当事人提出的其他诉求案件时认为被诉行为事实上已符合无效条件而难以下判等情形。对此，新司法解释细化了《行政诉讼法》第75条"重大且明显违法"表现情形，即行政行为实施主体不具有行政主体资格、减损权利或者增加义务的行政行为没有法律规范依据、行政行为的内容客观上不可能实施以及其他重大且明显违法的情形。同时，明确规定了公民、法人或者其他组织起诉请求撤销行政行为，人民法院经审查认为行政行为无效的，应当作出确认无效的判决；公民、法人或者其他组织起诉请求确认行政行为无效，人民法院审查认为行政行为不属于无效情形，经释明，原告请求撤销行政行为的，应当继续审理并依法作出相应判决；原告请求撤销行政行为但超过法定起诉期限的，裁定驳回起诉；原告拒绝变更诉讼请求的，判决驳回其诉讼请求。

其次，明确了重复起诉的审查标准（第106条）。重复起诉通常是法院裁定不予立案、驳回起诉的程序审查理由，在审理征收拆迁案件时较为常见。

但实践中与“诉讼标的已为生效裁判或者调解书所羁束”“撤回起诉后无正当理由再行起诉”（第69条）等规定常常混用，亟待明确（如多人多次起诉征收决定）。新司法解释明确了重复起诉的适用条件是“当事人就已经提起诉讼的事项在诉讼过程中或者裁判生效后再次起诉”，且须同时具备“后诉与前诉的当事人相同；后诉与前诉的诉讼标的相同；后诉与前诉的诉讼请求相同，或者后诉的诉讼请求被前诉裁判所包含”三大条件，该规定有助于确保裁判理由法律适用的统一。

最后，明确了规范性文件的审查要件及判后处理要求。规范性文件俗称“红头文件”，在行政诉讼法中特指行政机关发布的有一定普遍约束力的相关发文。在征收拆迁案件中，此类文件多表现为行政机关制定的相关通知、规则、标准等，其中最常见的载体当属征收补偿安置方案。人民法院依法可一并审查类似规范性文件，除了不作为被诉行政行为的依据外，还可向制定机关提出建议。新司法解释专章对此作出规定，进一步明确了何种情形属于“规范性文件不合法”（第148条），明确了制定机关的相关权利（第147条）以及法院认为不合法的处理方式。如可以抄送制定机关的同级人民政府、上一级行政机关、监察机关以及规范性文件的备案机关，情况紧急的可以建议制定机关或者其上一级行政机关立即停止执行该文件（第149条）；认为规范性文件不合法应将生效裁判报送上一级人民法院备案，认为国务院部门、省级行政机关制定的规范性文件不合法应将司法建议分别层报最高人民法院、高级人民法院进行备案（第150条）。

此外，新司法解释的亮点还在于明确规定了简易程序的操作方式（第102～105条），完善了诉讼调解制度（第84～86条等）。结合征收拆迁案件的审理，这两项制度对于提高审判效率、实现矛盾实质性化解、促进案结事了人和具有十分积极的意义，但在实践操作中运用比率并不高。笔者认为，在有关违建小额处罚、征拆信息公开等案件中，应当加大简易程序的适用力度，以缓解法官沉重的审判负担。同时，对于许多法院仍然热衷于通过双方达成协议，由原告方申请撤诉而作出准予撤诉裁定的做法，虽无不妥，但今后需关注行政调解书的优势（如在协议基础上固化双方权利义务，具有强制执行性等），结合各方意愿有意识地采取制作行政调解书的方式结案，加强此方面探索与经验积累。

三、证据规则问题

在征收拆迁案件审理过程中，证据问题常常是困扰行政审判实践的老大难问题。尤其在起诉强制执行行为违法以及由此引发的行政赔偿案件中，在强制执行主体认定、强制执行程序合法性、被执行人损失状况等方面，各方当事人对事实认定、举证责任认识不一，矛盾尖锐，判决结果的认可度、可接受度亟待提高。究其原因，与相关规定不健全、证据规则不完善不无关系。一方面，审判实践中由被告承担举证责任的一般规则并不适应各类复杂行政行为的一般要求；另一方面，由原告承担证明谁实施了侵权、遭受了多大损失的完全证明责任又明显偏颇，现实中饱受诟病。原有司法解释的一些规定已不适应行政审判实践催生的各种需要。在此背景下，新司法解释结合行政诉讼特点，作出了一系列富有建设性的规定，适应当前办理征收拆迁等案件的迫切需要。

（一）强化了法院要求各方当事人履行到庭接受询问义务的职权（第44条）

新司法解释规定："人民法院认为有必要的，可以要求当事人本人或者行政机关执法人员到庭，就案件有关事实接受询问。在询问之前，可以要求其签署保证书。保证书应当载明据实陈述、如有虚假陈述愿意接受处罚等内容。当事人或者行政机关执法人员应当在保证书上签名或者捺印。负有举证责任的当事人拒绝到庭、拒绝接受询问或者拒绝签署保证书，待证事实又欠缺其他证据加以佐证的，人民法院对其主张的事实不予认定。"该规定对于审理征收拆迁的直接意义，在于法官可以依职权和案件调查的需要，要求各方当事人接受询问并可签署保证书，对拒绝情形规定了反制方式，即对其主张事实不予认定。上述规定无疑为法官查证征拆事实提供了便利，特别是对于取证优势方的行政机关增强了制约。

（二）强化了法院应原告申请责令行政机关履行提交证据义务的职权和对证据妨碍行为的处置力度（第46条）

新司法解释规定："原告或者第三人确有证据证明被告持有的证据对原告或者第三人有利的，可以在开庭审理前书面申请人民法院责令行政机关提交。申请理由成立的，人民法院应当责令行政机关提交，因提交证据所产生的费用，由申请人预付。行政机关无正当理由拒不提交的，人民法院可以推定原告或者第三人基于该证据主张的事实成立。持有证据的当事人以妨碍对方当事人使用为目的，毁灭有关证据或者实施其他致使证据不能使用行为的，人民法院可以推定对方当事人基于该证据主张的事实成立，并可依照行政诉讼法第五十九条规定处理。”该规定对审理征收拆迁案件的直接意义在于，对于行政机关掌握的现场执法录像等证据，为查明事实的需要，人民法院可依当事人申请责令行政机关提交，否则由行政机关承担不利后果（推定原告或者第三人主张的事实成立）。同时，对一方存在毁灭证据或致使证据不能使用的行为，可以推定对方基于该证据主张的事实成立。此规定超越了民事诉讼法的相关规定，系行政诉讼证据调查所必需，对促使各方当事人重视履行举证和证据保护义务、便利法院今后认定事实和作出裁判影响深远。

（三）细化了举证责任转换规则与鉴定评估规则（第 47 条第 1 款、第 2 款）

新司法解释规定，在行政赔偿、补偿案件中，因被告的原因导致原告无法就损害情况举证的，应当由被告就该损害情况承担举证责任。对于各方主张损失的价值无法认定的，应当由负有举证责任的一方当事人申请鉴定，但法律、法规、规章规定行政机关在作出行政行为时依法应当评估或者鉴定的除外；负有举证责任的当事人拒绝申请鉴定的，由其承担不利的法律后果。征收拆迁领域往往涉及大量的赔偿、补偿案件，上述规定是对《行政诉讼法》第 38 条第 2 款有关举证责任转换情形（亦称为举证责任倒置）的重述。其中“因被告的原因”常表现为实践中行政机关违反程序规定搞突袭式拆迁，导致被执行人措手不及而难以收集证据，将产生举证责任转换的后果。而有关负有举证责任的当事人拒绝申请鉴定将承担不利法律后果的规定，实践中会起到倒逼举证责任人及时履行义务之作用。

（四）丰富了各方举证不能时的法官酌定规则（第 47 条第 3 款）

新司法解释规定，当事人的损失因客观原因无法鉴定的，人民法院应当结合当事人的主张和在案证据，遵循法官职业道德，运用逻辑推理和生活经验、生活常识等，酌情确定赔偿数额。上述规定带有明显的司法裁量特点，为法官有效应对各方举证不能的复杂局面提供了有力依据和条文支撑。特别是征收拆迁案件中核定损失面临“证据僵局”时，上述规定无疑能够成为处断和解决纠纷的重要抓手。例如，最高人民法院颁布的“沙某保等诉马鞍山市花山区人民政府房屋强制拆除行政赔偿案”（最高人民法院指导案例91号）[①] 的裁判要点指出：“在房屋强制拆除引发的行政赔偿案例中，原告提供了初步证据，但因行政机关的原因导致原告无法对房屋内物品损失举证，行政机关亦因未依法进行财产登记、公证等措施无法对房屋内物品损失举证的，人民法院对原告未超出市场价值的符合生活常理的房屋内物品的赔偿请求，应当予以支持。”该案即体现了上述规定精神。这里需要强调的是，要紧密结合“当事人的主张和在案证据”审查，其意义在于强调法官的裁量权应受到必要限制，需结合当事人陈述和已掌握的部分事实依据方具有合理的逻辑基础。同时，“运用逻辑推理和生活经验、生活常识”事实上对法官的专业能力和综合知识提出了更高要求。此外，此规定并未将“习惯”与“公序良俗”作为审查标准，与民事相关法律规定有一定区别。“习惯”“公序良俗”通常是人民法院在民事诉讼中作出裁判的重要考量因素。[②]

（五）丰富了共同过错以及行政不作为的赔偿责任认定规则（第97条、第98条）

对于共同过错的赔偿，新司法解释规定，原告或者第三人的损失系由其自身过错和行政机关的违法行政行为共同造成的，人民法院应当依据各方行为与损害结果之间有无因果关系以及在损害发生和结果中作用力的大小，确定行政机关相应的赔偿责任。对于行政不作为的赔偿，新司法解释规定，因行政机关不履行、拖延履行法定职责，致使公民、法人或者其他组织的合法权益遭受损害的，人民法院应当判决行政机关承担行政赔偿责任。在确定赔偿数额时，应当考虑该不履行、拖延履行法定职责的行为在损害发生过程和结果中所起的作用等因素。上述规定所阐述的“应当依据各方行为与损害结果之间有无因果关系以及在损害发生和结果中作用力的大小”以及“应当考虑该不履行、拖延履行法定职责的行为在损害发生过程和结果中所起的作用”

---

① 详见《最高人民法院关于发布第17批指导性案例的通知》（法〔2017〕332号），2017年11月15日发布。

② 如《民法总则》第10条规定：“处理民事纠纷，应当依照法律；法律没有规定的，可以适用习惯，但是不得违背公序良俗。”《最高人民法院关于适用〈中华人民共和国民事诉讼法〉的解释》第一百零六条规定：“对以严重侵害他人合法权益、违反法律禁止性规定或者严重违背公序良俗的方法形成或者获取的证据，不得作为认定案件事实的根据。”

对于审理征收拆迁案件的重要指向作用在于，其从综合视角赋予法官相关的司法裁量权，指引法官在确定赔偿责任和赔偿数额时要有充分的因果关系考量，虽然一定程度上似缺乏具体可操作性，但使得相关裁判能够于法有据，合情合理，在有利于应对当事人质疑的同时促进了裁判的说理性与公信力的提升。

（六）明确了非法证据排除规则（第43条）

新司法解释将“以非法手段取得的证据”界定为“严重违反法定程序收集的证据材料”“以违反法律强制性规定的手段获取且侵害他人合法权益的证据材料”和“以利诱、欺诈、胁迫、暴力等手段获取的证据材料”。上述规定较之于2002年《最高人民法院关于行政诉讼证据若干问题的规定》，将原“以偷拍、偷录、窃听等手段获取侵害他人合法权益的证据材料”变为“以违反法律强制性规定的手段获取且侵害他人合法权益的证据材料”，其对于征收拆迁案件的审理更具有积极意义。在实际效果上，对当事人特别是负有主要举证责任的行政机关收集证据的方式作出合乎实际执法需要的规定，强调“违反法律强制性规定的手段”与“侵害他人合法权益”须同时具备方可能成为应排除的证据。此外，“严重违反法定程序收集的证据”之规定，较之于民事、刑事诉讼非法证据排除规则，也体现出鲜明的行政诉讼色彩，适度放宽了证据的可采性。从整体功能而言，上述规定有利于促进行政机关树立程序法治意识，对征收拆迁类案件的正确审理指引性、示范性更强。

四、执行问题

行政诉讼法规定的执行有别于民事、刑事案件的执行，它既包括行政诉讼案件的执行，还包括行政非诉案件的执行。其中，行政诉讼案件中的执行又可分为以下三种：一是行政机关依法直接强制执行；二是行政机关或第三人向一审法院申请强制执行；三是公民、法人或者其他组织向一审法院申请强制执行。行政非诉案件的执行，指公民、法人或者其他组织对行政行为不提起诉讼又不履行的，由行政机关申请法院强制执行。行政非诉案件又存在由行政机关作为执行主体组织实施和由人民法院负责执行两种基本模式。实践中，在征收拆迁领域，上述执行方式均有不同情形的表现，如何强制执行也是最为棘手的难题之一。新司法解释在有关执行问题上作出了如下新规定。

（一）关于行政诉讼案件的执行

首先，扩大了强制执行依据的范围。新司法解释将“行政调解书”规定为申请强制执行依据（第152条），较以往司法解释有所扩大，也与《行政诉讼法》第94条规定保持了一致。如前所述，行政调解书不仅增加了行政补偿及行政自由裁量权内容，且能够直接作为强制执行依据，比达成协议后法院作准予撤诉裁定有明显优势，在今后征收拆迁案件中应适当扩大应用范围。另需说明的是，对于绝大多数行政机关胜诉的案件（实体胜诉之唯一判决方式是驳回原告诉讼请求），判决主文本身在司法执行领域是没有可执行内容的，但判决理由所肯定的合法的行政决定常常包含需执行内容，也即在行政执行领域，具有确定力、羁束力和执行力的生效行政行为所加诸公民、法人或者其他组织应当承担的法定义务，有时需要强制执行。此时，执行依据应当是这些生效行政决定本身，而不是法院裁判。实践中，行政非诉程序的执行依据是生效行政决定本身往往已形成共识，而行政诉讼程序中行政机关胜诉后涉及的强制执行依据也是行政决定，这一点需要加以释明。

其次，突出强调了公民、法人和其他组织的执行请求权。新司法解释增加了行政机关拒不履行行政给付义务的申请执行程序之规定（第152条第2款），即“人民法院判决行政机关履行行政赔偿、行政补偿或者其他行政给付义务，行政机关拒不履行的，对方当事人可以依法向法院申请强制执行”。该规定在一般性权利申索外，单列出“行政赔偿、行政补偿或者其他行政给付义务”的情形，针对征收拆迁案件具有重要指导意义。这里的“对方当事人”通常指原告（有时包括第三人），在征收拆迁案件中，如果行政机关不履行上述行政给付义务，往往影响到老百姓最切身的基本权益，需要引起行政机关高度重视，坚决避免无正当理由不主动履行行政给付义务的现象。

再次，取消了被告申请先予执行的规定。原司法解释曾有过由被告申请法院先予执行的制度设计，在征收拆迁领域很容易造成申请权的不规范行使，甚至少数地方政府借此规定强压法院先予执行，出现仓促拆除不动产导致不当侵权、执行过错与责任难以厘清等情形，故新司法解释取消了类似规定，先予执行制度今后只存在于原告基于行政机关没有依法支付抚恤金、最低生活保障金和工伤、医疗社会保险金的案件中。这种变化突出体现了保障救济弱者，对于规范诉讼活动，切实维护公民、法人和其他组织的合法权益是一大进步。

最后，在期限方面作出合理配置。新司法解释将诉讼领域的申请执行期限规定为2年（第153条），与民事生效裁判申请执行期限保持一致，较之以往司法解释有关“申请人是公民的，申请执行的期限为一年；申请人是行政机关、法人或者其他组织的为180日”之规定，无论是从期限长度还是主体的统一性上，都是行政诉讼诉权保护制度的一大进步，是此次新司法解释修改的亮点。同时，新司法解释还规定了“逾期申请的，除有正当理由外，人民法院不予受理”（第153条第3款）。上述规定为征收拆迁案件当事人寻求权益保障留足了空间。

（二）关于行政非诉案件的执行

首先，丰富了非诉案件的复议程序规定。新司法解释规定了行政机关针对人民法院作出的不予受理裁定、不准予执行裁定可向上一级人民法院申请复议的程序（第155条、第161条）。相关规定与《行政强制法》第56条第2款、第58条第3款的内容虽基本保持一致，[①] 但有两点重要区别应予说明：第一，在上级法院作出复议决定的形式上，行政强制法上述规定内容为“作出是否受理的裁定”和“作出是否执行的裁定”，而新司法解释上述规定均表述为“作出裁定”，其用意就是考虑到司法实践中由于相关事实、证据的复杂性，由上一级法院径直作出“是否受理裁定”或“是否执行裁定”有时并不适宜，反而有可能增大案件执行压力且不利于给下级法院、行政机关进一步做申请人协调工作留下余地。因此，对于一些事实问题有待查清、程序问题有待完善的，上一级法院可以裁定“撤销原裁定，由下级法院重新审查作出裁定”，如此可操作性更强。第二，对于行政机关的非诉申请或复议申请，法院经实体审查认为不符合执行条件时，行政强制法相关规定是作出“不予执行裁定”，而新司法解释相关规定为作出“不准予执行裁定”，一字之差，却更鲜明地指出了行政非诉程序的执行依据自始至终应当是生效行政决定，而非法院裁定。

---

① 《行政强制法》第56条规定：“人民法院接到行政机关强制执行的申请，应当在五日内受理。行政机关对人民法院不予受理的裁定有异议的，可以在十五日内向上一级人民法院申请复议，上一级人民法院应当自收到复议申请之日起十五日内作出是否受理的裁定。”第58条第3款规定：“行政机关对人民法院不予执行的裁定有异议的，可以自收到裁定之日起十五日内向上一级人民法院申请复议，上一级人民法院应当自收到复议申请之日起三十日内作出是否执行的裁定。”

其次，规范了强制执行主体。谁来执行、依何种程序执行是确保行政非诉案件执行行为合法性的基本要素。在征收拆迁领域正确理解相关原理与规则极为重要。新司法解释第161条规定行政非诉案件审查标准时，较原司法解释增加了第1款第（1）项“实施主体不具有行政主体资格”作为裁定不准予执行的理由，不仅丰富了审查内容和审查标准，也有助于切实规范执行主体，防止各类主体乱执行。需要强调的是，虽然新司法解释第160条第3款“需要采取强制执行措施的，由本院负责强制执行非诉执行行为的机构执行”的规定保留了原司法解释相同的表述，但随着人民法院不断推进“裁执分离”的改革探索，意味着并非所有非诉案件执行皆须由法院执行机构负责执行，只是需要“由法院强制执行”时才直接动用法院强制力量执行，很多情形下经法院裁定完全可以由行政机关组织实施，执行依据仍是生效行政决定，执行活动的性质仍为行政强制执行。“裁执分离”是近年来最高人民法院积极推进的一项执行模式改革举措，目前的规范性文件依据来自于行政非诉领域的司法解释。2012年3月26日公布的《最高人民法院关于办理申请人民法院强制执行国有土地上房屋征收补偿决定案件若干问题的规定》，在房屋征收补偿领域确立了“裁执分离”模式，其中第9条规定“人民法院裁定准予执行的，一般由作出征收补偿决定的市、县级人民政府组织实施，也可以由人民法院执行”。全国人大常委会法律委员会在通过行政强制法的审议报告中明确指出，给法院改革探索由法院作裁定、由行政机关组织实施的“裁执分离”的强制执行模式留有空间；中央社会治安综合治理委员会也明确建议最高人民法院不断拓展“裁执分离”适用范围。近年来，浙江、吉林、山东、内蒙古等地积极推进“裁执分离”改革，卓有成效，不仅是非诉领域，有的对诉讼领域不动产执行亦采取“裁执分离”模式，既大大提升行政效率，也避免法院陷入“执行难”的怪圈与非议。当前，土地管理法修改也是循此模式加以规定。此外，经法院裁定后明确了行政机关（特别是基层政府）的强制执行权，虽然作为执行依据的行政决定已经过前期司法审查，但被执行人和其他利害关系人针对执行活动这一事实行为本身仍有权起诉，人民法院应当受理并审查，上述精神在《最高人民法院关于认真贯彻执行〈关于办理申请人民法院强制执行国有土地上房屋征收补偿决定案件若干问题的规定〉的通知》（法〔2012〕97号）中有明确要求。同时，关于如何理顺行政强制执行体制，如何促进审判权与执行权相分离，目前在中央层面正作为重大司法改革项目深入论证和研究，相信在不久的将来，现实中存在的一些执行争议与难题会不断厘清，从理念到制度设计会趋于合理。

最后，在期限方面作出科学设置。一是新司法解释将行政机关启动非诉案件申请时间限定为“自被执行人的法定起诉期限届满之日起3个月内提出”（第156条），比原司法解释规定的180日缩短一倍，与《行政强制法》第53条规定内容保持一致，很大程度上是基于促进行政机关尽早履行申请职责，不断提高行政效率之考量。二是新司法解释针对行政机关对平等主体之间民事争议作出裁决后，该机关在申请执行期限内未申请法院强制执行的，将相关权利人或者其继承人、权利承受人申请法院强制执行的时间规定为6个月（第158条第1款），而原司法解释仅为90天，这一期限之延长无疑更有利于相关民事争议主体的权益保障。三是新司法解释将法院对行政非诉案件的审查期限设定为一般情形7日、认为存在明显违法并损害被执行人权益的情形为30日（第160条），与《行政强制法》第57条、第58条的规定保持一致，而原司法解释只统一规定为30日，这种改变有助于区别化对待，提高司法效率。此外，对复议审查30日期满后是否可因合理原因延长，虽然法律、司法解释未规定，但笔者认为，与行政诉讼法二审期间法院因合理原因可延长审限之原理相类似，行政非诉程序复议审查期限也有设定延长程序之必要性，可比照诉讼期限实际做法执行。

总之，新司法解释在上述四大方面的亮点，对于审理征收拆迁案件提供了诸多富有价值的指导和依据，有助于明晰法律关系，合理配置行政和司法资源，提高人民法院的审判和执行效率。各级人民法院有必要认真贯彻实施，及时妥善化解征收拆迁领域的行政争议。

（作者单位：最高人民法院）

政府办公厅（室）不能作为政府信息公开行政争议的行政复议被申请人和行政诉讼被告

周　觅

一、问题的提出

天津市高级人民法院受理的姚某芬诉天津市河东区人民政府政府信息公开行政复议纠纷二审案件，该院就政府办公厅（室）能否作为政府信息公开行政争议的行政复议被申请人和行政诉讼被告问题向最高人民法院请示。

该案的基本情况是：姚某芬以天津市河东区人民政府办公室（以下简称办公室）为信息申请指向单位申请公开政府信息，办公室作出《依申请办理结果告知书》。姚某芬以办公室为被申请人，向天津市河东区人民政府（以下简称区政府）申请复议，区政府作出被诉《行政复议决定书》，认为办公室作出《依申请办理结果告知书》认定事实不清，证据不足，依据《行政复议法》第 28 条第 1 款第（3）项的规定，决定予以撤销。姚某芬不服被诉行政复议决定，提起行政诉讼，请求确认违法并判令重作。

天津市第二中级人民法院一审认为，根据《行政复议法》第 13 条第 1 款规定，“对地方各级人民政府的具体行政行为不服的，向上一级地方人民政府申请行政复议”。办公室是区政府的内设机构，其所作的行政行为应由区政府承担相应的法律责任。本案中姚某芬对办公室所作的《依申请办理结果告知书》不服，应向区政府的上一级地方人民政府申请行政复议。区政府并非本案适格的复议机关，不具有作出被诉行政复议决定的主体资格，故区政府对姚某芬提出的复议申请进行受理并作出行政复议决定不符合法律规定。依据《行政复议法》第 13 条及《行政诉讼法》第 70 条第 1 款第（4）项的规定，判决撤销区政府作出的津东政复决字〔2014〕5 号《行政复议决定书》。

二、争议的问题

对于因政府信息公开引发的行政复议、行政诉讼案件中，政府办公厅（室）是否具备适格行政复议被申请人或者行政诉讼被告主体资格问题，一直存在争议。

第一种意见认为：政府办公厅（室）作为政府信息公开工作的主管部门，具备行政复议被申请人或者行政诉讼被告的适格行政主体资格。理由为：

1. 依据《行政复议法实施条例》第 14 条“行政机关设立的派出机构、内设机构或者其他组织，未经法律、法规授权，对外以自己名义作出具体行政行为的，该行政机关为被申请人”的规定，内设机构只要经过法律、法规的授权，即可对外以自己名义作出行政行为，成为复议被申请人。据此，办公厅（室）能否成为行政复议被申请人或者行政诉讼被告，取决于办公厅（室）是否具有法律、法规的授权。

2. 办公厅（室）具有行政法规的授权。《政府信息公开条例》（以下简称《条例》）第 3 条第 3 款关于县级以上政府办公厅（室）是政府信息公开工作“主管部门”的规定，是行政法规对办公厅（室）的授权性规定，办公厅（室）因此具备适格行政主体资格。如果当事人以《条例》第 3 条第 3 款的规定为依据，申请复议或提起行政诉讼，要求履行《条例》第 3 条第 3 款规定的“推进、指导、协调、监督”法定职责，此时显然应以该第 3 条明确的职责主体即办公厅（室）作为复议被申请人或行政诉讼被告。如果确定相应政府作为适格行政主体，明显与上述第 3 条规定相悖。

3. 司法解释依据。《最高人民法院关于审理政府信息公开行政案件若干问题的规定》第 4 条规定：对“县级以上地方人民政府部门”依申请公开政府信息行政行为不服提起诉讼的，以作出答复的机关为被告；逾期未答复的，以受理申请的机关为被告。可见，当事人如果对办公厅（室）作出的政府信息公开答复不服，办公厅（室）是适格被告。

综上，通常情况下，办公厅（室）行使政府办事机构、内设机构的职责，其行为后果应由所属政府承担；但是，在政府信息公开工作中，办公厅（室）依法具有一定的行政管理职权，具备适格的复议、诉讼行政主体资格。

第二种意见认为：政府办公厅（室）不是行政主体，不能作为行政复议被申请人或者行政诉讼被告。理由为：

1. 地方政府办公厅（室）是政府的综合办事机构、内设机构，不是法律意义上的政府工作部门，不是行政主体，不能独立对外承担行政管理职能，不能以自己的名义对外作出行政行为，只能以政府的名义对外行使职能。当事人对政府办公厅（室）的行为不服，应以该办公厅（室）所属一级政府为复议被申请人或者行政诉讼被告。

2. 《条例》第3条第3款的规定，确立了我国政府信息公开工作的管理模式，即行政机关系统内部的监督管理，系对政府办公厅（室）的内部授权，并未授权政府办公厅（室）对行政相对人作出政府信息公开行为。因此，根据该条规定，办公厅（室）承担的职能只是内部监督，而不能独立对外行使职权。

3. 本级政府作为复议机关，复议审查所属政府办公厅（室）的政府信息公开行为，其实还是政府复议自己的行为，是自己做自己的法官，违背最基本的正当程序原则。

三、本案的法律适用问题

《条例》第3条第3款规定，县级以上地方人民政府办公厅（室）是本行政区域的政府信息公开工作主管部门，负责推进、指导、协调、监督本行政区域的政府信息公开工作。第4条第1款规定，各级人民政府及县级以上人民政府部门应当建立健全本行政机关的政府信息公开工作制度，并指定机构负责本行政机关政府信息公开的日常工作。

行政管理实践中，政府办公厅（室）以自己名义制作了大量的政府信息，并保存同级政府制作的政府信息。在实践操作中，公民、法人和其他组织在申请政府制作的信息或者政府办公厅（室）制作的信息时，有的地方一律以政府名义答复，有的一律以办公厅（室）名义答复，有的以人民政府信息公开办公室名义答复，还有的根据政府信息是以政府名义还是政府办公厅（室）名义制作的情况，分别由政府或者政府办公厅（室）名义答复。一些地方，政府法制办公室在依申请公开政府信息时，也存在类似情况。各地在此类政府信息公开行为引发的行政诉讼确定适格被告的裁判中，同样存在一定差异。因此，对政府办公厅（室）能否作为政府信息公开行政争议的行政复议被申请人和行政诉讼被告问题的明确，具有重大的现实意义。对此问题，我们认为要注意以下几个方面。

（一）公民、法人或者其他组织向政府办公厅（室）提出的信息公开申请应当视为向本级人民政府提出。

1.《地方各级人民代表大会和地方各级人民政府组织法》第66条第1款规定，省、自治区、直辖市的人民政府的各工作部门受人民政府统一领导。政府办公厅（室）是法定的负责处理政府日常工作的内设机构，除服务保障政府的日常工作外，一般不独立承担对外的法定职责。根据有关地方人民政府制定发布的政府办公厅（室）主要职责、内设机构和人员编制的“三定”规定，政府办公厅（室）是协助本级人民政府领导处理政府日常工作的机构。在我国法律体系中，绝大多数法律法规都没有赋予政府办公厅（室）独立的对外法定职责。因此，政府办公厅（室）是政府的内设机构，其行为代表政府，由政府负责。

2.《条例》第3条将国务院办公厅确定为全国政府信息公开工作主管部门，将县级以上地方人民政府办公厅（室）确定为本行政区域的政府信息公开工作主管部门。我们认为，上述规定所提到的推进、指导、协调、监督政府信息公开工作，并非是行政法规对办公厅（室）的授权性规定，而是属于行政机关内部对政府信息公开工作的具体安排。根据这一规定，政府办公厅（室）在政府的统一领导下，具体开展政府信息公开工作。故虽然大多数政府办公厅（室）被确定为政府信息公开工作主管部门，但这并非是对其行政主体地位的认可，政府办公厅（室）并非是独立于人民政府之外的行政机关。同时，即使依据《条例》第4条的规定，政府办公厅（室）被指定为政府信息公开工作机构，其也是负责人民政府信息公开的日常工作，其行为后果也应当由人民政府来承担。

（二）公民、法人或者其他组织对于以政府办公厅（室）名义作出的政府信息公开申请答复不服而提出的行政诉讼案件，应当以本级人民政府作为被告。

实践中，有的地方各级政府分设了两个政府信息公开专用章，即向市、区（县）政府申请政府信息公开的，加盖“某某政府信息公开专用章”；向市、区（县）政府办公厅（室）申请政府信息公开的，加盖“某某政府办公厅（室）信息公开专用章”。有的地方则无论是向政府申请政府信息公开，还是向政府办公厅（室）申请，都一律加盖“某某政府办公厅（室）信息公开专用章”。

我们认为，《条例》第 4 条第 1 款规定，各级人民政府及县级以上人民政府部门应当建立健全本行政机关的政府信息公开工作制度，并指定机构负责本行政机关政府信息公开的日常工作。但是正如前文所述，政府办公厅（室）通常被人民政府指定来负责信息公开的日常工作，因此对于公民、法人或者其他组织向本级人民政府提出的政府信息公开申请，可以政府办公厅（室）的名义进行答复。但是，即使可以政府办公厅（室）的名义进行答复，申请人对该答复不服向人民法院提起行政诉讼的，也应当以人民政府为被告。理由为：

1.《行政诉讼法》第 26 条第 1 款规定，公民、法人或者其他组织直接向人民法院提起诉讼的，作出行政行为的行政机关为被告。根据行政法理论通说，行政诉讼的被告必须是依法享有行政权力、代表国家和地方独立进行行政管理，并能对自己的行为独立承担责任、独立参加诉讼的组织。正如前文所述，政府办公厅（室）作为内设机构，《条例》第 3 条第 3 款也只是对政府信息公开工作的内部分工，并非对政府办公厅（室）进行政府信息公开工作的授权。因此，公民、法人或者其他组织对于以政府办公厅（室）名义作出的信息公开申请答复不服而提起的行政诉讼案件，不能以政府办公厅（室）为被告，而应当以本级人民政府作为适格被告。

2. 目前，据了解相关行政复议案件的情况，原国务院法制办公室在具体承办国务院行政复议裁决工作过程中，也将政府办公厅（室）对外答复的行为视为人民政府的行为，均是以人民政府为复议被申请人。

四、最高人民法院答复

据此，最高人民法院经研究，并征求原国务院法制办公室及国务院办公厅政府信息与政务公开办公室意见后，作出（2015）行他字第 32 号答复，内容是：公民、法人或者其他组织向政府办公厅（室）提出的信息公开申请，应当视为向本级人民政府提出。人民政府对公民、法人或者其他组织提出的申请，可以政府办公厅（室）的名义进行答复，也可由负责政府信息公开工作的部门加盖“某某人民政府办公厅（室）信息公开专用章”的形式答复。公民、法人或者其他组织对以政府办公厅（室）或负责政府信息公开工作部门作出的政府信息公开行政行为不服提起诉讼的，应当以本级人民政府作为被告。

（作者单位：最高人民法院）

论 PPP 环境协议诉讼的司法审查

王旭军

【摘要】近年来，环境污染问题日益突出。政府及环保部门越来越多地采用 PPP 环境行政协议的方式对环境进行治理。PPP 环境协议纠纷频发，而人民法院对此类诉讼案件缺乏有效的应对，没有形成统一的裁判标准和尺度。本文首先对 PPP 环境协议诉讼存在的问题进行了梳理，继而对成因做了深入的剖析和思辨，并在借鉴德国、英国、日本和我国台湾地区的 PPP 环境协议诉讼经验的基础上，提出了我国 PPP 环境协议诉讼应遵循的理念和原则，即诉权平等、诚实信用、情势变更、利益平衡的原则。同时，从不同的形态分类系统地论述了我国 PPP 环境协议诉讼的审查标准。

【关键词】PPP 环境协议　诉讼原则　审查标准

PPP（Public－Private Partnerships）环境行政协议（以下简称 PPP 环境协议）是指政府或行使环境监督管理职权的行政机关依据环境法和政府组织法的规定基于环境治理和保护的需要与行政管理相对人就各自的权利（力）、权益和义务及相应的法律后果作出约定的协议，包括环境污染防治与环境改善协议，生态破坏防治与生态质量改善协议，自然资源开发、利用与养护协议，污染治理目标协议，排污许可协议，环境保护设施的建设与营运协议，荒漠化防治协议，生态恢复协议，小区美化协议等。随着环境问题的日益突出，这些 PPP 环境协议作为政府环境治理的重要手段被广泛地应用于实践当中。但随之而来的纠纷也在逐年增多，如何审理好这些 PPP 环境协议诉讼案件，如何把握这些案件的审查标准和原则是人民法院面临的一个重要课题。

一、PPP 环境协议诉讼的困境

从 PPP 环境协议诉讼案件的运行情况来看，主要的问题是审理标准和原则比较模糊，突出表现在：是按照民事诉讼规则审查，还是按照行政诉讼规则审查？是进行合法性审查，合理性审查，还是合法性与合理性全面审查？这些问题没有明确的规定。[①] 有人认为，与解决民事协议纠纷一样，法院既要判断协议当事人有没有违法的问题，也要判断当事人有没有不恰当履行PPP环境协议的行为，进而才有可能作出正确的裁断。[②] 也有人认为，法院应当适用合法性原则审查PPP环境协议的签订过程是否违法或者有过失，协议本身是否有效，协议履行是否合法、适当。[③] 还有的学者主张，在审查原则上应针对PPP环境协议案件的特点，建立起由合法性、合理性、合约性[④]三方面组成的审查原则体系。[⑤] 既要审查协议的签订、履行和解除是否合法，又要审查相关行为的合法性，同时还要结合协议规则看行为是否合约。我同意最后这种意见。另外，针对一些PPP环境协议纠纷还有人主张，将PPP环境协议分解、剥离出类似具体行政行为的内容，以便套入现有行政诉讼的模型之中。但这样操作会造成对其他行为虚置状态，尤其是那些与行政机关变更或废止契约的行为有着内在关联的行为，在诉讼中是否一并审查？要是审查，就很可能会审查协议当事人是否存在先行违约的问题，这又是民事和行政交叉的问题。还有一些环境侵权的案件，在民事领域可以按照《侵权责任法》来处理，在行政领域则可以根据《行政诉讼法》来解决。那么，到底是按民事诉讼标准确定，还是按行政诉讼标准确定？[⑥]

二、现实的思辨

对PPP环境协议的认识更多是从学理上对行政协议进行分析、概括的结果。[⑦] 作为一个学术名词，理论界没有对PPP环境协议的概念和性质形成正

---

① 周国均主编：《中国法学文丛——行政法行政诉讼法卷》，中国人民公安大学出版社2004年版，第253页。

② 余凌云：《行政契约论》，中国人民大学出版社2006年版，第162页。

③ 余凌云：《行政契约论》，中国人民大学出版社2006年版，第162页。

④ 对是否符合协议约定的判断，在民法上一般表述为“违约审查”。参见杨解君主编：《中国行政合同的理论与实践探索》，法律出版社2009年版，第174页。

⑤ 杨解君主编：《中国行政合同的理论与实践探索》，法律出版社2009年版，第174页。

⑥ 余凌云：《论对行政契约的司法审查》，载《浙江学刊》2006年第1期。

⑦ 应松年：《行政法学新论》，方正出版社1998年版，第342—343页。

确的认识，这本身就限制了它的发展。[①] 我们甚至不清楚到底应该把它放置在哪个框架下去认识和研究，尤其是对 PPP 环境协议的公私法属性问题和 PPP 环境协议是否属于具体行政行为的问题一直没有形成统一的认识，导致实践中对 PPP 环境协议纠纷采用了不同的解决方式。[②] 公法学者似乎更推崇采用司法审查即行政诉讼的方式解决，而民法学者一直持有异议，[③] 加之 PPP 环境协议是介于公私法领域的特殊游离体，其行为自身的特殊性和复杂性导致目前的 PPP 环境协议救济制度不是很完善，也影响了 PPP 环境协议司法救济制度的统一，所以有人说 PPP 环境协议救济理论之所以不够发达，很大程度上都是因为对 PPP 环境协议本身的特点认识不够，缺少有效救济途径与结构的缘故。[④] 在理论储备方面，我国对 PPP 环境协议理论研究的深度、广度不够。如对依法行政与 PPP 环境协议的关系，对民事契约理论在 PPP 环境协议中如何运用，对外国 PPP 环境协议的理论和实践研究均不够深入；[⑤] 从对 PPP 环境协议的概念、适用范围、原则、价值和功能、权利和义务配置再到法律救济都没有形成基本的理论体系，研究课题分散，所作的探讨大都停留在表面层次上；对于 PPP 环境协议的合法性、效力、变更、解除与救济等问题更是缺乏基础性、系统性的深层次研究；对于 PPP 环境协议程序性的研究更是少之又少，虽然我国学者越来越重视程序法律规范的适用价值，并将其放到和实体法律规范同等地位研究，但是这一趋势还没有广泛应用于 PPP 环境协议制度研究领域，这不能不说是我国 PPP 环境协议制度发展中的一大缺憾。[⑥] 加上我们对 PPP 环境协议的“双务性”等诸多特点关注不够，造成纠纷解决模式的混乱。[⑦]

同时，从我国行政法的发展历程来看，PPP 环境协议的司法救济受民商法的影响较大。[⑧] 这主要体现在以下几个方面：在立法层面，行政诉讼脱胎于民事诉讼，行政责任曾混同于民事责任，如《民法通则》第 121 条有关国

---

① 张树义：《行政合同》，中国政法大学出版社 1994 年版，第 150 页。
② 于安、江必新、郑淑娜编著：《行政诉讼法学》，法律出版社 1997 年版，第 104 页。
③ 杨解君主编：《中国行政合同的理论与实践探索》，法律出版社 2009 年版，第 163 页。
④ 李靖源：《我国行政合同救济制度初探》，延边大学 2006 年硕士学位论文。
⑤ 徐辉：《行政合同的争议处理》，苏州大学 2006 年硕士学位论文。
⑥ 王晓静：《行政合同救济制度研究》，山东大学 2008 年硕士学位论文。
⑦ 王寨华：《行政合同司法救济探析》，苏州大学 2005 年硕士学位论文。
⑧ 朱锡贤、孙彪：《完善我国行政契约司法救济制度之构想》，载《人民司法》2001 年第 7 期。

家机关责任的规定。在1989年《行政诉讼法》颁布之前，行政案件的审理适用1982年颁布的《民事诉讼法（试行）》。[①] 另外，大多数涉及PPP环境协议的行政立法过程中，起草者多为民商法、经济法学者，这些学者在涉及协议问题时自然是以民事协议理论作为指导。[②] 在学术界一直没有形成对“PPP环境协议”的统一认识，民法学术界对PPP环境协议是否具有独立地位尚持否定的态度。[③] 而行政诉讼和复议救济的范围界定为单方行政行为，又使得人们更热衷于从私法协议角度来构筑PPP环境协议理论，[④] 导致PPP环境协议常常被纳入民事救济的理论体系。可见，PPP环境协议的救济从产生到发展都被深深地打上了民法烙印，使得PPP环境协议制度没有形成自己特有的救济规则，更没有形成学科间的对话[⑤]。实践中，随着市场经济的深化，国家加大了对私有财产的保护力度，我国的私法理论得到了前所未有的发展，而过去公权力对私权力随意侵害的历史使得我们对PPP环境协议的行政色彩存有更多的戒心，很多案件都作为民事案件来审理。

另外，PPP环境协议纠纷往往基于环境行为的违法或环境危险和妨害而发生。如果PPP环境协议的当事人没有在环境法律、法规和行政规章的框架内就事故、危险、妨害的发生和解决在法律责任的确定、实现方式、实现程序等方面事先作出明确的约定，那么事后的救济可能会不及时、不合理或不充分。[⑥] 总之，实践中已被广泛运用的不少PPP环境协议在法律上都欠缺应有的地位和明确的救济模式，大量的PPP环境协议关系还处于不规范状态。这样，一旦发生PPP环境协议纠纷就容易束手无策，从而导致实务界对PPP环境协议司法救济的混乱。[⑦]

三、域外比较

国外及我国台湾地区均把PPP环境协议的司法救济作为最终的救济方式，

---

① 涂师铭、郭海龙：《行政合同争议的司法救济途径》，载《法制与经济》2007年第10期。

② 王军：《美国合同法》，中国政法大学出版社1998年版，第9页。

③ 安晶：《行政合同诉讼研究》，载《黑龙江省政法管理干部学院学报》2007年第3期。

④ 杨建顺：《日本行政法通论》，中国法制出版社1998年版，第517—518页。

⑤ 涂师铭、郭海龙：《行政合同争议的司法救济途径》，载《法制与经济》2007年第10期。

⑥ 参见汪劲：《日本环境法概论》，武汉大学出版社1994年版。

⑦ 肖翔：《论我国行政合同救济制度的完善——基于西方国家行政合同救济制度的考量》，湖南师范大学2006年硕士学位论文。

因而其地位也更加突出和重要。[①] 这些国家和地区解决 PPP 环境协议纠纷的司法程序也各有不同。

（一）德国

德国 PPP 环境协议司法救济最大的特色就是公私法混合救济模式，虽然很重视公法因素，但不是单纯以行政或协议为本位，而是兼顾其行政性与协议性。对环保部门享有的单方优益权进行严格的行政程序规制，强制执行权的取得需对方当事人同意。如果对方当事人拒不履行 PPP 环境协议义务，行政机关只能像公民那样向行政法院起诉，借助法院的判决对 PPP 环境协议予以强制执行。[②] 在救济中既考虑到行政权力的行使，又顾及民事权利的行使，强调双方当事人地位平等，对公共利益和个人利益实行同等法律保护。他们把意思表示的真实性和违法性作为决定 PPP 环境协议效力的两个关键性因素。对于具备违法性因素的 PPP 环境协议，规定协议全部无效，不存在可以撤销的问题。如德国 1976 年《行政程序法》第 4 章（公法协议）第 59 条（协议的无效）规定，如果协议与法律规定的强制性事项相抵触，或行政机关签订协议所依据的职权行为无效，或者不具备缔结和解协议所具备的先决条件，或者程序或协议的形式严重违法的，协议应该被确认为无效。

（二）英国

在英国，PPP 环境协议与环境保护民事协议的违约责任形式、责任产生条件和实现方式、实现程序是有区别的。早期的英国并不承认政府对其违约行为有承担法律上的违约责任的义务。直到 1947 年，英国颁布的《王权诉讼法》通过规定平等责任规则才把法律责任延及政府的行政行为，标志着英国中央政府的协议责任和侵权责任在 1947 年才得以最终确立。因而在司法审查中，法院承认行政机关在行政契约中的“公共利益特权”，但要求这种特权必须理性（rationality）运用，否则当事人可根据案件的具体情况，申请各种令状。[③]

① 程宏：《行政合同中相对人的权利及其保护》，东南大学 2005 年硕士学位论文。

② 刘艳平：《论我国行政协议诉讼制度的建构》，延边大学 2007 年硕士学位论文。

③ 司伟森：《行政契约争议解决机制研究》，郑州大学 2007 年硕士学位论文。

（三）日本

在日本，PPP 环境协议被称为公害防止行政协定书。该制度最早可以溯及 1952 年岛根县与山阳纸浆公司以及大和纺织公司所签订的备忘录。在该备忘录中，岛根县政府与山阳及大和公司约定他们在设厂时必须遵守县政府的行政指导，并设置完备的废水处理设施，若因水污染造成损害，须依照县所认定的赔偿额赔偿。但公害防止协定一般没有约定明确具体的罚款责任，如日本《关于南港发电所公害等防止协定》第 34 条（违背协定时之处置）第 1 款规定："甲方于乙方违背日本的公害防止协定一般没有约定明确具体的罚款责任，造成公害时，或被认为有造成公害之虑时，得要求乙方于一定时间内，寻求违背事项之改善措施。"真正使公害防止协定在日本生根的是 1964 年横滨市与电力公司所签订的有关根岸湾填埋场公害防止措施的协定。此模式被称为"横滨模式"。[①] 日本《行政事件诉讼法》还规定了取消诉讼、附带义务的诉讼、民众诉讼和国家赔偿诉讼制度，可以起到监督 PPP 环境协议签订与履行的作用。

（四）我国台湾地区

在我国台湾地区，PPP 环境协议监督机制的履行依靠监督委员会实现。该委员会由双方共同遴选公正的社会人士及专家、学者组成，人员的人数为单数。监督委员会的职权一般包括解释协议、认可环境污染与生态破坏事故的鉴定、环境污染或生态破坏行为与损害结果之间因果关系的证明或推定、损害范围的确定、违约金与损害赔偿金计算方法的确定等事项。对于环境管理机关违反 PPP 环境协议，相对人可否提起行政诉讼的问题，大多数学者认为，PPP 环境协议行为虽然以协议的形式出现，但其实质仍然是一种以实现特定行政管理目标为目的的行政权力行为，因此只要该环境管理机关的 PPP 环境协议行为属于其公共职能或法律规定的自由裁量权范围，而且行政诉讼法将之纳入受案范围的，就可以提起行政诉讼。

四、PPP 环境协议诉讼司法审查的理念和原则

针对我国 PPP 环境协议诉讼中存在的问题，借鉴域外的经验，我们必须

① 参见汪劲：《日本环境法概论》，武汉大学出版社 1994 年版。

要采取一定的方法和措施去积极地应对，但不论采取什么样的方法，一个重要的前提就是要明确在司法救济中我们到底要遵循什么样的理念和原则，只有明确了这个基本要义，才不会使我们的审查偏离轨道。

（一）有利于环境保护和发展的原则

一般来讲，PPP 环境协议的订立前提都是基于环境的保护和发展。从这种意义上说，不管 PPP 环境协议的纠纷是因何而起，在处理此类纠纷时，司法一定要尊重这个原则，一切要从有利于环境保护和发展出发，妥善处理好争议，这是司法审查基本的遵循。例如，在一起污染治理目标协议案件中，环保部门认为协议相对人履行协议中某区位治理得不到位，便要单方解除协议。相对人不服诉至法院，要求继续履行协议。法院经过审理后，发现环保部门所述的治理不到位问题是双方在治理标准的认识上有一定偏差，而如果解除该协议必然会导致之前所做的治理工作前功尽弃，更加不利于污染治理，于此情形下，法院本着有利于环境保护和发展的原则，支持了原告的诉讼请求。

（二）平等原则

在 PPP 环境协议中，平等原则必须要成为一个基本的准则，尤其是 PPP 环境协议司法救济的诉权更需要遵循平等原则。[①] 首先，在 PPP 环境协议缔结过程中，行政机关与相对人必然是意思表示一致，权利与义务对等，才能成就 PPP 环境协议，双方有权决定是否参与 PPP 环境协议的签订，有权就具体的条款提出修改意见，有权拒绝签约。如果任何一方违反规定，对方都有权提起诉讼，这就是诉权平等原则。其次，在 PPP 环境协议的履行过程中，行政机关非基于公共利益的需要，不得擅自变更、撤销 PPP 环境协议的内容，也不得随意采取单方面的强制行为，影响 PPP 环境协议的正常履行，侵犯相对人的合法权益；当然，相对人也必须履行 PPP 环境协议义务，不得以任何不正当的理由，拒绝履行协议义务，或改变履行的内容，造成环境损害。对以上这些行为，各方当事人都应有权提起民事诉讼或行政诉讼。

（三）情势变更原则

情势变更原则是指协议有效成立之后、履行完毕之前，如果出现某种

① 从 2002 年开始，平等原则已适用于法国行政协议审判。参见王明宇：《论行政协议可诉性》，载《天府新论》2008 年 12 月刊。

不可归责于当事人原因的客观变化或出现当事人所不能预见的情况，若继续履行该 PPP 环境协议会给一方当事人造成显失公平的结果，法律允许当事人变更或解除协议而免除违约责任的承担。一般来说，PPP 环境协议的变更和解除基于以下两种情况产生：其一，事件。即与环境法律权利和义务主体意志无关的社会事件或者自然现象，如政策性变动、洪涝灾害、不可抗拒的火山污染灾害、战争和恐怖活动引发的环境污染事件。其二，行为。指能引起环境法律权利义务产生、变更、消灭的能够为人所控制的行政和司法行为。环境行为可分为环境法律行为和环境不法行为，前者如经过许可向环境排放达标物质等行为，后者如非法排污、超标排污、拒交排污费等行为。一般来说，事件造成的 PPP 环境协议“违约”应适用情势变更原则。

（四）利益平衡原则

利益平衡原则是指在 PPP 环境协议的纠纷处理过程中既要维护环保部门与相对人的法律地位，又要使行政机关的特权和相对人的权利在实现 PPP 环境协议目的和功能的宗旨下相辅相成，既考虑公共利益，又兼顾协议当事人的个人利益，保证二者的利益平衡。[①] 我们在 PPP 环境协议诉讼中，也应采用利益平衡原则，对于侵害居民健康与生命、使居民陷入危险境地的产业，一开始就不能将它们当作利益衡量的对象，而是仅仅依据这些理由就应当予以排除的对象。其他的产业在环境保护和产业开发方面可以进行利益衡量，充分运用生存权的基本宗旨加以评价。对于该产业带来的环境破坏可以借助自然的力量自我净化的说法，要进行科学评估，不能轻易下结论。在环境破坏的第二阶段，鉴于环境破坏的严重性，要确立起环境保护优先原则，对企业的生产进行严格评估，对于会给生态环境、文化环境带来不可逆转的破坏的生产要坚决禁止。[②]

五、PPP 环境协议诉讼司法审查的标准

要确立 PPP 环境协议诉讼的审查标准，首先要明确采用什么样的审查模

---

① 尤春媛、郭润生：《试论行政合同的司法审查》，载《山西大学学报（哲学社会科学版）》1997 年第 4 期。

② ［日］大须贺明：《生存权论》，林浩译，吴新平审校，法律出版社 2001 年版，第 206 页。

式。笔者认为，应主要结合 PPP 环境协议纠纷的类型以及诉求的不同来确定。根据《行政诉讼法》及 2015 年颁布的司法解释（目前已被 2018 年司法解释所吸收）对行政协议的相关规定精神，PPP 环境协议纠纷大致可以分为两大类，一类是类似违约的形态，即不依法履行、未按照约定履行 PPP 环境协议提起诉讼的；另一类是类似违法的形态，即对行政机关单方变更、解除 PPP 环境协议等行为提起诉讼的。针对这两种形态，其审查的标准应有所区分。

（一）类似违约形态下的审查标准

PPP 环境协议以实现环境利益为主导，所以在公共利益的前提下，环保部门的预期有时不能通过单方意思直接在相对方身上得到实现，例如，行政部门违反 PPP 环境协议承诺应承担的 PPP 环境协议责任，就可以违反 PPP 环境协议中的条款为由提起类似违约的行政诉讼。[①] 这类案件不仅要审查协议的有效性，也要审查行为的合约性。

1. 有效性审查原则

PPP 环境协议的缔结有诸多限制，比如缔约权能、法定权限、缔约内容等，这些限制既包括实体上的，也包括程序上的。一旦违背这些限制，就有可能导致双方建立起来的法律关系归于无效。所以，审理 PPP 环境协议案件，首先要审查 PPP 环境协议的有效性，协议是否合法成立，从协议是否有效出发来确定各方的法律责任。一般来说，审查 PPP 环境协议是否有效应主要从以下几个方面去考证：一是要审查 PPP 环境协议主体的合法性。协议主体是影响协议效力的一个重要因素。因此应首先审查是否具备签订及履行 PPP 环境协议的资格。对于协议一方是个人的，应审查该类协议是否可以与个人签订，法律对个人签订的有何强制性规定和要求；对于协议一方是企业的，应重点审查是否拥有合法、有效的《企业法人营业执照》，经营范围、经营规模、经营方式是否与该环境保护协议相匹配，是否具备相应的民事权利能力或者民事行为能力。例如没有获得企业授权的内部机构是没有民事能力的，这类主体签订的协议无效。对于那些限制经营、特许经营的特别行业，要审查是否有国家相关部门审批许可的相应手续，手续是否在有效期间。例如，国家对排污企业有资质的要求，签订 PPP 环境协议更是如此，如果与没有资

---

① 当然，基于 PPP 环境协议是双方合意产物的特性，法院在审理案件时，在具备调解条件的前提下，可本着自愿原则实施调解。应尽量节约社会成本与资源，避免影响地方和谐。

质的企业签订了协议，该协议就可能无效。另外，对于代理人签订协议的，应当审查代理人是否具备委托人的授权委托证明，委托的范围是什么，代理人是否在授权范围、授权期限内代签了协议。对于有担保人的协议，应当审查担保人是否具有相应的担保能力和担保资格，保证人是否签名或盖章。[①]对于环保部门这一方，应审查该环保部门是否有权签订该协议，其签约的依据是什么。如果是受行政机关的委托，还要审查委托机关的委托资格和法律依据。二是要审查 PPP 环境协议的内容是否合法。协议内容是影响协议效力的主要因素，因此应审查协议内容是否损害国家、集体或第三人的利益；是否有利于环境保护和发展；是否以合法形式掩盖非法目的。[②] 还要审查协议目的是否违反法律、行政法规的强制性规定，如果协议目的违法，则协议必然无效。[③] 如《清洁生产促进法》第 28 条规定："本法第二十七条第二款规定以外的企业，可以自愿与清洁生产综合协调部门和环境保护部门签订进一步节约资源、削减污染物排放量的协议……" 以此为据，环保部门与企业签订的协议就是符合法律要求的。三是要审查 PPP 环境协议的当事人双方意思表示是否真实。协议区别于其他行为最大的特点就是双方意思表示一致，PPP 环境协议也不例外。如果该 PPP 环境协议违背了当事人的真实意思，则可能导致该协议无效。因此在审查时要注重了解是否存在重大误解；是否存在显失公平；是否以欺诈、胁迫的手段或者乘人之危；是否在违背真实意思的情况下订立的协议。例如，地方政府要求企业履行额外的或比环境法规定更严格的义务，从行政法的原理上讲是违反依法行政的原则的，是无效的行政行为。但是如果从民事协议的原理上讲，企业之所以在没有胁迫、欺诈的情况下仍在协议上签字，说明企业本身是愿意承担这种义务的，因此是有效的。四是要审查 PPP 环境协议的成立是否符合法定的形式和程序。在一些人看来，PPP 环境协议的形式和程序无关紧要，而实际上这些形式和程序往往决定了协议的有效与否。因为 PPP 环境协议毕竟不同于普通的民事协议，其

---

① 涉及抵押担保的，如果法律规定或协议约定必须办理抵押物登记的，应审查是否办理了登记手续；涉及质押担保的，应按照协议中约定的质物交付时间，审查当事人是否按时履行了质物交付的法定手续。

② 根据我国《合同法》第 52 条第 1 款第（3）项的规定，以合法形式掩盖非法目的的合同无效。

③ 根据我国《合同法》第 52 条第 1 款第（5）项的规定，违反法律、行政法规的强制性规定的合同无效。虽然行政协议并不适用合同法，但其基本精神是一致的。因此，根据最高人民法院相关司法解释，上述条款中的强制性规定是指效力性强制性规定。

签订的目的就是要实现环境发展利益，如此重大的事项，如果不去严格要求协议的形式和程序，很可能会导致PPP环境协议的某些环节出现纰漏。因此必须要审查协议条款是否完备，协议主要条款有无遗漏，审查协议签订的手续和形式是否完备，如果协议中约定了经公证后协议方能生效，应审查协议是否经过公证机关公证；如需经批准或登记的PPP环境协议，是否约定了办理批准或登记手续的责任；对于附期限和条件的PPP环境协议，应审查期限和条件的规定；审查PPP环境协议双方当事人是否按协议约定签字或盖章；还要审查PPP环境协议中是否存在无效的条款，包括无效的免责条款和无效的仲裁条款。

2. 合约性审查原则

由于PPP环境协议具有契约性、合意性特点，在类“违约形态”下，主要是对各方是否违约进行审查，我们把这个原则称为合约性审查原则。[①] PPP环境协议中通过协商一致形成的权利义务关系，以及协议双方对约定的履行问题，如果用合法性这把尺子丈量无疑很难得到准确的结论，因为这部分属于私法的内容，应当运用私法的规则进行审查。这有些类似于英国法院对PPP环境协议诉讼中不涉及行政机关“特权”的部分，一律适用一般契约规则。它包括四个方面的要件：主体要件即只限于签订PPP环境协议的各方当事人；主观要件即违约方必须具有主观过错；[②] 客体要件即PPP环境协议法律关系的存在；客观要件是必须有违约行为存在。这就是合约性审查原则，它是审理PPP环境协议案件的基本原则，[③] 也是PPP环境协议案件司法判决的前提。[④] 据此，我们对PPP环境协议的合约性审查应从以下几个方面入手：一是审查在PPP环境协议的签订过程中，各方是否依承诺与对方缔结协议。在PPP环境协议的签订过程中，双方往往都是先前达成了意思表示一致，并已对对方提出的协议条件予以认可，从而希望与对方缔结PPP环境协议。在

---

① 刘丽芳、买尔哈巴·买买提：《我国行政合同救济制度浅探》，载《青年科学》2009年第8期。

② 对此，学界有不同的争论，有人认为在行政协议中采用过错原则，使违约人承担自己主观过错的责任，有利于体现违约责任的惩罚功能，体现法律责任制度的公平原则。但也有人认为，行政协议违约责任的归责原则应采用严格责任，即无论行为人实施行为的心理状态为故意还是过失，只要有违约行为，且没有免责事由的情况，就应承担违约责任，参见谭宗泽、王学辉：《新编行政法学》，重庆出版社2001年版，第281页。我更倾向于第二种观点。

③ 杨解君主编：《中国行政合同的理论与实践探索》，法律出版社2009年版，第174页。

④ 王寨华：《行政合同司法救济探析》，苏州大学2005年硕士学位论文。

这个过程中，任何一方无正当理由反悔，拒绝签订协议都是一种违约行为，就要承担相应的缔约过失责任。二是审查在PPP环境协议履行过程中，各方是否严格履约。一般来说，PPP环境协议中对各方的权利义务都做了约定，各方必须按照约定履行各自的义务，任何一方不诚实尽职地履行协议义务，导致协议目标无法实现或损害对方协议利益的行为都构成违约。例如，某区为了全面实施海洋功能区划，改善渤海湾的渔业环境状况，区政府与渔民签订了渔业转产协议。在渔业转产协议中，区政府承诺转产后的渔民可以按照一定的标准拿到渔船赎买费和转产补助，并享受下岗职工的待遇，在转产领取工商执照和收费方面享有一定的优惠条件。结果一名张姓渔民签订协议后，却没有得到足额的渔船赎买费和转产补助，政府即属违约。

（二）类似违法形态下的审查标准

环保部门在PPP环境协议履行过程中，若因情势变更的原因需要单方面施行变更、解除协议等公权力性行为，致使相对方的权利与合法利益受损时，行政管理相对人可以通过申诉途径处理，如果争议属于行政诉讼法规定的受案范围，可以类“单方行为违法”的事由通过行政诉讼的途径解决。此类行政案件应遵循以下审查原则。

1. 合法性原则

行政诉讼从本质上讲是国家司法机关通过司法审查对行政管理活动的监督和制约。在PPP环境协议案件中，对于政府及行政部门行为的审查主要是对其行使优益权的行为是否合法进行审查，并应围绕该优益权行为是否符合法律的规定作出评价。[①] 主要对以下几个方面进行审查：（1）审查PPP环境协议的缔结与履行是否合法。主要审查行政部门是否违反法律有关授权的强制性规定；[②] 是否超越行政权限与相对人订立契约；行政部门是否有权对有关法定职责和义务作出事先的处分或者承诺；[③] PPP环境协议的缔结程序、方式和形式是否符合法律的规定；协议缔结是否有欺诈或其他不正当行为；是否按协议约定的期限和要求履行协议；在协议履行过程中是否有违反法律禁止性规定的行为；是否有徇私舞弊的行为；是否为相对人提供了足够的信息，

---

① 毕可志：《论对行政合同纠纷的司法救济》，载《长白学刊》2004年第4期。

② 余凌云：《行政契约论》，中国人民大学出版社2006年版，第159页。

③ 余凌云：《论对行政契约的司法审查》，载《浙江学刊》2006年第1期。

以保障其知情权和参与权；是否符合第三人保护之规定；PPP 环境协议是否违反形式要件之规定；[①] 法定职能部门审批的各种手续和程序是否完备与合法；[②] 签订协议的行政主体是否合法；[③] PPP 环境协议签订中相对人的权利是否真正得到实现；[④] PPP 环境协议的执行方式是否和授权法赋予行政机关履行的法律义务性质相吻合。[⑤]（2）审查环保部门单方变更或解除协议是否合法。PPP 环境协议的成立是基于环保部门对于公共利益的保护，依据是 PPP 环境协议双方的合意，以及行政部门对于产业导向和产业标准的选择。如果企业违反协议，行政部门可以追究其违约责任，甚至撤销协议，但这种变更或解除必须具备以下条件：第一，必须是基于环境公共利益的需要，不能以公共利益以外的原因或以公共利益为借口随意变更或解除协议。[⑥] 第二，必须是在公共利益需要的限度内变更或解除，与公共利益无关的内容不得变更或解除；因变更或解除协议而加重相对人负担的，根据利益平衡原则，行政主体必须给予适当补偿。第三，必须是由于相对人在履行协议过程中有过错或国家重大政策变化致使原协议不再符合公共利益的需要等合法的原因。公共利益不是一成不变的，它在 PPP 环境协议履行过程中可能发生变化，行政主体必须根据公共利益的变化调整 PPP 环境协议的内容或解除协议。[⑦] 如果环保部门假借公共利益的需要滥用变更和解除协议的权力，则是不合法的。[⑧] 法院在审查时必须严格把握“公共利益”的界限，对公共利益要给予充分的重视。（3）审查环保部门制裁权的行使是否合法。在协议的订立、履行中相对

① 余凌云：《论对行政契约的司法审查》，载《浙江学刊》2006 年第 1 期。

② 行政协议事关公共利益，故而一般应采用书面形式。法律法规明确规定采用书面形式，协议双方当事人没有书面协议，在其纠纷发生后，法院应视公共利益的需要作为可撤销协议处理，而不宜宣布协议无效。参见贡世康：《试析行政合同纠纷解决之法律轨道》，载《青海师专学报（教育科学）》2005 年第 5 期。

③ 行政主体作为订立协议的发动者，有权选择对方当事人，但应受到一定的限制。第一，行政主体不能凭借自己的主导地位将某些法律未赋予的权利通过行政协议方式使自己额外获得；第二，法律法规如果明确规定采用行政协议方式，则行政主体不能采取行政命令代替协商，也不能强制无履行协议能力的相对人签订协议；第三，协议必须严格依照法律法规规定的权限签订和履行，否则违法所订之协议自始无效。参见贡世康：《试析行政合同纠纷解决之法律轨道》，载《青海师专学报（教育科学）》2005 年第 5 期。

④ 毕可志：《论对行政合同纠纷的司法救济》，载《长白学刊》2004 年第 4 期。

⑤ 这种法律义务不适合用行政契约方式来履行，必须由行政机关单方实施的行政行为来履行。

⑥ 刘亚乐：《论行政合同纠纷的诉讼救济》，载《法制与经济（下旬刊）》2008 年第 11 期。

⑦ 姜明安：《行政法与行政诉讼法》，高等教育出版社 1999 年版，第 256 页。

⑧ 刘亚乐：《论行政合同纠纷的诉讼救济》，载《法制与经济（下旬刊）》2008 年第 11 期。

方违约的，环保部门可以直接予以制裁，这是法定的权力，是作为环境公益代表者的权力。当然，这种制裁也必须在法律允许的限度内进行，不得以制裁为名，任意干涉 PPP 环境协议的正当履行，更不得侵害相对人的合法权益。因此，在审查时应注意以下几点：第一，审查制裁行为是否符合程序的要求。制裁行为本身也是一个具体行政行为，既然是行政行为，就必须符合行政程序的要求。任何违反法定程序的制裁本身就是不合法的。第二，审查环保部门在行使制裁权前是否尽到了监督和管理责任；是否符合制裁的条件，如相对人是否有过错，如不完全或不适当履行协议①；是否履行了必要的催告义务；是否根据过罚相当原则和其他有关政策制度规定实施制裁行为。（4）审查环保部门是否不作为。在 PPP 环境协议履行过程中，环保部门应当履行的主导性权力（职责），环保部门出于自身的原因而没有履行或没有全面履行的，则属不合法。如，环保部门没有履行法定的监督职责，致使周围居民的环境权益遭受企业损害则属此种情形。此种情形可由检察机关提起行政公益诉讼。

2. 合理性审查原则

合法性审查是司法审查的核心原则，但这并不代表法律就排除了合理性审查原则。其实行政诉讼法本身的规定也回应了这个理念。为防止环保部门利用优益权欺压相对人，在履行 PPP 环境协议过程中行政行为的合理性就成为 PPP 环境协议司法审查的核心问题之一，② 故法院应对行为的合理性进行审查。也就是说，在 PPP 环境协议诉讼案件中，不仅要审查环保部门优益权行为的合法性，也要审查其合理性。③ 在 PPP 环境协议的合理性审查中应着重从以下几个方面进行审查：一要审查 PPP 环境协议的签订是否符合常理。如环保部门对相对人的选择是否为最佳的选择，是否适当；行政协议的订立是否出于正当的考虑；是否基于公共利益的需要；所为意思是否符合一般性常理；④ 是否考虑了应当考虑的因素。二要审查协议的变更、解除是否基于公共利益的考量。在 PPP 环境协议的履行过程当中，如果出现了影响公共利

① 贡世康：《试析行政合同纠纷解决之法律轨道》，载《青海师专学报（教育科学）》2005 年第 5 期。
② 王寨华：《论我国现行行政合同司法救济制度》，载《南京财经大学学报》2006 年第 6 期。
③ 刘丽芳、买尔哈巴 · 买买提：《我国行政合同救济制度浅探》，载《青年科学》2009 年第 8 期。
④ 杨解君主编：《中国行政合同的理论与实践探索》，法律出版社 2009 年版，第 174 页。

益实现的情形，环保部门有权单方变更解除协议。[①] 但何谓公共利益，法律没有明确界定，环保部门有很大的自由裁量权，这种裁量权如果使用不当，极易泛滥。我们应当根据成文法规则、行政管理目的、社会公平正义等严格审查这种变更和解除是否基于公共利益的需要，是否到了非变更或解除不可的程度。[②] 类似英国法院在审理 PPP 环境协议纠纷时，对公共利益采用合理性标准（reasonability），不合理即为越权。一般来说，当相对人有一般违约行为而不会导致协议无法最终履行时，环保部门可责令改正，继续履行协议；当因相对人严重违约确实致使协议不可能履行时，环保部门才可以单方变更或解除协议，但还要审查变更的方式和内容是否有利于公共利益的实现，效果是否要好于变更前的情形。三要审查环保部门对在行使行政优益权时给相对人造成的损失所作的赔偿或补偿是否适当、合理。在 PPP 环境协议履行过程中，由于环保部门行使优益权给协议相对人的合法利益造成损害或损失的，环保部门负有赔偿或补偿的责任，但这个赔偿或补偿的额度是否合理必须要严格审查。

结　语

PPP 环境协议既属于行政协议的大范畴，同时也具有不同于其他行政协议的特质，尤其是在当今世界都对环境问题高度关注的背景之下，对此类纠纷的处理，更是要慎之又慎，既要遵循行政协议一般性的审理规则，又要注意处理此类案件法律效果和社会效果的高度统一；既要平等保护各方的利益，更要考虑环境的保护和发展，这是形势使然。

（作者单位：内蒙古自治区高级人民法院）

① 毕可志：《论对行政合同的司法救济》，载《长白学刊》2004 年第 4 期。
② 毕可志：《论对行政合同的司法救济》，载《长白学刊》2004 年第 4 期。

类案检索与统一裁判尺度问题的研究

——以最高法院部分行政案件裁判文书为引

李雪春　王雨生

法院加快了裁判文书全面对外公开的步伐，裁判的影响不再局限于某一区域。信息化的快速发展使得自相矛盾的裁判和类案不类判的恶劣影响加速扩大和传递，并极大地削弱了司法的权威性。因此，要想统一裁判尺度，提升审判品质，树立司法权威，就要探索构建类案类判工作机制，确保类案法律适用统一。

类案检索是类案类判的前提，而对类案的综合分析，则是类案检索成功的关键。浩瀚的裁判文书中，最高法院裁判文书总量在全国裁判文书中的占比不高，但因其权威性与个案指导性对各级法院裁判案件具有重要意义。故本文将以最高法院部分行政案件裁判文书为引，通过宏观和微观层面的分析，去探讨类案检索与统一裁判尺度的问题。

一、宏观：作为被检索素材的最高法院 5724 份行政案件裁判文书的基本情况及初步探讨

我们通过中国裁判文书网，对最高法院在中国裁判文书网上对外公布的 5724 份（结案时间在 2011 年 1 月至 2018 年 6 月，数据更新截至 2018 年 7 月 3 日 14 时 30 分）最高法院审理的行政案件裁判文书进行了梳理。

（一）案由分布

对于行政案件案由，从管理范围划分，其中，公安行政管理［治安管理（治安）14 件、消防管理（消防）2 件、道路交通管理（道路）2 件、其他（公安）29 件］47 件；资源行政管理［土地行政管理（土地）2501 件、林

业行政管理（林业）249 件、草原行政管理（草原）12 件、地质矿产行政管理（地矿）3 件、能源行政管理（能源管理）9 件、其他（资源）1 件］2775 件；城乡建设行政管理［城市规划管理（规划）74 件、房屋拆迁管理（拆迁）1158 件、房屋登记管理（房屋登记）98 件、其他（城建）70 件］1400 件；工商行政管理（工商）31 件；商标行政管理（商标）595 件；质量监督检验检疫行政管理［质量监督行政管理 10 件、检疫行政管理（检疫）3 件、其他（质量监督）3 件］16 件；卫生行政管理（卫生）6 件；食品药品安全行政管理（食品、药品）5 件；农业行政管理（农业）［渔业行政管理（渔业）7 件、畜牧行政管理（畜牧）2 件、其他（农业）7 件］16 件；物价行政管理（物价）1 件；环境保护行政管理（环保）13 件；交通运输行政管理［公路交通行政管理（公路）4 件、铁路行政管理（铁路）1 件、航空行政管理（航空）1 件，其他（交通）9 件］15 件；专利行政管理（专利）177 件；新闻出版行政管理（新闻、出版）4 件；经贸行政管理（内贸、外贸）35 件；电力行政管理（电力）4 件；其他行政管理 58 件；金融行政管理（金融）14 件；司法行政管理（司法行政）127 件；行政监察（监察）20 件；体育行政管理（体育）3 件；水利行政管理（水利）13 件；国有资产行政管理（国资）11 件；劳动和社会保障行政管理（劳动、社会保障）53 件；审计行政管理（审计）2 件；统计行政管理（统计）2 件；民政行政管理（民政）46 件；外资行政管理（外资管理）1 件；海关行政管理（海关）2 件；教育行政管理（教育）42 件；财政行政管理（财政）20 件；文化行政管理（文化）2 件；税务行政管理（税务）6 件；烟草专卖行政管理（烟草专卖）1 件；乡政府 161 件。

从 5724 件行政案件主要案由分布图（见图 1）上，我们可以看到，这几年最高法院审理的行政案件集中于资源行政管理、城乡建设行政管理、商标行政管理、专利行政管理、乡政府等案由案件。但是，很显然基层法院、中院审理的行政案件更多的是房屋拆迁管理、房屋登记、信息公开、劳动与社会保障等涉民生领域的案件。

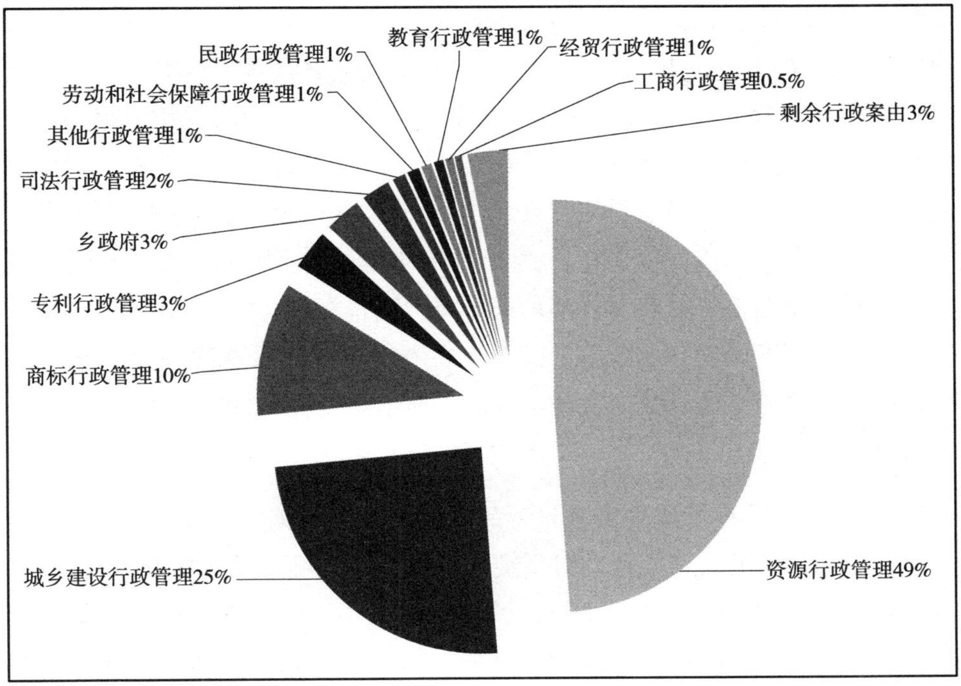

图 1　5724 件行政案件主要案由的分布图

（二）裁判年份分布

从裁判的年份来看，2011 年 1 件；2012 年 1 件；2013 年 7 件；2014 年 99 件；2015 年 21 件；2016 年 1848 件；2017 年 3395 件；2018 年截至 7 月 3 日 352 件。从这组数据可以看出，在立案登记制改革后，最高法院审理的行政案件激增，尤其是 2016 年和 2017 年。但在 2018 年，由于各级法院更加理性看待立案登记制①，故最高法院审理的行政案件较前两年减少。也就是说，在 2016 年和 2017 年，最高法院行政庭基于激增的案件被迫呈现了“纠纷解决”型定位，消除法律适用反而退居非主流的职能和任务。

（三）审判程序分布和文书类型（判决结果）分布

从审判程序上看，一审 1 件；再审 3441 件；非诉执行审查 1 件；再审审查与审判监督 2092 件；其他 189 件。从文书类型上看，判决书 126 份；裁定

① 参见江必新：《行政审判中的立案问题研究》，载《法律适用》2018 年第 3 期。关于理性看待立案问题，最高法院江必新副院长在该文中有详细论述，本文不再细作分析。

书 5598 份。从判决结果上看，126 份判决书的判决方式如下：判决撤销 7 件；判决撤销重做 70 件；判决维持行政行为 12 件；判决驳回再审申请 8 件；判决撤销二审、维持一审 13 件；判决部分撤销重做 1 件；判决撤销二审、部分维持一审、部分重新审理 5 件；判决赔偿 1 件；判决确认违法 5 件；判决确认违法返还 1 件；判决撤销再审、撤销二审、维持一审重做 1 件；判决撤销再审、撤销一审、维持二审 1 件；其他判决方式 1 件。可见，最高法院审理的行政案件主要是再审案件及再审审查与审判监督案件，且大都以裁驳结案，而以判决方式结案的案件占比仅在 2.2% 左右。可见，最高法院对下级法院的个案指导更多的是通过裁定说理实现的，而不是判决说理。

（四）小结

从被检索的 5724 份裁判文书的综合分析，到中国裁判文书网等检索工具的了解，再到目前的司法实践，对于类案检索，我们可以发现如下问题。

1. 检索范围具有局限性。最高法院审查的再审、审监案件集中在某些特定领域，一些在基层法院一审审理的案件，很难在最高法院的裁判文书中找到类案。另外，如果检索范围扩大到全国法院裁判文书，那么被检索的裁判文书较多，可能鱼龙混杂影响检索效果。因此从检索范围上看，权威的检索和适度的检索均非常重要。

2. 检索工具具有局限性。检索工具背后涉及的数据库存在差异。以中国裁判文书网为例，正如前面所述及的可检索到 5724 份裁判文书，而以同样条件通过法信进行检索，则可以检索到 1 万份以上，可见这两种工具的检索效果不一样，法信的裁判文书数据库更大一些。检索工具的侧重也可能不一样。相较于前两种检索工具被检索的类案只是裁判文书的全文，北大法宝则对有些典型案件进行裁判要旨归纳，且对案例进行了一定的分类，颇有亮点，当然其因数据库不全也常受诟病。故检索工具的背后大数据，检索工具的侧重，智慧化的检索需求都说明目前的检索工具具有局限性。

3. 检索方式具有局限性。目前的检索主要是主动关键词检索，这种检索容易出现关键词太多导致查找结果为零，或关键词太少导致查找结果偏离需求，又或者关键词把握不准的问题。自动检索、类案推送、主动检索时形成对比分析报告等需求也侧面反映了目前检索方式的局限性。

4. 检索内容具有局限性。首先，检索的观点不一致。检索到的裁判有时观点不一致，甚至截然相反，而检索者不知应该参考哪种观点。其次，检索的内容有时会有滞后性。对于疑难复杂案件，可能类似案例的裁判确实检索不到，因为同样的案件可能也处于审理阶段。

二、微探：推定部分最高法院行政案件裁判文书被检索到并深入分析

从前面的分析中，我们注意到检索的范围、工具、方式、内容均可能会影响类案检索的效果，进而影响裁判尺度的统一。对于检索范围、工具、方式这三种，我们可以通过大数据和智慧化检索慢慢实现；而对于检索内容中检索观点不一致、内容滞后的情形，则要求法官能够“明辨是非”。为了更好地阐明上述观点，我们收集了最高法院一些典型裁判进行分析，并推定它们此次被检索到。

（一）最高法院裁判文书之间观点冲突

行政诉讼法修改后，对于原《最高法院关于执行〈中华人民共和国行政诉讼法〉若干问题的解释》第 41 条①规定是否还适用的问题，最高法院曾在《行政诉讼法新旧法衔接的几个具体问题》一文中指出，“《执行解释》第 41 条关于‘起诉期限最长不得超过两年’的规定，与新行政诉讼法及《适用解释》规定的精神是一致的，仍然应当在实践中继续适用”。但是，最高法院第二巡回法庭在精选的行政审判案例要旨 30 例第 24 例中指出，《执行解释》第 41 条第 1 款关于 2 年的起诉期限的规定，与修改后的《行政诉讼法》第 46 条第 1 款规定相抵触。② 这就说明在《最高人民法院关于适用〈中华人民共和国行政诉讼法〉的解释》出台前，就《执行解释》第 41 条第 1 款的适用问题，全国其他地方与二巡辖区适用了不同的标准。

（二）最高法院裁判文书与最高法院许多法官公开发表的观点不一致

2015 年 5 月 1 日，行政诉讼法将行政协议纳入行政诉讼受案范围，但是关于行政协议救济问题在司法实务中一直存在争议。对于协议相对人达成补

---

① 《最高人民法院关于执行〈中华人民共和国行政诉讼法〉若干问题的解释》第 41 条第 1 款规定：“行政机关作出具体行政行为时，未告知公民、法人或者其他组织诉权或者起诉期限的，起诉期限从公民、法人或者其他组织知道或者应当知道诉权或者起诉期限之日起计算，但从知道或者应当知道具体行政行为内容之日起最长不得超过 2 年。”

② 参见（2016）最高行申 63 号行政裁定书。

偿协议后，不复议、不诉讼，又不履行约定搬迁义务的，目前最高法院江必新副院长、郭修江审判长、梁凤云审判长、原最高法院蔡小雪审判长[①]均认为，征收部门应根据修改后的行政诉讼法，通过直接申请人民法院强制执行的方式获得救济。

但是，最高法院第五巡回法庭却在2017年12月1日作出的（2017）最高法行申195号行政裁定书上表达了与上述观点不同的主张，该裁定书载明："行政协议中约定了强制执行条款，一旦强制执行条件成就而相对人又不履行约定义务，行政机关就可以依法直接将行政协议作为执行依据，向法院申请强制执行；行政协议中未约定强制执行条款，行政机关可以作出要求相对人履行义务的决定，相对人拒不履行的，行政机关可以该决定为执行依据，向人民法院申请强制执行或者自己强制执行。"

我们认为，最高法院第五巡回法庭的上述观点结合了德国和法国的先进经验，在理论上也是相通的，所以在现有行政诉讼法框架下是可行的。对于最高法院另外一种观点，即主张以"行政协议"为执行名义直接申请人民法院强制执行的方式获得救济，这是重视行政与司法效率的表现，但在理论上还存在一定的障碍。（2017）最高法行申195号行政裁定书作出后，最高法院本部对此并未明确表态。

（三）最高法院裁判文书与下级法院裁判文书不一致可能造成误解问题

这里探讨一下内部行政行为可诉性及其理由问题以说明上述观点。关于内部行政行为可诉性问题，最高法院关于内部行政行为所作的裁判与下级法院存在不一致的情形。

在延安宏盛建筑工程有限责任公司不服延安市安全生产监督管理局生产责任事故批复案[②]中，陕西高院认为，被诉批复虽未由批复机关送达被上诉人，但是作为请示机关之一的某行政机关将批复作为谈话内容告知被上诉人，并送达复印件，已经将批复的内容外化，而该批复将被上诉人列为责任单位，并要求给予处罚，则被上诉人有利害关系，故一审受理被上诉人起诉正确。

---

① 参见江必新、梁凤云：《新行政诉讼法司法解释理解与适用》，中国法制出版社2015年版，第126—128页；参见梁凤云：《行政协议案件的审理和判决规则》，载《国家检察官学院学报》2015年第4期；参见蔡小雪、郭修江：《房屋征收案件审理指引》，人民法院出版社2015年版，第10—11页、第307页、第326页等。

② 参见（2009）陕行终字第28号。

另外，在田某福诉国家煤矿安全检查局行政批复案[①]中，北京高院认为，国家煤矿安全监察局作出被诉批复之后，涉案事故的原因和性质、田某福在其中要承担的责任，已被明确清晰地确定，且事实上对后续处理产生拘束，田某福的权利义务至此已被设定，这种设定并不从属或依附于其后进行的处理行为，对田某福权益的影响，并不必然被其后的处理行为所吸收，故被诉批复并非一种过程性的行政行为，对田某福的权利义务产生了直接影响。同时，被诉批复虽然向山西省人民政府作出，但检察机关随后对田某福提起公诉，公诉书中援引了涉案事故报告的相关认定，也说明被诉批复已经外化，并非行政机关内部行为，产生了对田某福的权利义务进行设定的效果。仅从上述两份裁判文书的观点中，我们似乎可以看到陕西高院对内部行政行为可诉性的判断标准为“外化 + 设定权利义务”，而北京高院对内部行政行为可诉性的判断标准为“外化 + 设定权利义务 + 不被后续处理行为所吸收”。可见，北京高院的判断标准更为精准，至少裁判文书的说理更为充分。

但是，最高法院在内部行政行为可诉性问题上，则显得用词不严谨，裁判文书说理过于简单、不充分。比如，在（2017）最高法行申 4732 号行政裁定书中，最高法院认为，批示行为在性质上属于行政机关之间的内部指令，并不直接对外发生法律效果，不属于可诉。即使进行了送达，对外直接发生法律效果的行为也是后续的行政行为。另外，在（2017）最高法行申 363 号一案中，最高法院认为，内部审批行为虽然通过政府信息公开的形式为申请人所知悉，但并未改变其系内部行政行为的性质。通过认真研读上述两份最高法院的裁判文书，我们认为在裁判结果上最高法院是正确的，但是，在裁判文书的说理上则是用词不严谨、不充分的，因为只是选择了对自己有利的部分，没有进行深入和全面的论证。如此，在内部行政行为的可诉性问题上，很容易误导下级法院进行裁判。

我们认为，内部程序通过一定形式“外化”，则可能转化为可诉的行政行为。具体来讲，判断是否属内部程序外化情形需满足三个前提条件，一是行政机关有没有基于此内部程序直接制作并送达对外发生效力的（其他）法律文书；二是有关机关[②]以该内部程序（或程序的表现形式）为依据实施了

---

① 参见（2017）京行终 1197 号行政裁定书。

② 此处的“有关机关”，一般指下级机关。

（或无法再实施）其他行政行为，并对行政相对人权利义务产生实际影响；三是行政机关外化的内部程序的审查，无法被针对后续的行政行为的司法审查所吸收，具有一定的独立性。

（四）最高法院裁判文书指导作用具有一定滞后性

最高法院再审的案件和再审审查与审判监督案件的指导作用有时具有滞后性。以行政协议的受案范围为例，2015 年 5 月 1 日起施行的《行政诉讼法》第 12 条将行政机关不依法履行、未按照约定履行或者违法变更、解除政府特许经营协议、土地房屋征收补偿协议等协议的情形纳入行政诉讼受案范围。但是，对于上述四种情形之外的情况能否纳入行政诉讼的受案范围，各地法院存在不同的理解，以至于各地法院把握标准不一致。直到 2017 年 6 月 28 日，最高法院才在（2017）最高法行申 3772 号行政裁定书中指出："根据《中华人民共和国行政诉讼法》第十二条第一款第十一项的规定，……行政协议行为不是一个单一的行政行为，包括协议的签订、履行、变更以及解除等一系列行政行为。当事人针对行政协议行为提起诉讼，必须明确具体的被诉行政协议行为，笼统请求撤销或者确认行政协议行为违法，属于诉讼请求不明确。"上述裁定一定程度上说明了行政协议案件受案范围不仅仅是行政诉讼法规定的四种情形，也指出了提出诉讼请求必须明确的问题。

后来，2017 年 12 月 29 日，最高法院才在（2017）最高法行再 49 号行政裁定书上进一步释明行政协议案件受案范围。该裁定指出："……就争议类型而言，除《中华人民共和国行政诉讼法》第十二条第一款第（十一）项所列举的四项行政协议争议外，还包括协议订立时的缔约过失，协议成立与否，协议有效无效，撤销、终止行政协议，请求继续履行行政协议、采取相应的补救措施、承担赔偿和补偿责任以及行政机关监督、指挥、解释等行为产生的行政争议。"

三、反思：类案检索背景下裁判文书尺度不统一的原因

在类案检索背景下，各地裁判文书尺度并不统一，甚至如前所述最高法院的个别裁判文书也存在不统一的问题。究其根源在于，法律规范缺位，个案指导作用打折扣，法官之间缺少常效沟通机制，类案检索工具、方式及内容具有局限性。

（一）法律规范不完善，相关理论不足，认识由浅入深

1. 法律规范不完善。部分裁判文书尺度不统一，主要是法律规范不完善。由于立法本身具有滞后性，当司法实务中遇到一些疑难复杂的法律适用问题时，法律往往没有规范，或者规范得不清晰，导致办案过程中出现无法可依的情况，或者出现不同的法官对规范的理解出现偏差。

2. 相关理论研究不足。法律规范不完善或者不清晰的地方，也往往是理论研究不够充分，有分歧的地方。不同的学者对于相关理论有不同的认知和观点，法官往往难以取舍，抑或选择最能说服自己的观点。

3. 认识由浅入深。随着理论研究的深入，加上对相关类似案例的研究，即使是同一个法官也可能会对同一问题出现前后不一致的看法，这就可能存在类案不同判的情况。也就是说，随着研究的深入，法官对问题的认知和看法是一个由浅入深的过程。当然不同的法官其法律知识、逻辑思维和判断力不同，对法律规范及相关理论观点的理解是有差异的，这就可能造成类案不同判的尴尬局面。

（二）法官之间缺少常效沟通机制，导致观点有时不一致

1. 重检索，轻沟通。2017 年 8 月 1 日起施行的《最高人民法院司法责任制实施意见（试行）》，将类案与关联案件检索机制设置成为一种法官办案过程中的强制性活动，类案检索甚至成为法官办案的负担。我们认为，类案检索不是万能的，也不是单一的；类案检索机制应该成为法官的帮手，而不应是负担。在类案检索中，还应该重视加强法官之间的交流沟通。有些案件裁判尺度不统一，并非来自检索方面问题，而是缺少沟通，没有尝试听取合议庭之外法官的建议或意见。

2. 重法院内部沟通，轻上下级法院沟通。由于法院内部法官之间沟通具有天然的优势，所以法官遇到法律适用问题往往更多地寻求内部沟通，这样就存在上下级法院法官之间对同一法律适用问题存在不同认识。因此，除了上下级法院自我监督和约束外，要畅通一条下级法院和上级法院沟通渠道，让下级法院的声音能够让上级法院听到，让两审法官能够有机会面对面沟通，这在处理类案问题时尤为重要。

（三）类案检索工具、方式、内容让人迷茫与无所适从

1. 检索的工具多但不精。对于类案的检索，目前有很多方式。比如，法

综系统类案推送、中国裁判文书网、法信、北大法宝、类案智能推送、律例注疏等。其中，法综系统类案推送不太精准，数量较少；中国裁判文书网上的案例比较权威，但是不好检索；法信案例较多，但是分类混乱，不便于检索；北大法宝案例分类明确，部分案例有裁判要旨归纳，但是对于普通案例很可能检索不到；类案智能推送系统检索方便，但是没有裁判要旨提炼；律例注疏检索方便，但是很多案例比较旧，标注了不利因素，却又未明确不利因素具体在哪里。因此，上述检索工具各有优劣，在对一个疑难复杂的案例进行类案检索时，往往要几种检索工具并用，容易使人迷茫。

2. 检索方式还比较粗放。目前检索主要是人工主动检索、关键词检索、案号检索等，这些检索并不一定能产生预期效果，还可能降低司法效率。

3. 检索的内容不存在或有冲突。一些新类型案件、疑难复杂案件，存在类案检索不存在的困境，使法官缺少类案参考，在规范缺位、理论不足的情形下便容易误判。误判后的裁判文书可能成为被其他裁判参考的类案，也可能不被其他裁判所参考，故产生裁判不统一的问题。另外，在一些疑难复杂问题上，各地的裁判尺度不一或没有规定，就可能存在冲突的情况。检索到的两种或两种以上的观点往往体现不同方向的价值取舍，可以说没有绝对的对错之分，当然不排除某一种观点可能被更多的人认可的情形，容易导致法官无所适从。

四、建构：实现类案检索与裁判尺度统一的具体举措

前文对最高法院的裁判文书进行了宏观和微观两个层面的分析，引出了类案检索本身的问题以及裁判尺度不统一的问题，并分析了出现上述问题的原因。下面将从多个角度阐释如何实现类案检索与裁判尺度的统一。

（一）从检索本身入手，提高检索效能

1. 规范需检索案件和检索范围。首先，规范需检索案件。对于重大疑难复杂的案件，合议庭审判长认为需要进行类案检索的案件，合议庭法官法律适用意见不一致的案件，需提交专业法官会议讨论的案件，因法律适用问题提交审判委员会讨论决定的案件，改判、发回重审的案件，需要进行类案检索。其次，规范检索范围。在检索范围上，应包括以下范围：（1）最高法院发布的指导性案例、本辖区所属高院发布的参考性案例；（2）最高法院公报

案例、最高法院发布的典型案件；（3）最高法院主办的《人民司法》刊载的案例、最高法院各审判业务部门主办的审判指导刊物刊载的案例、本辖区所属高院（中院）主办的案例指导与参考性质的刊物刊载的案例、本院刊物刊载案例；（4）最高法院裁判的其他案件、本辖区所属高院裁判的其他案件、本院裁判的其他案件；（5）全国其他法院裁判案件。在检索时要综合运用分类检索和分层检索。

2. 规范检索工具和检索方式。办案法官要依托中国裁判文书网、法信、北大法宝等平台，对相关类案进行检索，充分发挥各检索工具的最大效能。当然，有条件的法院还可以以“智慧法院”建设为依托，建立智审辅助裁判系统辅助法官办案，探索类案识别与推送，通过设置争议焦点索引，让法官在审理案件、撰写裁判文书时，系统自动识别争议焦点并向法官推送同类案件、相关法律依据和说理段落。另外，还可以利用大数据建立基于历史案件的裁判预警系统，构建同类案件裁判趋势图，效验裁判尺度统一。

3. 规范对检索裁判的利用。检索到的类案，承办法官可以在审理报告中予以说明，必要时将相关材料装入副卷归档；合议庭评议的案件，承办法官应提炼检索类案的裁判要旨，并说明理由，将案例或裁判文书交合议庭讨论；专业法官会议讨论的或审判委员会讨论决定的案件，承办法官应在审理报告及其他载体上载明检索到的类案，并附相关材料。最高法院发布的指导性案例，合议庭应当参照适用。对于检索收集到的其他类案，合议庭一般应予以参考适用。

（二）从案源入手，重视案例指导作用

案例工作，对于统一法律适用，提高审判质量，提升司法公信力具有重要意义。各级法院都应充分重视案例指导的作用。目前，最高法院制作的案例或主办案例出版物主要有：《指导性案例》《公报案例》《典型案例》《人民法院案例选》《中国法院年度案例》《中国审判案例要览》《人民司法·案例》等，而各地高院及部分中院一般也有主办的案例指导与案例参考性质的出版物。但是，上述案例往往较为分散，也未集中按案由等精确分类，整体数量并不太多，不易被网上检索，因此要真正发挥案例指导作用，还应该结合中国裁判文书网、法信等平台，利用大数据等信息化手段，对一些有意义的生效裁判或案例进行整理归类，编撰类案参考系列丛书。另外，在日常案

例采集与编写中，我们不能过于苛求必须判决说理，而应适当考虑裁定说理。因为，如前所述最高法院对下级法院的个案指导更多的是通过裁定说理实现的。

当然，如果能利用大数据对大量案例进行分析和研判，针对某一大类问题形成案例库则更有利于检索和发挥案例的指导作用。比如，以行政征收案件为例，我们利用大数据调阅全国法院的案例，通过提取关键词和特定参数，形成特定结构图，直观展现目前征收与补偿问题中哪些环节已经可诉，哪些环节诉讼集中，诉讼请求是什么，以及法院的裁判结果等。通过大量的检索案例，形成相应的案例库，反过来制定针对特定问题的规范性文件，以便更好地指导审判实践。

（三）从法官本身入手，提高业务本领

统一类案裁判尺度，应该有一支高素质的法官队伍。一方面，在规范缺位下，检索的案例可能不存在，或相互冲突，这就需要法官运用自身理论水平，撰写高质量的裁判以便被后来者所检索参考，或对冲突案例进行甄别。另一方面，在随机分案的司法改革背景下，没有了院庭长审核把关，不同法官或合议庭之间因司法能力差异对适用法律、司法解释和指导性文件上存在差异，有可能造成“同案不同判”。因此，同类案件裁判尺度的统一，对法官的业务能力提出了高要求。

我们认为，提高法官个人业务本领应做好以下几个方面：第一，在法律或司法解释出台后，最高法院及各地高院要积极组织培训学习。第二，法官在办案之余要阅读有助于办案的权威书籍，比如全国人大法工委编撰的或最高法院业务庭、法官撰写的理解与适用系列书籍，以提升业务水平。第三，日常工作中，养成阅读裁判及案例的好习惯。也就是说，不要等遇到问题才收集案例，而应达到遇到问题就想到曾经看过类似裁判或案例的效果。通过大量阅读案例，尤其是典型案例，以便“内化于心”，甚至触类旁通。第四，与合议庭外的其他法官、专家或学者加强交流沟通。通过交流沟通，发现争议问题，明辨是非。当然，这种交流沟通要有限度，且主要针对类案的法律适用问题。

（四）从上下级法院业务交流入手，实现上下级法院对类案的有效沟通

1. 通过三级法院裁判文书联网，实现对类案的隐性沟通。目前，裁判文

书还未实现均在中国裁判文书网上公布，各省级法院内部自身裁判尺度还存在不一致的问题，故当务之急是实现各省法院内部三级法院裁判文书联网。这样，同类案件先行裁判可以为后续同类案件产生借鉴或指引，有利于统一裁判思路，减少“同案不同判”的情形发生，也使得在“类案不同判”的情形下，同一法院不同合议庭或者各地同级法院以及上级法院对口业务庭及时发现，从而及时统一类案的法律适用问题，纠正错误裁判，做到裁判尺度统一。

2. 通过不定期的类案研讨会议，实现上下级法院对类案的显性沟通。对于类案的沟通，当然也是对案件法律适用部分的沟通，符合目前的司法实践。但是，当前类案研讨会议的召开，往往是基于下级法院就个案的法律适用问题请示上级法院，上级法院认为辖片内其他法院也存在同类问题从而召集的。因此，这种类案研讨会议存在等待时间过长，研讨案件类型单一，召开比较仓促等问题。为了更好地发挥类案研讨会议的作用，实现上下级法院对类案的显性沟通，上级法院有必要及时收集下级法院上报的类案研究材料，甚至主动查找辖片法院法律适用不统一的情形，不定期经常召开类案研讨会议，统一辖片内的法律适用问题，实现“类案类判”。

（五）从本院入手，强化法官会议和审委会对类案的把控

为了统一裁判尺度，最高法院在《最高人民法院司法责任制实施意见（试行）》上对拟作出的裁判结果将形成新的裁判尺度的，拟作出的裁判结果将改变本院同类生效案件裁判尺度的，以及发现本院同类生效案件裁判尺度存在重大差异的情形进行了规定。虽然上述文件仅约束最高法院法官，但是它无疑对下级法院具有示范意义。为了更好地实现类案类判，统一法律适用，要强化专业法官会议和审委会对类案的把控。

一是强化专业法官会议类案研判功能。各级法院要按照审执案件类型设立专业法官会议。对于重大、疑难复杂、新类型案件，法律适用存疑案件，上级法院发回改判案件，专业法官会议要重点研究讨论，为办案法官提出咨询、参考意见。除了个案研讨，专业法官会议定期还应对所研讨类案进行总结提炼，研究裁判标准和审理要点，形成裁判指引和类案参考等，进而统一裁判尺度。

二是发挥审委会类案指导作用。一方面，对于重大、疑难、复杂案件，

新类型案件，通过审委会讨论决定，实现从个案实体上确保法律适用的统一。另一方面，强化审委会总结审判经验、实施类案指导、促进法律适用统一职能。审委会要主动建立裁判尺度及审判思路不统一的甄别机制，定期讨论研究形成类案裁判指引规范，发布类案参考案例，统一法院裁判尺度，促进类案类判。①

结　语

类案检索机制，搭建了从“类案”到“类判”的桥梁，对于统一法律适用，实现裁判尺度的统一具有重要意义。类案的检索意义，不仅在于基于检索实现个案智慧，更在于对检索案例或裁判进行深入分析和研究形成类案经验。当然，要保证裁判尺度的统一，仅凭类案检索机制是不够的，比如最高法院还应及时制定司法解释和适时制定司法政策、发布专业法官会议纪要等。另外，我们必须清楚，除了最高法院发布的指导性案例，合议庭应当参照适用，对于其他案例或裁判，我们必须仔细甄别，不能盲从。

（作者单位：天津市高级人民法院　天津市红桥区人民法院）

① 参见《人民法院司法改革案例选编（二）》（法改组〔2017〕2 号）。案例 18，贵州省高级人民法院：《探索“类案类判”机制　确保法律适用统一》。

行政赔偿诉讼结构与审理理念

殷　勤

【摘要】较之行政诉讼附带请求赔偿方式，行政赔偿诉讼更匹配所涉及的侵权法律关系，更有利于发挥当事人主体作用，更能通过先行处理程序解决纠纷、过滤案件、固定证据，更易于一次性解决纠纷。有效发挥行政赔偿诉讼功能，关键在于厘清行政赔偿诉讼结构并重构审理理念。在诉讼要件把握上，应当区别所涉及的行政行为是行政处分（行政法律行为）还是行政事实行为，构造相应不同诉讼要件（起诉条件）；在审理对象确定上，应主要围绕原告主张的赔偿请求权是否具有事实和法律依据展开审理；在先行处理与诉讼衔接上，应当充分发挥先行处理的争议过滤功能、事实固定功能和纠纷解决功能；在举证责任分配上，既坚持“谁主张、谁举证”原则，又考虑到对原告基本权利保护必要性和行政赔偿诉讼救济可得性等，适当适用举证责任转移规则；在判决方式选择上，对行政补偿责任与行政赔偿责任竞合时，应当坚持全面赔偿原则，防止行政机关“违法行政零成本”。

【关键词】行政赔偿诉讼　先行处理　诉讼衔接　诉之利益

一、行政赔偿诉讼实践问题整理

行政赔偿请求既可以由赔偿请求人单独向人民法院提出，也可以在提起行政诉讼时一并提出。前者为行政赔偿诉讼，后者为行政诉讼附带请求赔偿。行政诉讼附带请求赔偿的诉讼结构从属于撤销诉讼，所争议的问题主要围绕行政行为合法性展开，行政赔偿基础法律关系很难有单独争议的空间。行政赔偿诉讼则主要争议侵权法律关系构成性问题，其诉讼结构较之撤销诉讼理应有所不同。但实践中，行政赔偿诉讼既有撤销诉讼化之趋势，也有逐渐为行政诉讼附带请求赔偿所替代之风险。围绕行政赔偿诉讼的受理和审理，不同法院对诉讼类型、诉讼要件、审查对象、判决方式等裁判观点分歧较大。

具体而言：对于行政赔偿诉讼类型和审查对象，有的认为属于撤销诉讼，请求撤销对象是赔偿义务机关作出的先行处理决定或者拒绝决定，[①] 有的认为属于义务诉讼，[②] 也有的认为属于一般给付诉讼，而不对先行处理是否合法作出评价；[③] 对于行政赔偿诉讼的诉讼要件（起诉条件），有的法院将先行处理作为请求行政赔偿的前提，未经过先行处理属于排除诉讼的障碍事由，[④] 有的则不是；[⑤] 有的将经过违法确认程序作为起诉条件，[⑥] 有的则将行政行为违法作为本案审查要件把握，[⑦] 还有的在行政赔偿诉讼中一并对所涉行政行为是否合法作出评判；[⑧] 对认为不符合赔偿情形时，有的以不具备请求权裁定驳回起诉，[⑨] 有的认为具有诉的利益判决驳回诉讼请求；[⑩] 在认为符合赔偿情形时，有的判决以行政补偿代替赔偿，[⑪] 有的则认为补偿与赔偿存在竞合，更倾向于驳回赔偿请求。[⑫]

上述不同处理，反映出人民法院对于行政赔偿诉讼结构认识不明晰：一是对行政赔偿诉讼类型存在争议，没有从整体上把握行政赔偿诉讼与行政诉讼的关系；二是对先行处理程序的合理性产生怀疑，对行政赔偿诉讼与先行处理的关系把握不准，不能正确认识和看待先行处理与诉讼的有效衔接问题；三是拘泥于对行政行为合法性判断，习惯于将行政行为违法作为行政赔偿诉讼的诉讼要件加以把握，但没有结合不同行政行为的类型加以必要的区别；四是习惯于以撤销诉讼为中心，将行政赔偿问题视为撤销诉讼附带审查问题，以致行政赔偿诉讼作为一种诉讼类型显得可有可无；五是对行政补偿与行政

---

① 参见江苏省南通市中级人民法院（2016）通中行终字第489号行政判决书。
② 参见江苏省高级人民法院（2016）苏行终550号行政判决书。
③ 参见浙江省高级人民法院（2016）浙行赔终39号行政裁定书。
④ 参见福建省高级人民法院（2016）闽行赔终31号行政赔偿裁定书。
⑤ 参见福建省莆田市中级人民法院（2015）莆行初字第91号行政赔偿判决书。
⑥ 参见湖南省高级人民法院（2017）湘行赔终3号行政裁定书。
⑦ 参见浙江省高级人民法院（2016）浙行赔终46号行政赔偿判决书。
⑧ 参见江苏省南京市中级人民法院（2014）宁行初字第44号行政判决书。
⑨ 参见上海市第一中级人民法院（2016）沪01行初347号行政裁定书。
⑩ 参见浙江省杭州市中级人民法院（2013）浙杭行赔初字第3号行政赔偿判决书。
⑪ 参见浙江省金华市中级人民法院（2015）浙金行初字第19号行政判决书。
⑫ 参见浙江省高级人民法院（2017）浙行终154号行政判决书。

赔偿的关系把握不准确，有的裁判缺乏救济可得性。以下结合上述五个方面，讨论行政赔偿诉讼结构问题。

二、行政赔偿诉讼与行政诉讼的关系

笔者认为，行政赔偿诉讼就是行政主体对其侵权行为承担赔偿责任的诉讼，因而更适合以民事诉讼程序加以构造，若以行政诉讼方式审理，则会对审查对象、举证责任、判决方式等产生疑问。① 但是，“政府的赔偿责任是建立在放弃主权豁免原则这一基础上的。国家立法机关在同意国家赔偿时可以规定其认为适当的条件”。② 因而，一方面既要基于我国国家（行政）赔偿诉讼制度整体的规定性，考察我国行政赔偿诉讼问题；另一方面无论是适用行政诉讼程序还是适用民事诉讼程序，都不能否认行政赔偿诉讼自身的特殊性，而仍应加以区别。

（一）行政赔偿诉讼的演进

我国有关国家赔偿责任最早规定于1954年《宪法》，该法第97条规定：“……由于国家机关工作人员侵犯公民权利而受到损失的人，有取得赔偿的权利。”1982年《宪法》第41条第3款进一步规定：“由于国家机关和国家工作人员侵犯公民权利而受到损失的人，有依照法律规定取得赔偿的权利。”之后，1986年实施的《民法通则》正式确立了国家赔偿责任的民事责任性质，并通过民事诉讼途径解决。其第121条规定：“国家机关或者国家机关工作人员在执行职务中，侵犯公民、法人的合法权益造成损害的，应当承担民事责任。”但是，1989年实施的《行政诉讼法》则专门规定了国家的行政赔偿责任，即国家行政机关或者行政工作人员对其行政侵权行为，应当承担有别于民事责任的、公法性质的赔偿责任。③ 该法第67条第1款规定：“公民、法人

---

① 参见陈国栋：《行政赔偿诉讼是行政诉讼吗——从比较的角度看我国行政赔偿诉讼制度重构》，载《政治与法律》2009年第10期。

② “国王不能为非”（The king can do no wrong）意即当人民受到政府侵害要求国家赔偿时，只能请求君主出于恩惠而给予补偿，不能要求国家承担法律责任。美国联邦最高法院大法官霍姆斯在1907年Kawannakoa v. polybank一案的判决中就认为：“权利是由法律创造的，没有法律上的权利可以反对制造法律的权威，所以主权者不能被诉。”参见王名扬：《美国行政法（下）》，北京大学出版社2016年版，第545页。

③ 参见杨寅：《我国行政赔偿制度的演变与新近发展》，载《法学评论》2013年第1期。

或者其他组织的合法权益受到行政机关或者行政机关工作人员作出的具体行政行为侵犯造成其损害的，有权请求赔偿。”第 2 款规定：“公民、法人或者其他组织单独就损害赔偿提出请求，应当先由行政机关解决。对行政机关的处理不服，可以向人民法院提起诉讼。”之后，1992 年《国家赔偿法（试拟稿）》及 1995 年 1 月 1 日起实施的《国家赔偿法》延用了《行政诉讼法》对行政赔偿责任的规定，并且在第 9 条分别规定了违法确认程序和先行处理程序。现行《国家赔偿法》保留了先行处理程序。现行《行政诉讼法》由于《国家赔偿法》已经专门规定行政赔偿程序和先行处理程序而不再重复规定，但仍将行政赔偿诉讼中的若干程序问题作为行政诉讼程序问题加以规定和解决，如第 38 条第 2 款规定了行政赔偿案件举证责任，第 60 条第 1 款规定了行政赔偿案件适用调解原则，第 76 条、第 78 条第 1 款规定了附带赔偿判决。现行《民事诉讼法》则不再对行政赔偿问题作出规定。因而，总体上现行法律是将行政赔偿诉讼作为行政诉讼程序加以规定的。

当然，认为行政赔偿诉讼归属于行政诉讼，理由就在于我国实定法的明确规定，这就如同对于选民资格诉讼虽然属于公法诉讼类型，但《民事诉讼法》仍然规定了民事诉讼救济途径。同时，认为行政赔偿诉讼归属于行政诉讼，也不是要去否定行政赔偿诉讼系属于侵权法律关系这一本质特征。如后所述，正是因为行政赔偿诉讼是要解决侵权法律关系中的权利义务归属问题，才导致行政赔偿诉讼在诉讼构造时要区别于撤销诉讼等传统行政诉讼类型。

（二）行政赔偿诉讼与行政诉讼的“家族相似性”

结合霍菲尔德对基本法律概念的区分，行政机关依据法律法规的授权和规定作出具体的行政行为给行政相对人设定权利义务，这是行使权力（power）的表现，行政相对人则有责任（liabilities）承受这一法律关系而不能豁免（immunities）这一法律关系。只有行政行为无效或者违法时，行政相对人的责任状态才转变为权利（rights）状态，[①] 即才具有请求权（结果除去请求权、金钱赔偿请求权），此时行政机关则处于无权利和承担相应义务（duties）的状态，[②] 而行政诉讼对行政行为合法性审查具有专属管辖权。可

① 参见郑春燕：《现代行政过程中的现代法律关系》，载《法学研究》2008 年第 1 期。

② 参见蒋成旭：《论结果除去请求权在行政诉讼中的实现路径——以霍菲尔德基本法律概念为视》，载《中外法学》2016 年第 6 期。

见，行政诉讼与行政赔偿诉讼天然具有“家族相似性”。对这一点，即便论者主张通过民事诉讼途径解决行政赔偿纠纷，也是不能回避的。另外，行政赔偿诉讼的目的在于回应行政相对人针对行政侵权提出的请求，是较典型的主观诉讼，[①] 虽然论者多从主观诉讼形态构造我国当前的行政诉讼制度，但毋庸讳言，现行行政诉讼仍然是以撤销诉讼和合法性审查为中心展开的，实践中也存在不重视原告主体地位和诉讼请求等弊端。[②] 因而，就需要结合行政诉讼类型化理论，构造行政赔偿诉讼具体类型，并形成与之相适应的审理理念。

（三）行政赔偿诉讼类型分析

总体上，行政赔偿诉讼要求人民法院对赔偿请求人所提出的具体的赔偿请求予以审理并作出裁判，因而不同于纯粹以行政行为合法性审查为中心的撤销诉讼，而更适合归属于给付之诉。所谓给付之诉，就是“原告基于一个具体的事实状况提出的如下主张：他的权利由于所请求的行政行为被拒绝或未作出而受到了伤害……如果行政机关已经通过否定性决定拒绝作出行政行为，那就涉及一种否定决定之诉；如果有管辖权的行政机关既没有拒绝，也没有作出被申请的行政行为，当事人就可以提起不作为之诉”。[③] 同时，根据请求给付的客体是法律行为还是事实行为，给付之诉又区分为课予义务之诉和公法上一般给付之诉。[④] “如果原告只想获得不含有调整内容的实际给付，例如：单纯的答复、信息、咨询、事实声明的收回等，那么适当的就不是义务之诉，而是一般给付之诉。如果在实际给付之前，需要进行一次对前提的要式审查，并就给付作出（裁量）决定，这个决定就是调整，义务之诉便因此是适当的。”[⑤] 课予义务之诉是“民众因行政机关对其依规定申请之案件，于法定期间内应作为而不作为或者予以驳回，认为其权利或法律上利益受损害者，向行政法院提起请求该机关应为行政处分或应为特定内容之行政处分

---

① 薛刚凌、杨欣：《论我国行政诉讼构造：“主观诉讼”抑或“客观诉讼”》，载《行政法学研究》2013 年第 4 期。

② 参见付荣、江必新：《论私权保护与行政诉讼体系的重构》，载《行政法学研究》2018 年第 3 期。

③ ［德］弗里德赫尔穆·胡芬：《行政诉讼法》，莫光华译，法律出版社 2003 年版，第 283 页。

④ 一般认为，《行政诉讼法》第 72 条、第 73 条就是对课予义务诉讼和一般给付诉讼分别作出规定。参见李广宇：《新行政诉讼法逐条注释（下）》，法律出版社 2015 年版，第 611 页。

⑤ ［德］弗里德赫尔穆·胡芬：《行政诉讼法》，莫光华译，法律出版社 2003 年版，第 283 页。

之诉讼”。[1] 一般给付之诉是“相对于撤销诉讼和课予义务诉讼的补充诉讼类型，解决的是行政相对人直接起诉要求行政机关给予事实上给付事项”。[2]

上述定义，并不能自动地“识别”行政赔偿之诉是一般给付之诉还是课予义务之诉，因为即便经过行政赔偿诉讼，法院还是可能并不直接判决行政机关给付具体赔偿金额，行政机关也仍可能存在对如何赔偿的裁量权。在复杂情形下，基于司法权与行政权分工的考虑，法院还可能作出一个概括性或者框架性判决，即仅确定赔偿对象、赔偿范围、赔偿方式、赔偿标准，而具体如何赔偿，仍有待行政机关结合具体法律规定，依照具体行政程序作出。此时，要区分经过行政赔偿诉讼之后，法院到底是课予行政机关为一定行为之义务，还是要求行政机关为一定给付事项。

在此，需要对课予义务之诉和一般给付之诉再作区分。课予义务诉讼的目的是要求行政机关作成一定的行政处分，以形成、变更或者消灭行政法律关系。对此，《最高人民法院关于适用〈中华人民共和国行政诉讼法〉的解释》第 91 条即是明证。[3] 在课予义务之诉中，原告的请求权基础仅在于法律的明确规定，并且被告的行政行为（不作为）违反了法律的明确规定，通过诉讼对被告行政行为（不作为）进行撤销，并且法院在条件成熟时，还可以直接判令行政机关为一定的行政行为。因而，课予义务诉讼与撤销诉讼更具有亲缘关系，其本质上并不是一般民事诉讼上的给付之诉，而是形成之诉；一般给付之诉的目的是对一个客观上已经形成的行政法律关系，要求行政机关履行其法律义务。在一般给付之诉中，原告的请求权基础是客观上已经形成的行政法律关系。可见，课予义务之诉与一般给付之诉在诉讼构造上是完全不同的，传统理论将两者归并为义务之诉或给付之诉并不准确。

在行政赔偿诉讼中，尽管争议的焦点可能在于所涉行政行为是否合法、行政行为与原告主张的损害是否有因果关系等方面，但这并不妨碍行政赔偿诉讼的目的是要解决原告的赔偿请求能否成立这一中心问题。在行政赔偿诉讼中，“法官必须裁判的是双方当事人之间关于一项原告在诉讼中提出的请求

---

① 陈清秀：《行政诉讼法》，法律出版社 2016 年版，第 173 页。

② 陈清秀：《行政诉讼法》，法律出版社 2016 年版，第 173 页。

③ 该条规定：“原告请求被告履行法定职责的理由成立，被告违法拒绝履行或者无正当理由逾期不予答复的，人民法院可以根据行政诉讼法第七十二条的规定，判决被告在一定期限内依法履行原告请求的法定职责；尚需被告调查或者裁量的，应当判决被告针对原告的请求重新作出处理。”

权的争议”。[1] 行政赔偿诉讼的请求权在于原、被告在诉讼之前客观上已经发生的侵权法律关系，所要解决的是如何根据这一侵权法律关系，划定原、被告责任或者说主要是被告责任。因而，行政赔偿诉讼不是要形成、变更或者消灭一个具体的法律关系，而是要在确认已经形成的侵权法律关系的基础上明确被告的具体义务。可见，行政赔偿诉讼还有一个隐形的功能，即对双方间形成的侵权法律关系予以确认。总体上，行政赔偿诉讼与课予义务诉讼大异其趣，而可以认为属于一般给付诉讼类型。此即意味着，行政赔偿诉讼在起诉条件、举证责任、审查对象、判决方式等方面，与撤销诉讼和课予义务诉讼是完全不同的。

三、行政机关先行处理的诉讼地位

自《国家赔偿法》实施以来，就有关于行政赔偿的行政机关先行处理程序。现行《国家赔偿法》虽然规定行政相对人可以在起诉行政行为违法的撤销诉讼中一并提出国家赔偿请求，但也规定在单独提起行政赔偿的场合下，需要行政机关先行处理。有人认为，先行处理既不能有效回应赔偿请求人的赔偿请求，实际上异化为不予处理，也限制了当事人诉权，应当取消。[2] 这一认识既与《国家赔偿法》有关先行处理程序规定过于简单有关，也与实践中行政机关、人民法院对先行处理程序认识不到位有关。

（一）先行处理程序再认识

的确，行政赔偿责任是归结于既定的侵权法律关系的，赔偿请求人与赔偿义务机关的法律地位也是对等的，赔偿义务机关作出先行处理，是履行侵权法律关系确定的赔偿义务，而不是依其自己的意志作出一个高权行为。但是，这并不是怀疑先行处理行为正当性的恰当理由，因为本来行政机关作出的所有行为都既不可能也没有必要都形成公法上法律关系；而仅在国家（行政）赔偿诉讼程序之前，要求赔偿请求人经过先行处理，也不能认为就是限制对其的救济，这正如《行政复议法》有关于行政复议前置或者复议终局的规定，《民事诉讼法》也有关于特殊案件先行调解的规定。

---

① ［德］迪特尔·梅迪库斯：《请求权基础》，陈卫佐等译，法律出版社 2012 年版，第 1 页。

② 参见杨海坤、章志远：《中国行政法基本理论研究》，北京大学出版社 2004 年版，第 557 页。

实际上，当事人在起诉请求赔偿前申请由行政机关先行处理，在美国、奥地利、瑞士、韩国和我国台湾地区等都有相应规定，可谓世界通例。[①] 设立先行处理程序的一个动因，既是有效解决纠纷的需要，也是减轻法院负担的需要。比如，美国 1946 年制定的《联邦侵权赔偿法》虽然规定了行政赔偿的行政处理程序，但同时规定当事人可以不经行政处理而直接向法院起诉，但由于直接向法院起诉的案件太多，判决耗时太久，以致大量赔偿案件无法及时处理，反而耽误了赔偿请求人救济权利。至 1966 年修改《联邦侵权赔偿法》时，就明确规定履行行政赔偿程序是法院取得管辖权的前提。[②] 通过把处理政府侵权赔偿的重心转移至行政机关，使得法院事实上成为解决问题最后的手段，如果赔偿问题能够用简易、迅速、廉价的方式解决，就不必用费时费钱的复杂程序解决。

因而，既然《国家赔偿法》明确规定了先行处理程序，那么首要的义务是通过解释的方法，妥当地运用先行处理程序，发挥其效用，而不是去质疑其合理性。

（二）先行处理与行政赔偿诉讼的衔接

行政赔偿过程中的先行处理，与行政处罚、行政许可等过程中的听证，有较明显的不同。前者是平等主体间基于侵权法律关系形成的前置处理程序，后者则是行政主体作出行政处分所履行的行政调查程序。适用先行处理程序，既要遵循程序法定性，也要遵循协商对等性。

第一，根据赔偿数额确定原则，赔偿请求人在先行处理程序中应当提出明确具体的赔偿请求，以便于行政机关迅速作出决定，而“如果不要求提出一个确定的数额，则等于鼓励当事人隐藏重要的信息”。[③] 未提出确定赔偿请求视为权利抛弃，在诉讼中要求的案涉赔偿请求不得超过先行处理程序中要求的赔偿，但可以要求行政机关赔偿因经过先行处理而得不到公平合理赔偿

① 如：《美国法典》第 28 编第 2675 节（a）款规定，法院不能受理追诉美国政府的侵权赔偿诉讼，除非当事人已经先向行政机关请求赔偿，行政机关已经作出最后的书面决定，并且发出了通知，或者行政机关在收到当事人申诉后 6 个月期间以内未作决定。我国台湾地区“国家赔偿法”第 11 条规定，赔偿义务机关拒绝赔偿，或自提出请求之日起逾 30 日不开始协议，或自开始协议之日起 60 日协议不成立时，请求权人得提起损害赔偿之诉，但已依行政诉讼法规定，附带请求损害赔偿者，就同一事实，不得另行起诉。

② 参见王名扬：《美国行政法（下）》，北京大学出版社 2016 年版，第 554 页。

③ 王名扬：《美国行政法（下）》，北京大学出版社 2016 年版，第 556 页。

时增加的损失。

第二，赔偿请求人在先行处理程序中，应当提供支持其请求的相应的证据，赔偿请求人在申请赔偿之前取得而在先行处理程序中未出示的证据材料，法院在嗣后的诉讼中不予接纳。[①] 对因行政机关的原因导致赔偿请求人举证不能的，赔偿请求人仅提供其实际遭受损失的初步证据或者线索，不能视为未提供支持其请求的证据。

第三，行政机关应当听取赔偿申请人的意见，并向赔偿申请人出示相关证据材料，以便双方能尽速达成共识，确定赔偿范围、赔偿标准、赔偿方式。双方达不成一致的，行政机关应当作出赔偿决定书，赔偿决定书应当载明具体理由和证据清单。行政机关在先行处理程序中未出示的有利自己的证据在诉讼中出示的，人民法院不予接纳；行政机关在先行处理决定中自认的事实和确定的赔偿方式、赔偿标准、赔偿范围等，在嗣后诉讼中一般不得主张与之相反的事实以及减轻赔偿责任。

第四，在决定不予赔偿时，应当区分“未提出有效申请”和“不符合赔偿条件”区别处理。例如，经行政机关要求补正后仍未提出具体明确的赔偿请求、被请求的行政机关不是因其致害行政机关等，属于未提出一个有效的赔偿申请，行政机关应当作出不予受理决定，以与一个有效的赔偿处理程序相区别，在嗣后当事人申请符合法定形式条件时，行政机关不能以当事人重复申请为由拒绝。又如，致害行为系行政机关工作人员与行使职权无关的个人行为、未造成实际损害等，属于不符合赔偿条件，行政机关应当作出不予赔偿决定。

第五，行政机关作出的不予赔偿或者赔偿决定没有得到人民法院支持时，对于赔偿请求人在诉讼中提出的要求行政机关赔偿因经过先行处理而增加的合理损失，人民法院应予支持。

（三）行政赔偿诉讼的比较优势

由于《国家赔偿法》规定当事人可以在行政诉讼中一并提出赔偿请求，以致实践中先行处理程序功能被极大弱化。但如上所述，如果行政相对人、行政机关、人民法院各方能够正确认识先行处理程序性质、正确看待其制度作用、正确把握先行处理后的行政赔偿诉讼，则行政赔偿诉讼较之行政诉讼

① 参见陈清秀：《行政诉讼法》，法律出版社 2016 年版，第 184 页。

附带行政赔偿，有其明显优势。

第一，区别于行政诉讼附带请求赔偿属于撤销诉讼类型，行政赔偿诉讼属于一般给付诉讼的诉讼结构，更匹配诉讼所主要涉及的侵权法律关系和赔偿请求权问题，更能体现双方当事人诉讼地位的对等性。

第二，由于在先行处理与行政赔偿诉讼的衔接上遵循协商对待、证据开示、证据失权和适度惩罚性赔偿原则，行政机关既不能随意作出一个不予赔偿决定，也不能刻意隐瞒或者不主动调查和出示证据，先行处理程序的实效性将得到极大增强，也将有效减少诉讼。

第三，先行处理程序的有效实施可以减少人民法院取证困难，从而更专注于对侵权法律关系构成性、证据有效性、赔偿范围、赔偿标准、赔偿方式等的审查，进而将行政赔偿诉讼建构成类似于行政诉讼的复审程序，这样也可以极大提高行政赔偿诉讼的实效性。

第四，在附带提起行政赔偿诉讼中，由于双方并没有就侵权法律关系、与赔偿相关联证据等加以固定，行政机关也无需受先行处理程序“束缚”，既增加人民法院事实审困难，也给行政相对人能否得到赔偿带来较多不确定性。

第五，在附带提起行政赔偿诉讼中，基于判决审慎性，人民法院仍可能作出一个仅确定赔偿对象、赔偿范围、赔偿标准、赔偿方式的框架性附带赔偿判决，而行政机关则要基于人民法院的判决再作出一个赔偿决定，行政相对人不服的，仍然可以提起行政赔偿诉讼，如此叠床架屋，既增加人民法院审理的负担，也增加当事人的诉累。

四、行政赔偿诉讼归责原则与诉讼要件分析

有学者指出，国家赔偿本质上是过错责任，只要行政行为造成原告合法权益损害且行政机关存在过错的，即存在“不法”情形，而行政行为是否被认定违法，并不妨碍法院对行政赔偿请求进行实体审理。[①] 上述观点，不符合我国行政赔偿法律体系规定，且会给实践带来诸多困难。

（一）行政赔偿诉讼中的“违法”与“不法”

原则上，行政赔偿诉讼宜采行政行为“违法”判断标准，但对涉及协议

① 参见胡建淼：《行政法学》，法律出版社2002年版，第431页。

类行政行为的，不宜简单纳入行政赔偿诉讼范围，而宜结合《行政诉讼法》第 12 条第（11）项规定，由行政协议诉讼统一处理。

第一，《国家赔偿法》将原来第 2 条第 1 款“违法行使职权……”修改为“行使职权……”，只是为了与《宪法》规定保持一致，并不表明将国家赔偿责任的归责原则修改为过错责任。结合该法第 3 条、第 4 条规定看，行政赔偿仍以“违法”而非“不法”为归责原则。

第二，结合《行政诉讼法》第 70 条规定的行政行为撤销条件来看，除“滥用职权”被认为需具备主观故意要素以外，其他撤销要件都以客观上违反法规范为标准，并不考虑过错问题，且也不区分是具体行政行为还是行政事实行为。《国家赔偿法》的适用应当与《行政诉讼法》保持一致，如果采双重标准，必然会造成法律适用上的混乱。

第三，基于公定力原理，具体行政行为在未被有权机关确认违法之前，原则上具有形成力。即只有具体行政行为被确认违法，法律上才可能产生对行政相对人合法权益的损害，行政相对人也才产生赔偿请求权。

第四，在行政附带提起赔偿诉讼中，只有行政行为被撤销或者确认违法，人民法院才会进一步审理赔偿争议，而如果行政行为经审查合法，则不存在嗣后赔偿的问题。行政附带赔偿诉讼本质是诉的合并，[①] 就行政赔偿诉讼和行政诉讼附带赔偿而言，难以想象前者采违法责任，后者采过错责任。

第五，将违法与过错二分，既强调行政行为违法性，又要求原告对行政机关主观上存在过错予以证明，事实上也很难实现，违法归责原则实际上是降低了原告的举证责任。

第六，侵权法学说和判例也明显呈现过错客观化之趋势。[②] 所谓过错的客观化，是指将原来隐匿在主体行为背后的主观故意或者过失样态，通过规定具体行为违法的客观标准，使行为主体的注意义务客观化、可视化，当行为人违反这些客观的标准，就推定存在主观过错，产生相应的违法责任。[③] 可见，违法责任说到底就是推定的过错责任。也有学者指出，行政行为被撤销或者确认违法，即表明行政机关未尽法律上的合理注意义务，存在主观过错。[④]

---

① 参见李广宇：《新行政诉讼法逐条注释（下）》，法律出版社 2015 年版，第 658 页。
② 参见王泽鉴：《侵权行为法（第一册）》，中国政法大学出版社 2001 年版，第 230 页。
③ 参见蔡仕鹏：《行政赔偿违法归责原则的合理定位》，载《行政法学研究》2008 年第 1 期。
④ 参见何海波：《论行政行为“明显不当”》，载《法学研究》2016 年第 3 期。

（二）行政行为“违法”作为诉讼要件

诉的利益是诉权的构成要件。狭义的诉的利益理论[①]认为，只有在具有利用诉讼制度的必要时，即原告在客观上确实需要法院帮助其实现权利，才能启动诉讼，而不允许以任何形态利用诉讼制度。[②]“诉的利益，是一个出于如下之趣旨而创设的要件，即根据每个具体请求的内容，判断本案判决的必要性及其实际上的效果，当认为存在着这种必要性及实效性时，该请求就存在着要求获得本案判决之利益。这里的必要性是指有无必要通过本案判决来解决当事人之间的纠纷，实效性则是通过本案判决能否使纠纷获得解决。”[③]有学者指出，判定行政诉讼中诉的利益的规范基础是《行政诉讼法》第2条，即“公民、法人或者其他组织认为行政机关和行政机关工作人员的行政行为侵犯其合法权益，有权依照本法向人民法院提起行政诉讼”，[④] 最高人民法院亦持此立场。[⑤] 进而，可将《国家赔偿法》第3条和第4条视为行政赔偿诉讼诉之利益基础规范。[⑥]

因而，虽然《国家赔偿法》取消了违法确认程序，[⑦] 在不考虑其他起诉条件情形下，仍不能认为行政相对人可以一概不经过对行政行为的违法确认而直接提起行政赔偿诉讼。《国家赔偿法》第9条第1款只是规定当存在该法第3条、第4条规定情形时，行政机关应当承担赔偿责任，而第3条、第4条明确规定行政行为违法是责任承担的前提。因而，取消确认程序，并不能

---

① ［日］原田尚彦指出：诉的利益，通常从以下三个侧面来加以判断：一是请求的内容是否适合作为审判的对象；二是当事人对于请求是否具有正当的利益（当事人适格问题）；三是从周围情况看，是否存在足以使法院对请求做出判断的具体实际利益（具体利益或者必要性的问题），即狭义的诉的利益问题。参见［日］原田尚彦：《诉的利益》，石龙潭泽，中国政法大学出版社2014年版，第2页。

② 参见王贵松：《信息公开行政诉讼的诉的利益》，载《比较法研究》2017年第2期。

③ ［日］新堂幸司：《新民事诉讼法》，林剑锋译，法律出版社2008年版，第187页。

④ 参见章剑生：《行政诉讼中滥用诉权的判定》，载《交大法学》2017年第2期。

⑤ 参见最高人民法院（2016）最高法行申3007号行政裁定书。

⑥ 当然，赔偿请求人诉之利益的判断说到底仍然是一个司法政策问题，如果坚持绝对的权利保障，则应放宽审查诉之利益，将更多起诉纳入行政赔偿诉讼受案范围；如果坚持绝对的国家权威，则应严格审查诉之利益，将更多实体判断问题前移至诉讼要件审查阶段，因为如果赔偿请求人在实体上不应当获得赔偿时，其当然也就不具备请求法院审理的必要性。更多时候，法院对诉之利益的判断是在上述宽松与严格标准之间摇摆。目前阶段，应当严格按照法条的字面意思理解和适用诉之利益，将违法确认和先行处理同时作为单独提起行政赔偿诉讼的诉讼要件把握。

⑦ 1995年《国家赔偿法》第9条第1款规定：“赔偿义务机关对依法确认有本法第三条、第四条规定的情形之一的，应当给予赔偿。”

当然得出行政机关承担行政赔偿责任不需要行政行为违法这一基本前提。在我国台湾地区，如果原告之前已经提起行政诉讼而行政法院也已经判决宣告行政行为合法的，其嗣后选择向普通法院起诉请求行政赔偿，普通法院仍会以原告所诉不具有请求权为由予以驳回。[①] 美国普通法院对于类似情形也会作出类似处理。[②] 那么，是否行政行为没有被确认违法就概无例外地驳回原告起诉，亦值得进一步分析。

原则上，可诉的行政行为大体包含行政法律行为和行政事实行为，前者又包括协议类行政行为和具体行政行为。虽然协议类行政案件也涉及行政赔偿问题，但考虑到《行政诉讼法》对此类诉讼有专门规定，故对相关行政赔偿纠纷仍宜在协议类行政诉讼中处理。对于具体行政行为，基于公定力原理，其行为效力如果不是被行政复议、行政诉讼程序撤销或者确认违法又或者被行政机关自行撤销，就不产生相应形成、变更或者消灭行政法律关系的后果，故而无论原具体行政行为是授益性、侵益性或者复效性行为，仅由于该具体行政行为作出和生效，行政相对人尚不享有相应的赔偿请求权，不能径行主张行政机关承担赔偿责任。行政事实行为由于只具备相应的行为效果，而不产生行为效力，因而并没有公定力原理适用的余地。因而，在涉及行政事实行为赔偿诉讼中，行政相对人并非当然不具备赔偿请求权，即并不能仅以行政事实行为没有被确认违法就认为不符合起诉条件。比如，在民事侵权诉讼中，也并不存在将侵权行为不法作为起诉条件看的问题，而是作为本案审理要件加以把握。

五、行政补偿责任与行政赔偿责任竞合时的处理

在我国公法责任体系中，“违法赔偿、合法补偿”几乎是无须多言的规则，主流学说均认同行政赔偿和行政补偿的核心区别是违法与合法。[③] 但在特殊情形下，也存在合法行为产生补偿责任、违法行为产生赔偿责任，补偿责任与赔偿责任相互竞合的问题。比如，市、县人民政府作出征收决定后，对征收范围内的房屋所有权人要承担补偿责任，但嗣后又对房屋实施违法强

① 参见伍劲松：《台湾行政赔偿制度研究》，载《台湾研究集刊》2002 年第 1 期。
② 参见王名扬：《美国行政法（下）》，北京大学出版社 2016 年版，第 545 页。
③ 参见沈岿：《国家赔偿法：原理与案例》，北京大学出版社 2017 年版，第 13 页。

拆，因而也要承担赔偿责任。此时，“行政赔偿和行政补偿，这两条几乎永远平等的线，却因为一个案件而实现了交错”。[①]

对此，原则上行政相对人既有要求行政补偿的权利，也有要求行政赔偿的权利，但由于权利所指向的客体（房屋所有权）是同一的，所以存在请求权选择（竞合）的问题。即行政相对人既可以基于行政补偿法律关系和补偿请求权起诉要求市、县人民政府履行补偿安置职责，也可以基于行政侵权法律关系和赔偿请求权起诉要求市、县人民政府承担行政赔偿责任。对于行政相对人选择的不同救济途径，人民法院应当予以尊重。

在行政相对人选择行政赔偿的场合下，由于《国家赔偿法》第32条仅规定国家赔偿以支付赔偿金为主要方式，能够返还财产或者恢复原状的，予以返还财产或者恢复原状，会导致赔偿责任方式少于补偿责任方式，以及赔偿金额少于补偿金额的问题，并客观上造成行政机关实施违法行为比实施合法行为成本更小，这显然不符合《国家赔偿法》既保障公法、法人和其他组织依法取得国家赔偿权利，又监督国家机关依法行使职权的立法目的。

最高人民法院显然已关注到这一问题，在“陈某河诉洛阳市人民政府行政赔偿案”中，最高人民法院认为：“任何人不得从自己的错误行为中获益。拆迁人和相关行政机关违法实施拆迁导致被拆迁人长期未依法得到补偿安置的，房价上涨时，拆迁人和相关行政机关有义务保证被拆迁人得到公平合理的补偿安置。被拆迁人选择房屋产权调换时，拆迁人和相关行政机关无适当房屋实行产权调换的，则应向被拆迁人支付生效判决作出时以同类房屋的房地产市场评估价格为标准的补偿款。”[②] 在“许某云诉金华市婺城区人民政府行政强制及行政赔偿案”中，最高人民法院进一步认为：“市、县人民政府未作出补偿决定又未通过补偿协议解决补偿问题的情况下，违法强制拆除被征收人房屋，应当依法赔偿被征收人房屋价值损失、屋内物品损失、安置补偿损失等。人民法院在确定赔偿数额时，应当坚持全面赔偿原则，合理确定房屋等的评估时点，并综合协调适用《国家赔偿法》规定的赔偿方式、赔偿项目、赔偿标准与《国有土地上房屋征收与补偿条例》规定的补偿方式、补偿项目、补偿标准，确保被征收人得到的赔偿不低于其依照征收补偿方案可

① 杜仪方：《国家赔偿相关概念辨析与制度实践》，中国法制出版社2018年版，第188页。
② 参见《最高人民法院公报》2015年第4期。

以获得的征收补偿。"①

上述《最高人民法院公报》案例要旨，对理顺行政赔偿诉讼中的"补偿"与"赔偿"责任归属、统一法律适用标准具有较强的指导意义。如果适用《国家赔偿法》不能给予权利人必要的救济，不能体现公平合理原则，甚至还将助长行政机关违法行政，那么行政赔偿诉讼本身的公正性就是存疑的。最高人民法院通过上述案例，事实上对《国家赔偿法》第32条进行了目的性扩张，将包括"产权调换"在内的《国有土地上房屋征收与补偿条例》规定的补偿方式、补偿项目、补偿标准均纳入"国家赔偿以支付赔偿金为主要方式"中"主要方式"的范围，这就意味着，"支付赔偿金"是国家赔偿的"主要方式"但不是"唯一方式"，从而使类似问题能够在司法层面得到妥善解决。

六、结语：行政赔偿诉讼的审理理念

行政赔偿诉讼作为独立的国家赔偿争议解决机制，其制度功能还远没有充分发挥：基于诉讼便利性考虑，当事人更易于选择行政诉讼附带请求赔偿而不是行政赔偿诉讼，致使行政赔偿诉讼有时显得可有可无；人民法院更多是把先行处理作为行政赔偿诉讼的诉讼要件把握，但忽视了先行处理的程序价值和纠纷解决功能，忽视了先行处理与诉讼的衔接；行政机关与赔偿请求人之间缺乏相互信任，缺乏必要的沟通理性，行政赔偿诉讼更多异化为撤销诉讼，异化为对行政机关不予赔偿或者象征性赔偿决定的审查；人民法院对诉讼结构定位不准确，对当事人诉讼地位把握不明晰，对审理不同阶段、不同证明对象举证责任分配不妥当，对"补偿责任"与"赔偿责任"认识不到位而难以有效区别。

"受理赔偿之诉，也是法院取得司法审查权的手段。"② 行政赔偿诉讼制度功能发挥不彰，既有立法不完善方面的原因，也有行政相对人和行政机关不熟悉、不善于使用行政赔偿诉讼的原因，还有人民法院对行政赔偿诉讼结构把握不准确、审理理念出现偏差的原因。

较之行政诉讼附带请求赔偿，行政赔偿诉讼是有优势的，其更匹配侵权法律关系，更有利于发挥双方当事人诉讼地位主体性，更能通过有效的先行

---

① 参见《最高人民法院公报》2018年第6期。

② 参见王名扬：《美国行政法（下）》，北京大学出版社2016年版，第544页。

处理程序解决纠纷、过滤案件、固定证据、查清事实，更易于一次性解决纠纷而减少当事人诉累，因而更有利于当事人全面实现赔偿请求权。实践中，应当围绕行政赔偿诉讼的一般给付诉讼类型和侵权法律关系审查构建相应的审理理念，以充分体现其制度优势，发挥其制度功能。

第一，在诉讼要件把握上，应当区别所涉及的行政行为是行政处分（行政法律行为）还是行政事实行为，构造相应不同的诉讼要件（起诉条件）。行政事实行为没有被确认违法不阻却原告提起相应的行政赔偿诉讼。

第二，在审理对象确定上，行政赔偿诉讼应主要围绕原告主张的赔偿请求权是否具有事实和法律依据展开审理，其又具体包括对侵权法律关系的确认和对侵权责任的分配，而行政机关作出的赔偿或者不予赔偿决定没有行政行为效力，但可以作为本案证据证明相应的案件事实，原告无须请求撤销，法院也无须判决撤销。

第三，在先行处理与诉讼衔接上，应当摒弃“先行处理无用论”，充分认识到先行处理对于行政赔偿争议的过滤功能、事实固定功能和纠纷解决功能，经过先行处理是提起行政赔偿诉讼的前提条件；行政相对人向法院请求的赔偿额原则上不得超过先行处理程序中向行政机关提出的赔偿额；各方当事人在先行处理程序中应当开示证据，否则除新证据以外不得在之后的诉讼中提出。

第四，在举证责任分配上，原则上原告应当对存在侵权法律关系以及具体的赔偿请求提供相应的证据，被告主张侵权法律关系变更或者消灭的，由被告提供相应的证据。考虑到对原告基本权利保护的必要性、原被告双方事实上的不对等性、行政赔偿诉讼救济可得性等，在因被告原因导致原告举证不能的情形下，对原告提出的合理损失等请求，被告否定原告主张的，被告应当提供相应的证据。

第五，在判决方式选择上，对涉及土地房屋征收拆迁案件，在行政补偿责任与行政赔偿责任相互竞合情形下，应当坚持全面赔偿原则，综合协调适用《国家赔偿法》规定的赔偿方式、赔偿项目、赔偿标准与《土地管理法》或者《国有土地上房屋征收与补偿条例》规定的补偿方式、补偿项目、补偿标准，确保被征收人得到的赔偿不低于其依照征收补偿方案可以获得的征收补偿。

（作者单位：江苏省南通市中级人民法院）

穿行于主观与客观诉讼之间：规范性文件审查的现状和问题

——以“中国裁判文书网”案例为样本分析

任成飞　李士得

【摘要】对于行政诉讼规范性文件审查制度，理论界和实务界多从对这一制度的评价和对法院可能面临的一些具体问题的设想以及相应的制度构建方面加以研究，在该制度建立之初，由于实践尚为空白，此类研究的集中出现是可以理解的。裁判文书上网制度的推行为观察该制度的运行提供了基础，观察法院是如何理解和适用相关法律条文和司法解释，进而对该制度运行中反映的问题进行分析，有助于呈现规范性文件附带审查制度的运行现实，提炼审判实践中的法律问题，弥补“制度建构型”研究的不足。观察发现：在法律、司法解释的规定之外，行政诉讼规范性文件审查制度仍有较大的实践空间，各地法院的具体做法不尽相同；案例中反映出的审查的启动条件、审查方式、标准等方面仍有一些问题需要明确；规范性文件审查制度兼有主观诉讼和客观诉讼的特点，审查中应当围绕受诉行政行为的合法性进行，并充分考虑法院的能动作用；凡是牵连到行政行为合法性问题的规范性文件，法院均应予以考虑；审查程序不能仅依靠原告推动，法院应在释明、调取证据、判断规范性文件与行政行为的关联、确定受审查的具体条文等方面发挥能动作用；在法律和司法解释留下空间的情况下，应当允许法院就审查标准、处理方式进行探索。

【关键词】规范性文件审查　审查标准　制度构建　裁判文书上网

引　言

一项制度的生命力在于司法实践，行政诉讼规范性文件附带审查制度实施至今，其承载的制度价值与审判实践的具体运作是不断契合还是渐行渐远，均有赖于实证观察。裁判文书上网制度的推行为观察该制度的运行提供了基础，本文旨在广泛搜集相关案例的基础上，观察法院是如何理解和适用相关法律条文和司法解释的，进而对该制度运行中反映的问题进行分析，以有助于呈现规范性文件附带审查制度的运行现实，提炼审判实践中的法律问题，弥补“制度建构型”研究的不足。

一、谨慎的审查态度

（一）样本说明

在中国裁判文书网中设置检索条件：（1）案件类型：行政案件；（2）文书类型：判决书；（3）裁判日期：2015 年 5 月 1 日至 2016 年 5 月 31 日。在此基础上，在“全文检索”一栏输入相关法条名称分别进行检索，然后剔除重复案件、适用旧《行政诉讼法》的案件以及其他与规范性文件审查制度无关的案件，共得到 98 个案例[①]。

（二）初步分析

在 98 个相关案例中，法院对规范性文件审查的总体态度比较谨慎，且进行审查的仅有 10 个，认定违法的仅有 3 个。其中，应原告请求而进行审查的仅有 8 个，占原告提出请求案件的 8.4%，逾九成规范性文件审查申请被法院以各种理由排除审查（见表 1、表 2）。

表 1　原告请求审查与法院处理情况

<table>
<tr><th>原告情况</th><th colspan="2">法院处理情况</th></tr>
<tr><td rowspan="5">提出审查请求 95 件</td><td rowspan="3">审查 8 件</td><td>合法 5 件</td></tr>
<tr><td>违法 2 件</td></tr>
<tr><td>规范性文件“对本案原告不适用”1 件</td></tr>
<tr><td colspan="2">不审查 86 件</td></tr>
<tr><td colspan="2">未回应 1 件</td></tr>
</table>

① 即分别输入《行政诉讼法》第 53 条、第 64 条，《最高人民法院关于适用〈中华人民共和国行政诉讼法〉若干问题的解释》第 20 条、第 21 条进行检索。

续表

<table>
<tr><th>原告情况</th><th colspan="2">法院处理情况</th></tr>
<tr><td rowspan="2">未提出审查请求，但认为相关规范性文件不合法2件</td><td rowspan="2">审查2件</td><td>合法1件</td></tr>
<tr><td>违法1件</td></tr>
<tr><td>未提出审查请求，但以一审法院“未对规范性文件一并审查”为由上诉1件</td><td colspan="2">不审查1件</td></tr>
</table>

表2　法院排除审查的理由

排除审查的理由	出现次数	出现频率
受诉文件不是行政行为依据的规范性文件	42	45.2%
未在规定时限内提出审查请求	23	24.7%
受诉文件不属于能受审查的规范性文件的范围	12	12.9%
原告提起的是行政赔偿诉讼	8	8.6%
原告提起的是不履行法定职责之诉	3	3.2%
新法尚未实施	3	3.2%
超过起诉期限	1	1.1%
原告未能明确需要审查的具体条款	1	1.1%
合计	93	100%

二、限缩的审查范围

规范性文件审查启动要件的设置，过滤掉了大多数审查请求。在法定启动要件之外，法院另外提出了一些排除审查的理由，这些理由能否构成规范性文件审查的“否定性要件”，很有必要加以探讨。

（一）请求提起时限

规范性文件审查请求依法应当在“对行政行为提起诉讼时”提出；应当在第一审开庭审理前提出；有正当理由的，也可以在法庭调查中提出。从搜集到的案例看，很多审查请求都是在二审、重审阶段提出的，法院拒绝审查自无问题。但是，对于原告在一审阶段提出的审查请求，法院也有回避审查的倾向（见表3）。

表 3 原告一审阶段提出规范性文件审查而遭到拒绝的情况

法院	案号	法院拒绝审查理由
浙江省杭州市江干区人民法院	（2015）杭江行初字第22号行政判决书	以原告未能说明正当理由，拒绝原告在法庭调查中提出的审查请求
北京市通州区人民法院	（2015）通行初字第49号行政判决书	以原告陈述其未在开庭前提出审查请求系因未及时阅读宋庄政府提交的法律依据，法院认为该理由不属于正当理由，从而拒绝审查
安徽省淮南市中级人民法院	（2015）淮行终字第31号行政判决书	回避正当理由判断直接拒绝原告请求
浙江省德清县人民法院	（2015）湖德行初字第47号行政判决书	回避正当理由判断直接拒绝原告请求

行政诉讼案件中，“正当理由”应作宽泛理解，理由有三：一是规范性文件附带审查属于一项全新的制度，对原告而言需要一个熟悉运用的过程；二是规范性文件客观存在，行政机关在作出行政行为时，适用哪些规范性文件应该已经确定，行政相对人在法庭调查阶段提出一并审查的请求，不会对被告的答辩和举证产生影响；① 三是在行政诉讼中，原告所掌握的信息有限，很可能并不清楚被告到底适用了哪些规范性文件。随着诉讼过程的进行，原告可能知悉行政机关所依据的新的规范性文件，或者对既有的规范性文件合法性产生疑问，这正是法庭调查阶段的作用。因此，宽泛解释正当理由，尽量准许原告在法庭调查阶段增加审查请求，合乎法律及司法解释设立规范性文件审查的目的。

（二）“规范性文件”范围

从搜集到的案例来看，相当一部分的原告因不能识别规范性文件而提出错误的审查请求。对此，法院有必要进行释明，给原告撤回审查请求的机会。除请求审查的对象错误外，还有如下情况有必要讨论。

1. 党政机关联合发布的文件。有的案件中，原告请求审查党政机关联合发布文件的合法性，法院认为“原告在该诉讼中持此请求不妥，且该批复亦不属规范性文件”，所以不予审查。② 党政系统联合发文情况的存在，确实为

① 陈磊：《规范性文件附带审查之实务问题探析》，载《山东审判》2015 年第 4 期。
② 详见北京市怀柔区人民法院（2015）怀行初字第 47 号行政判决书。

法院借规范性文件审查制度介入对党的政策和活动的审查提供了契机，但是，基于政治现实，法院拒绝审查此类文件也许是更为合适的选择。如果确认此类文件的不可审查性，则有必要通过政治和行政系统的协调，尽量减少党政机关联合发文的情况，以预防规范性文件通过挂上党委的名号来逃避审查的现象。

2. 内部文件。尽管法律没有明确规定，但法院已经划出一个司法审查不能进入的“内部行政法”领地。法院认为，“（受诉规范性文件）主要涉及内部组织、责任设定及工作计划，均与行政机关内部管理活动相关，法院无介入判断之余地”。①

对于“内部文件”，应该区分两种情况。对于规定行政系统内部的人事、内部行为准则、任务分配、工作计划等日常管理类文件，法院原则上不予审查，这并不是因为此类文件不属于规范性文件，而是因为其仅针对内部事务，不会产生外部效果，也就不会影响受诉行政行为的合法性。对于涉及行政机构的主体资格和行政职权的文件，法院应该进行审查，因为主体合法是行政行为合法性审查要素之一，如果不审查此类文件的合法性，即不能保证行政机构的设置和行政职权的来源合法，“如果任何文件都能够赋予行政机关以职权，那职权法定无从谈起”。② 对此类文件进行审查，对于保障行政组织规范及行政行为的合法性具有积极意义。

（三）“依据”之理解判断

从所搜案例看，受诉文件不是行政行为依据的规范性文件，成为法院拒绝审查最常见的理由，如在一些信息公开案件中，原告要求法院审查其申请公开的文件的合法性，即明显混淆了公开内容和行政机关信息公开行为的依据。但是，对行政行为的依据的理解与判断并非毫无疑义，何为“依据”，如何认定规范性文件是或不是行政行为的“依据”，是把握审查启动条件的一个关键问题。

1. “直接依据”或“相关依据”

有观点认为，规范性文件必须作为执法依据引用，并且基于该规范性文

---

① 详见江苏省泰州市中级人民法院（2015）泰中行终字第96号行政判决书。

② 何海波：《行政诉讼法（修订版）》，法律出版社2013年版，第251页。

件的规定，对公民、法人或者其他组织的权利义务作出直接影响。[①] 例如，有法院认为，“虽然被告将该文件作为作出行政行为的依据提交，但根据庭审查明的事实，被告作出对原告不予办理被征地农民基本生活保障的行政行为主要理由为原告不是村经济合作社社员，不属于村经济合作社在册农业人员，故该文件并非被告作出的对原告不予办理被征地农民基本生活保障的具体行政行为的直接依据，本案中不作审查”。[②] 也有观点认为，只要规范性文件起码在形式上能为行政行为职权、内容、程序、形式等某一个或某几个方面要素的合法性提供支持，就应当认定其为行政行为的依据。[③] 笔者认为，将《行政诉讼法》第 53 条中“依据的规范性文件”理解为与行政行为合法性“相关”的规范性文件，更为妥当，因为此类规范性文件的违法，都有可能导致行政行为违法的后果。因此，为保障行政行为的合法性，即有必要对各相关依据进行审查。

2. “依据”的判断标准

法院对于如何判断规范性文件是行政行为的“依据”，形成三种标准。(1) 是否告知当事人，即考察行政机关在做出行政行为时是否援引了相关规范性文件内容，这是大多数法院的做法；[④] (2) 是否提交给法院，即在举证、答辩等诉讼程序中，行政机关是否将相关规范性文件作为行政行为的依据向法院提交；[⑤] (3) 是否进行客观化的实质审查，即由法院最终确定规范性文件是否为行政行为的依据。[⑥] 上述三个标准中，法院的审查程度不断深入。随着庭审过程的进行，行政机关所依据的规范性文件有可能发生变化，在做出行政行为时援引的规范性文件，不一定是提交给法院的规范性文件，而前两者又不一定是行政机关做出行为的真正依据，如果行政机关未履行告知义务，未提交其作为论证行政行为合法的依据，但其对行政机关具有拘束力，行政行为符合其相关规定，也应当认定其为行政行为的依据。从实现规范性文件审查制度的目的出发，应该采用上述第三个标准，由法院在对案件事实

---

① 程琥：《新行政诉讼法中规范性文件附带审查制度研究》，载《法律适用》2015 年第 7 期。

② 详见浙江省海宁市人民法院（2015）嘉海行初字第 5 号行政判决书。

③ 王红卫、廖希飞：《行政诉讼中规范性文件附带审查制度研究》，载《行政法学研究》2015 年第 6 期。

④ 详见海南省第一中级人民法院（2015）海南一中行初字第 194 号行政判决书。

⑤ 详见浙江省绍兴市上虞区人民法院（2015）绍虞行初字第 87 号行政判决书。

⑥ 详见广东省佛山市中级人民法院（2015）佛中法行终字第 392 号行政判决书。

和规范性文件内容进行审查的基础上，判断规范性文件在客观上是否决定或影响了被诉行政行为的作出及其内容。需要说明的是，这一阶段的审查是事实审查，而不是法律审查，不涉及对规范性文件的合法性判断。

《行政诉讼法》第34条第1款规定："被告对作出的行政行为负有举证责任，应当提供作出该行政行为的证据和所依据的规范性文件"，当被告未提交原告申请审查的规范性文件时，有的法院让原告承担举证责任，[①] 由于原被告之间地位的不平等和掌握信息的不对称，完成上述证明是非常困难的。对此，原告可依据《行政诉讼法》第41条，申请法院调取证据，法院也可以依据《行政诉讼法》第39条、第40条的规定，要求被告提供或者补充证据，或者向有关行政机关调取相关证据。例如在一个案例中，因为规范性文件的制定者和执行者并非同一主体，法院为查明争议规范性文件的真实性、合法性，即依职权询问并调取了相关文件，既彻底解决了争议，又对规范性文件的合法性进行了审查。[②]

（四）对若干否定性要素的探讨

法院在相关法律条文和司法解释之外，对规范性文件提出一些排除审查的其他理由，是否构成对规范性文件审查的否定性要素？

1. 案件不能进入实体裁判阶段

由于规范性文件审查具有附带性，必须依附于一个行政诉讼案件，因此，在诉讼过程中，如果发现行政案件不能进入实体裁判阶段，则法院对规范性文件的审查即不能进行，否则将成为不依附于个案的抽象审查。这种情况包括：受诉行政行为不属于受案范围、超过起诉期限、原告经法院允许撤诉等。出现上述情况，法院即无需启动对规范性文件的审查，已经开始审查的，应该终止。

2. 行政赔偿案件

法院认为，在行政赔偿诉讼中，法院仅就行政赔偿争议进行审理与裁判，原告要求对规范性文件一并审查的申请，非本案的审查范围，其依据是《最高人民法院关于审理行政赔偿案件若干问题的规定》第29条："人民法院审理行政赔偿案件，就当事人之间的行政赔偿争议进行审理与裁判。"据此，在

① 详见山东省淄博市中级人民法院（2015）淄行终字第179号行政判决书。

② 参见福建省高级人民法院（2016）闽行赔终31号行政赔偿裁定书。

单纯的行政赔偿案件中，法院不能就相关规范性文件进行审查。根据《国家赔偿法》第9条，赔偿请求人可以在提起行政诉讼时一并提出国家赔偿，《最高人民法院关于审理行政赔偿案件若干问题的规定》第28条规定："当事人在提起行政诉讼的同时一并提出行政赔偿请求，或者因具体行政行为和与行使行政职权有关的其他行为侵权造成损害一并提出行政赔偿请求的，人民法院应当分别立案，根据具体情况可以合并审理，也可以单独审理。"因此，在对行政诉讼和行政赔偿诉讼一并审理的情况下，并不妨碍法院对规范性文件的合法性审查。当事人在行政赔偿案件中请求审查的规范性文件，往往决定着当事人能否获得赔偿以及赔偿数额，将行政赔偿案件与行政诉讼案件一并审理，并对涉诉规范性文件进行审查，有利于节约司法资源并彻底解决行政纠纷。

综上，在行政赔偿案件中，如果原告未针对行政行为提起诉讼，则法院不能对相关规范性文件进行审查；如果原告同时针对行政行为提起了诉讼，法院可以并案审理，并对相关规范性文件进行审查。

3. 不履行法定职责案件

有观点认为，由于行政不作为本身并未"依据"任何规范性文件，行政相对人提请审查属于单独提起规范性文件审查之诉，因此，对不作为案件禁止提请附带审查。[①] 在所搜集的案件中，有三个是在"不履行法定职责之诉"中提出规范性文件审查请求，均被法院拒绝。

行政机关依据规范性文件进行的活动，并不一定总是指向积极作为的结果，根据规范性文件的内容，行政机关可能满足相对人的请求，也可能拒绝相对人的请求；可能作出行政行为，也可能不作出行政行为。因此，仅凭某案件是不履行法定职责案件，不足以成为阻碍规范性文件审查的理由。是否启动规范性文件审查，应该考察受诉规范性文件与行政机关所做出的反应的关联性，即行政机关适用该规范性文件，是否导致了其对相对人的请求做出拒绝、拖延或不予答复的结果。如果存在这种关联性，则法院可以对相关规范性文件的合法性进行审查，这有利于解决行政机关利用规范性文件推卸法定职责的现象。

---

① 江必新、梁凤云：《最高人民法院新行政诉讼法司法解释理解与适用》，中国法制出版社2015年版，第201页。

三、多元的审查方式、标准及处理

对规范性文件进行审查的10个案例中，有9个案例对规范性文件的合法性进行了正面评价；剩下一个案例以规范性文件“对本案原告不适用”为由，回避了对涉诉规范性文件合法性的判断。[①] 规范性文件是否“对原告适用”，与其是否为“行政行为的依据”不同，后者是行政机关是否在客观上依据规范性文件对原告作出了行政行为，是一个事实问题，如果不满足这一条件，则不能进入对规范性文件的审查阶段；而前者是一个法律问题，是在行政机关客观上已经将规范性文件作为依据的情况下，法院作出了与行政机关不同的法律解释，这时法院实际上是通过对本案的法律适用过程的审查，而排斥了对规范性文件进行最终的合法性评价。

（一）主动审查还是被动审查

在上述9个案例中，有7个案例原告明确提出了审查请求，其他2个案例原告虽未提出审查请求，但对案件涉及的规范性文件的合法性提出了质疑。可见法院对规范性文件审查制度主要持一种“不告不理”的消极态度。此处的法律问题是，在《行政诉讼法》第53条规定的规范性文件审查未被提起的情况下，法院如果因原告的质疑或者自己发现行政行为依据的规范性文件不合法，能否径行适用《行政诉讼法》第64条的规定？有三种可能的解释：第一，《行政诉讼法》修改后，法院只有在原告提出审查申请的情况下，亦即只有在这一制度启动后才有审查规范性文件合法性的权力，否则既不能审查规范性文件的合法性，也不能向制定机关提出处理建议，这实际上是法院在规范性文件审查权上的倒退，显然不可取；第二，第64条以第53条的适用为前提，在当事人未提出审查申请的情况下，法院不能主动审查并作出处理，但是要确定被诉行政行为的合法性，必然涉及对所适用的法律依据进行审查，只是最终表现为对规范性文件的选择适用权，[②] 这一解释维持了原《行政诉讼法》下的状态，将规范性文件审查作为一个“外接”于行政诉讼的相对独立的制度；第三，第64条独立于第53条存在，即无论原告是否提出申请，

---

① 详见浙江省台州市中级人民法院（2015）浙台行终字第186号行政判决书。

② 江必新主编：《中华人民共和国行政诉讼法理解适用与实务指南》，中国法制出版社2015年版，第245页。

法院都对规范性文件有审查权和司法建议权，只是这里的规范性文件的范围适用第53条的规定。上述第二种、第三种解释均能成立，实践中，已经有法院在原告未提出审查申请的情况下，直接指出规范性文件违法，并且援引了第64条的规定。[①] 这种积极主动的态度值得注意。

（二）全文审查还是部分审查

法院认为，对规范性文件的审查，应该限于行政行为依据的并对相对人权利义务产生实际影响的条款。行政诉讼中的规范性文件审查不同于人大和行政系统内部的备案审查，如果进行全面审查，法院就很可能陷入司法资源、司法能力和民主性、专业性不足的尴尬境地。法院还要求原告在审查请求中对具体条款予以明确。在原告未能明确具体条款的情况下，有的法院在释明后，结合其他理由驳回了审查申请；[②] 有的法院则“根据认证意见并结合原告之主张”，自行确定了审查的范围。[③] 在不过分占用司法资源的情况下，采取后一种做法，有助于充分保障原告诉讼权利，也有利于彻底解决被诉行政行为的合法性争议。

（三）审查标准

在规范性文件的审查制度中，“合法性”标准是什么？是否审查规范性文件制定程序的合法性，成为法院必须面对的问题。实践中，法院对规范性文件的审查标准并不一致（见表4）。在判断规范性文件内容是否合法方面，最重要的标准是看是否违背了上位法的规定。同时，法院也将上级规范性文件纳入了“上位法”的范畴，[④] 将上级规范性文件作为“上位法”对待，在解决规范性文件合法性问题之外，客观上起到了贯彻上级政府政策的功能，法院通过审查地方政策是否合乎上级政策，来代替上级行政机关实现对下级行政机关的科层监控。这也是行政诉讼在权利保障功能以外的另一种功能。

一些法院明确将“合理性”作为审查标准。例如，有法院已将裁量行使过程中的主观因素纳入了审查视野；[⑤] 还有的法院将是否“符合当地实际”

---

① 详见江苏省丹阳市人民法院（2015）丹行初字第52号行政判决书。

② 详见浙江省慈溪市人民法院（2015）甬慈行初字第61号行政判决书。

③ 参见福建省高级人民法院（2016）闽行赔终31号行政赔偿裁定书。

④ 参见福建省高级人民法院（2016）闽行赔终31号行政赔偿裁定书。

参见蒋成旭：《论结果除去请求权在行政诉讼中的实现路径——以霍菲尔德基本法律概念为视》，载《中外法学》2016年第6期。

⑤ 参见福建省高级人民法院（2016）闽行赔终31号行政赔偿裁定书。

作为考量的因素。[①] 值得注意的是，此类案件中，法院最后均认可了规范性文件的合理性和合法性，因此，合理性往往作为法院论证或补强规范性文件合法性的理由，而不是作为证明规范性文件违法的理由。这也说明了法院在对规范性文件合理性审查上的谨慎态度。由于行政规范性文件中涉及大量的政策性考量，法院在专业性上并无优势，不宜介入过深。但仍应对行政裁量权的行使进行最低限度的审查，特别是参照《行政诉讼法》第70条第（5）项、第（6）项的规定，审查是否具有“滥用职权”或“明显不当”的情况。至于具体的审查方法，可以根据行政裁量理论，通过对事实认定、行政目的、法律原则等方面的考量，审查是否存在裁量的逾越和滥用。

目前的主流观点认为不应审查规范性文件制定程序的合法性，但在实践中，有的法院已经开展了对程序的审查，法院的审查标准是规范性文件是否履行了“法定程序”，特别是是否进行了公开。在唯一的一个判决规范性文件制定程序违法的案例中，法院认为，“……调整后的非居民用户供热费收费标准应按批复公示。公示义务应由第三人海峰公司完成，第三人对该公示内容不进行公示，不能作为该项收费的依据”。[②] 在当前尚无统一的规范性文件制定程序的情况下，制定后向社会公开，应该成为对行政机关执法依据的最低限度的要求，各地法院能否通过判决发展出一套“正当程序”标准，尚需进一步观察。

表4　法院对规范性文件的审查标准

案　号	合法性	有效性	合理性	制定程序	审查结果
（2015）泰中行终字第96号	√	×	√	×	合法
（2015）涵行初字第15号	√	×	×	×	合法
（2015）吴利行初字第15号	√	√	√	×	合法
（2015）潭行初字第56号	√	×	×	×	违法
（2015）盱行初字第35号	√	×	×	√	合法
（2015）孙行初字第4号	×	×	×	√	违法
（2015）固行终字第41号	√	√	√	√	合法
（2015）鄂武汉中行终字第637号	√	√	√	×	合法
（2015）丹行初字第52号	√	×	×	×	违法

① 详见宁夏回族自治区固原市中级人民法院（2015）固行终字第41号行政判决书。
② 详见黑龙江省孙吴县人民法院（2015）孙行初字第4号行政判决书。

（四）处理结果

法院如何对受诉规范性文件进行最终处理，取决于一个基本问题，即行政相对人对规范性文件的审查申请是不是一项独立的诉讼请求。有观点认为，其不属于诉讼请求，[①] 理由是：诉讼请求是指撤销之诉、确认之诉和给付之诉，审查规范性文件不属于这三种诉讼种类中的任何一种，另外，《行政诉讼法》第53条规定的是“申请”，不是起诉。也有观点认为，由于行政诉讼法中未规定相应的判决类型，也并未赋予法院对规范性文件的处理权，因此规范性文件审查申请不是真正意义上的诉讼请求，而是具有“准诉讼请求”的性质。[②]《最高人民法院关于适用〈中华人民共和国行政诉讼法〉若干问题的解释》第2条明确将其界定为一项诉讼请求，这就明确了法院的裁判义务，即法院对此不能置之不理。实践中，已经有法院因“遗漏对此诉讼请求的审查，违反了法定程序”而发回重审的情况。[③]

《最高人民法院关于适用〈中华人民共和国行政诉讼法〉若干问题的解释》第21条仅规定了对违法的规范性文件的处理方式，并不是对规范性文件审查的处理结果的完整规定，这就给法院留下了探索空间。各地法院除了在判决理由部分进行说明外，还有许多不同的做法，包括在主文中驳回原告审查申请，[④] 确认规范性文件合法，[⑤] 甚至确认规范性文件违法[⑥]等。目前尚不能断言这种多样化的处理方式的对错，但是需要指出的是：如果将对规范性文件审查的处理结果放在裁判理由部分，则处理结果的效力也仅限于本案；如果放在判决主文部分，由于生效判决的既判力，法院对规范性文件的处理结果有可能从个案效力推广到普遍效力，为使这一制度发挥更广泛的功能提供了契机，但同时也对整个法院系统的裁判质量以及信息公开和信息共享水平提出了更高的要求。

---

① 江必新、梁凤云：《最高人民法院新行政诉讼法司法解释理解与适用》，中国法制出版社2015年版，第32页。

② 参见江苏省南京市中级人民法院（2014）宁行初字第44号行政判决书。

③ 详见湖北省鄂州市中级人民法院（2015）鄂鄂州中行终字第19号行政裁定书。

④ 详见海南省第一中级人民法院（2015）海南一中行初字第194号行政判决书。

⑤ 详见江苏省盱眙县人民法院（2015）盱行初字第35号行政判决书。

⑥ 陈清秀：《行政诉讼法》，法律出版社2016年版，第173页。

四、结语：在主观与客观诉讼之间

行政诉讼法依其诉讼目的和诉讼规则的不同，可以分为主观诉讼与客观诉讼，前者重在回应原告诉讼请求，实现权利保护，后者重在实现对客观法秩序的监督。修改后的行政诉讼法在大方向上更加强化了行政诉讼“主观诉讼”的性质，这从便利当事人起诉、完善判决形式、完善民事和行政争议交叉的处理机制等方面可以看出来。但是，行政诉讼法设计的规范性文件审查制度是为了纠正地方政府及其部门制定的规范性文件中越权错位的问题，从根本上减少违法行政行为，这又明显带有客观诉讼的目的。将这一制度置于整个行政诉讼法的结构中，就成了一种在主观诉讼和客观诉讼之间的混合体。它依附于一个具体案件，但是又希望达到维护客观法秩序的功能；它既要围绕被诉行政行为的合法性，又要解决规范性文件的合法性，因此，在具体的操作过程中，常常面临着是否“超越个案”的选择。前文所探讨的一系列问题，都体现着夹杂在主观与客观诉讼之间的矛盾。法院对规范性文件的审查流程可用图 1 表示：

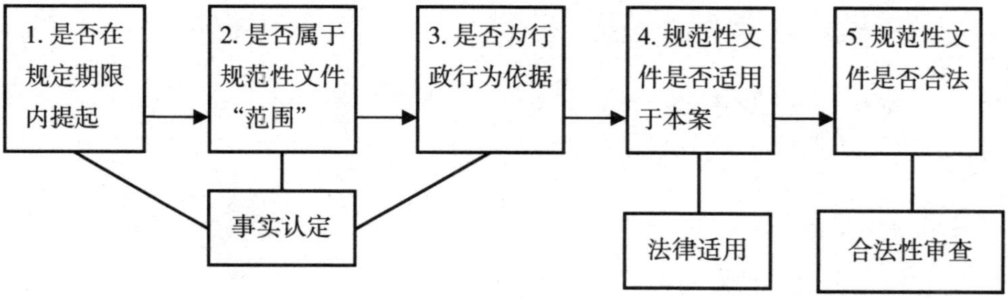

图 1　规范性文件审查流程图

在这种审查流程下，只要前一步得到否定的答案，即不能进入真正的合法性审查阶段。总体上看，多数法院对规范性文件审查启动条件的把握非常严格，倾向于限缩规范性文件审查的范围，这种过度限缩有时可能阻碍了对行政行为合法性的准确判断。但是在真正启动规范性文件合法性审查后，在审查标准、处理方式等方面又有多元化的做法，倾向于对客观法秩序的维护。行政诉讼中对规范性文件的审查应该围绕受诉行政行为的合法性进行，但是这个合法性是包括主体、职权、行为、程序在内的全面的合法性，凡是牵连到行政行为合法性问题的规范性文件，法院均应予以考虑。审查程序不能仅依靠原告来推动，法院应该在释明、调取证据、判断规范性文件与行政行为之间的关联、确定应受审查的具体条文等方面发挥能动作用。在法律和司法解释留下较大空间的情况下，应该允许法院就审查标准、处理方式进行探索，留待进一步观察和研究。

规范性文件审查制度虽然还很不完善，但其意义是毋庸置疑的。随着民众权利诉求的高涨，对规范性文件审查范围和审查深度的请求必然进一步扩张，各地法院多姿多彩的实践做法也必将释放出更大的创新能量。这一制度会在实践中逐步走向成熟，甚至有可能突破现在夹在主观与客观诉讼之间的状态，迎来进一步发展变革的空间。

（作者单位：河南省周口市中级人民法院）

浅议行政诉讼证明标准的类型化构建

陈 默 张 娟 刁梦梦

《中华人民共和国行政诉讼法》（以下简称《行政诉讼法》）及《最高人民法院关于行政诉讼证据若干问题的规定》（以下简称《证据规定》）关于行政诉讼证明标准的规定是十分原则性的，“证据确凿”“认定事实清楚”“以证据证明的案件事实”[①] 成为把握行政诉讼证明标准的法律依据，由于该依据过于笼统抽象且难以把握，实践中行政诉讼证明标准“基本游走在民事诉讼证明标准和刑事诉讼证明标准之间”[②]，由于每个人的学识、经验甚至喜好不同，对“低于刑事高于民事”标准的认识亦有所不同，导致在行政诉讼证明标准的把握上有较大差异，“同案不同判”现象时有出现，影响了裁判结果的统一性和公平性，因此有必要对行政诉讼证明标准进行深入研究和重新构建。

一、行政诉讼证明标准现状及困境

行政诉讼证明是一种回溯性证明，或者称之为历史证明，案件的事实是过去已经发生过的事实，不可能重新再现，也不可能通过科学的实验来证明和检验，只能依靠现有证据，通过逻辑推理，依靠经验法则等来完成对事实的认定。实践中，行政诉讼证明标准主要存在以下几个方面的问题：

1. 缺乏明确的法律规定，没有统一的、普遍认可的证明标准。《行政诉讼法》第 69 条规定：“行政行为证据确凿，适用法律、法规正确，符合法定程序的，或者原告申请被告履行法定职责或者给付义务理由不成立的，人民法

---

① 详见《行政诉讼法》修改后的第 69 条、第 89 条及《证据规定》第 53 条等。

② 胡建淼等：《行政诉讼证据的实证与理论研究——最高人民法院关于行政诉讼证据若干规定问题的修改建议稿与论证》，中国法制出版社 2010 年版，第 64 页。

院判决驳回原告的诉讼请求。”① 该法第89条亦规定：“人民法院审理上诉案件，按照下列情形，分别处理：（一）原判决、裁定认定事实清楚……”显然，这里关于证明标准只是原则规定，“证据确凿”和“认定事实清楚”并非是明确意义上的证明标准，而是体现了立法者希望司法机关对于行政案件的审理能够最大限度地接近事实真相。虽然，最高人民法院在《证据规定》起草说明中表明，根据行政案件的性质，设定了三类证明标准，即以明显优势证明标准为原则，以优势证明标准和严格证明标准为补充。但该《证据规定》实际出台后，对证明标准问题没有像起草说明的那样明确，甚至可以说规定的过于笼统，不能够满足审判实践需要。

2. 对行政诉讼中的举证责任、证明责任及证明标准问题认识不统一，不同级别的法院重视程度及功能定位存在较大差异。在中、基层法院，特别是中、基层法院年龄较大的行政法官，对于举证责任、证明责任及证明标准是没有太大区分的，认为只要证据完整清楚，就能达到证明标准，把三者的功能区分过于笼统，或者说根本不予区分而相互混杂。其主要原因是，基层的行政审判多关系到具体行政单位的单个行为，一般来说，行政机关特别是基层政府相对强势，年轻法官在与行政机关的接触上缺乏经验，法院偏向于让年龄较大的法官审理行政案件，他们有一定的威望和经验，能更好地与行政机关进行沟通和协调，但由于年龄较大的法官缺乏严格系统的法律理论学习，所以在他们看来举证责任、证明责任及证明标准都是为解决案件服务的，一般不予严格区分。而中、高级法院的行政法官多为法学科班毕业，有较为深厚的法学理论功底，一般来说对举证责任、证明责任及证明标准等问题有较为深刻的认识，对其各自功能区分也较为明晰。

3. 各地对行政诉讼证明标准的把握差异很大，同案不同判的现象时有发生，不同程度上影响司法的统一性。法官审理行政案件，基本依据是《行政诉讼法》及《证据规定》，如前所述，其对证明标准是原则性规定，在操作上就存在很大弹性，不同法官因社会经验、学识素养等区别对该原则性的规定会有不同的解读，在具体裁判时，法官的自由心证及经验就起到很大的作用，导致同类案件的裁判结果出现差异，甚至迥然不同的判决也时有发生。如笔者在审判中所遇的一起真实案例，李某下班后到饭店就餐，席间与同在

① 该条规定与修改前《行政诉讼法》第54条的规定基本相同。

饭店就餐的王某发生纠纷，相互厮打被劝停后，双方又邀人再战。后公安部门对参与人员进行行政拘留，被拘留人不服，在各自居住地法院提起行政诉讼，由于不同法院在证明标准上把握不同，有的维持了公安机关的行政拘留决定，有的撤销了行政拘留决定，形成了截然不同的判决，对司法公信力造成不良影响。

4. 法院行政审判的证明标准与行政机关行政执法证据的证明标准不相衔接。从某种程度上来说，法院的行政审判的证据审查是对行政机关作出行政行为之依据的复审。面对复杂多样的社会环境，行政机关的具体行为亦具有多样性和分层次性。比如说，食品药品行政管理部门接到非法制作、销售不合格食品的举报，在搜集证据以扣押产品时，就很难达到令人信服、完全确信无疑的标准，常常是只要有合理怀疑就采取扣押或查封措施。但在行政审判中，由于法院和食品药品行政管理部门对证据证明标准的认识不一致，食品药品行政管理部门常因此而败诉，这也是有些行政机关对法院行政审判颇有微词的原因之一。

5. 对于行政诉讼证明标准体系的构建，无论是学术界还是实务界，都存在分歧。在实务界，多数人认为，由于行政诉讼的特殊性，应当适用介于刑事和民事之间的证明标准，而在此之间又应当区分不同的层次；极少数人认为，行政诉讼的证明标准无法用语言文字进行表达，行政行为类型复杂多样，不可能制定出统一适用的证明标准，主要是考虑证据是否完整、清楚，另外就是法官的自由心证和经验。在学术界，对行政诉讼证明标准体系的构建主要有二元证明体系、三元证明体系和多元证明体系。主张二元证明标准体系的主要有朱新力、马怀德、韩国学等人，其主要观点是涉及人身权利方面的行政行为应当像刑事诉讼案件一样采用“排除一切合理怀疑”的严格标准，对于其他行政行为则采用“合理性”证明标准。主张三元证明标准体系的主要有江必新、蔡小雪、梁凤云、秦宗文等人，认为行政诉讼证明标准分为：（1）明显优势证明标准——一般标准；（2）优势证明标准——接近民事诉讼的证明标准；（3）排除合理怀疑标准——接近刑事诉讼的证明标准。主张多元证明标准体系的主要有吕立秋、王振清等人，其主张是行政诉讼应建立多级综合的类型标准。所谓多级综合证明标准，是针对不同的行政诉讼案件的事实问题确立一级、二级、三级等多个层次的证明标准，一级标准最为严格，按照不同级别的要求严格程度逐次递减。

二、行政诉讼证明标准类型化的必要性及应当考虑的因素

1. 行政行为类型多样和行政管理涉及不同专业技术领域的事实，使得行政诉讼证明标准的类型化成为必要。

根据《最高人民法院关于规范行政案件案由的通知》的归纳，我国行政管理范围的种类为42类，行政行为的种类为27类，作为行政诉讼审查对象的行政行为，是由不同层级、不同类型的行政机关依据法律、行政法规、地方性法规、部门规章和地方政府规章及规章以下的规范性文件等作出，涉及社会生产生活的各领域，管理这些领域又都需要不同学科的专业知识和技能，现行的行政诉讼证明标准难以承受审判需要“之重”，行政诉讼证明标准的立法已到了刻不容缓的地步。

2. 对法官自由裁量权加以限制的需要，也使得行政诉讼证明标准的类型化成为必要。

“证据确凿”“认定事实清楚”“以证据证明的案件事实”的规定，因缺乏可操作性在司法实践中“不受待见”，但《证据规定》第54条[①]因“自由心证”裁量空间较大且缺乏相应监督，常常被适用，给部分法官违法办案提供了温床。“自由心证制度将事实认定的合理性要求寄托于法官的理性判断。但是，人的理性判断既存在着一定的限制，又可能被无限地滥用。因此，比较完善的自由心证制度都必然采取一定的法律措施来保障自由心证的合理运用，形成有效的抑制机制。”[②] 行政诉讼证明标准的类型化，可使法官不至于对应当被严格审查的行政行为适用过于宽松的标准，也不至于对如现场作出行政处罚等证明标准较低的行政行为要求过高，可以对自由裁量权进行有效的制约。

如前所述，实务界和学术界对行政诉讼证明标准构建存在着不同的意见，总结不同观点优劣并进行整合，笔者认为行政诉讼证明标准的构建上应充分考虑以下几个因素。

---

① 《证据规定》第54条规定：“法庭应当对经过庭审质证的证据和无需质证的证据进行逐一审查和对全部证据综合审查，遵循法官职业道德，运用逻辑推理和生活经验，进行全面、客观和公正地分析判断，确定证据材料与案件事实之间的证明关系，排除不具有关联性的证据材料，准确认定案件事实。”

② 陈浩然：《证据学原理》，华东理工大学出版社2002年版，第198页。

1. 行政诉讼证明标准与行政程序证明标准既有联系，又有区别，应当充分考虑二者的协调和衔接。

在行政审判中，行政诉讼证明标准与行政程序证明标准存在脱钩的现象，行政诉讼证明标准的确立，首先必须对行政诉讼证明标准与行政程序证明标准的关系有一个准确的认识，行政程序证明标准是行政程序中行政机关和行政相对人提供证据证明案件事实达到的程度，行政诉讼中事实审查主要是审查行政行为认定的事实是否清楚，证据是否充分。行政机关在行政程序中采用的证明标准必然会反映到行政诉讼中，这种证明标准能否得到法院的认可，影响到行政行为的合法性。如果行政诉讼的证明标准不考虑行政程序中的证明标准，完全以诉讼证明标准要求行政机关，则可能会影响到行政执法的效率，导致行政执法困难。对于行政行为合法性的实体性和程序性事实，行政诉讼中的证明标准应当与行政程序中的证明标准相一致。当然，行政诉讼中需要证明的事项和行政程序中需要证明的事项并不完全一致，比如对行政行为合理性审查方面，审查的深度和广度存在一定的差异。此外，在行政诉讼中有行政程序中不存在的事实问题，如行政诉讼程序性事实、某些案件裁判方式选择时需要衡量的一些事实等，这些证明标准还是需要行政程序的单独规定。

2. 行政诉讼证明标准应当与行政诉讼本身的特点和规律相适应，应充分考虑到可操作性的审判现实需要。

之所以设置证明标准，就是为了给证明活动提供一种衡量的尺度。尽管诉讼证明的最理想的结果是重现客观事实的本来面目，但由于诉讼证明受各种主客观因素的影响，如果以此作为评价证明结果的标准，必然会因为高不可及而失去现实性和合理性。所以，法律设置的证明标准不应当过于理想，而应当是裁判者在事实认定中“形成必要心证的最下限”。

与刑事诉讼、民事诉讼相比，行政诉讼证明标准具有灵活性、中间性和多元性三个特点。灵活性要求行政诉讼证明标准应当与行政案件涉及的行政相对人的权利义务成正比。如在一些关系到公民人身自由或重大财产的行政行为引发的行政诉讼中，法院应当对被告的举证责任提出较高的证明标准，如“案件事实清楚、证据确实充分”的标准。在讨论行政诉讼证明标准的中间性的特点时，可以把刑事诉讼证明标准和民事诉讼证明标准看成两个极端（前者的要求最高，后者的要求最低），而行政诉讼的证明标准在总体上是居于中间的。行政诉讼的证明标准具有多元性而非单一性，是因举证责任和案件种类不同而异。说服举证责任的证明标准高于或严于推进举证责任的证明标准。在一般行政诉讼中，被告行政机关的说服举证责任又可分为案件事实清楚、证据确实充分标准和占优势的盖然性标准。前者适用于行政程序中涉及行政相对人重大权利义务的行政诉讼案件，后者则适用于行政机关适用简易程序作出的行政行为引发的行政诉讼案件或者采取临时性行政保全措施引发的行政诉讼案件。行政诉讼证明标准应当与现实国情相吻合，具有可操作性，而不应当是好看而不中用的花瓶。

3. 证明标准的设置应考虑到各种主客观因素的制约和影响，还应兼顾各种不同的诉讼价值目标。

诉讼标准不可避免地要融入各个诉讼主体的主观因素，企图确立一个纯粹客观的证明标准是一种不切实际的幻想。反之，看不到制约和影响证明标准的各种客观因素，而片面夸大证明标准的主观性，也会走入另一个极端。司法资源是一种有限的资源，如果一部法律设置的证明标准导致整个社会的司法资源过分消耗到某一个或某些案件上，这样的证明标准对整个社会来说就是不公平的。证明标准的设置，还要考虑到时间、空间、人力、物力等司法资源。证明标准应当与案件的性质和影响的程度成正比例关系，案件越是重大复杂，对证明标准的要求就越高。由于行政案件的特殊性和多样性，证明行政案件事实的方式也具有多样性，不可能适用单一的证明标准，而应当根据不同的案件类型，有针对性地分别适用不同的证明标准。诉讼程序都包含着多元的价值目标，作为一项具体的法律制度，证明标准如果要与其他相关制度协调共存，必须要兼顾其他诉讼价值需要。因此，在设置证明标准时，必须将诉讼效率和效益、程序公正、权利保护等其他价值目标作为必要的考量因素。

4. 考虑到行政行为的不同类型、对相对人权益影响的大小及与行政程序证据的衔接等，应充分构建不同类型的行政诉讼证明标准。

人类社会认识世界从分类开始。行政行为的复杂多样，依据不同的标准可以分为不同的类型。例如，从影响相对人的权益角度出发，可以分为授益性行政行为和损益性行政行为；从行政程序的启动方式来分，可以分为依申请行政行为和依职权行政行为；从行政行为的构成要件来分，可以分为行政处罚、行政许可、行政强制措施、行政裁决等。不同行政行为，在诉讼和证明标准上会存在一定差异。近年来，随着行政诉讼的不断发展，行政诉讼类型化问题成为摆脱行政诉讼困境，焕发行政诉讼生机的动力。实践证明，将不同的行政行为适当归类，针对不同类型的行政案件的特点，分门别类，适用不同的诉讼门槛、审查规则、标准和处理方式，能够使得行政纠纷得到更好的解决。行政诉讼类型化有助于形成无漏洞的权利救济机制，有助于更好地监督和促进行政机关依法行政，有助于行政纠纷得到实质性解决，提高行政诉讼审判的质量和效率。因此，应当根据不同的行政行为分类，充分考虑行政案件的性质、对相对人权益影响的大小及与行政程序证据的衔接等因素，构建不同的、符合客观实际需要的行政诉讼证明标准，以符合行政诉讼不断发展的需要。

三、我国行政诉讼证明标准类型化构建之建议

综观世界各国，行政诉讼证明标准不尽相同。如：美国行政审判有单纯的事实问题与法律问题的区分，行政诉讼证明标准多元化，基本上分为实质性证据标准，重新审理标准，专横、任性、滥用自由裁量权的标准三种类型；法国行政诉讼证明标准与自由心证密切相关，甚至可以说包含在自由心证制度中，其设定了最低程度的审查标准、中等程度的审查标准和最高程度的审查标准；德国虽然与法国同为大陆法系国家，但行政诉讼证明标准差异较大，德国的行政诉讼证明标准较为简单，其以一个较高的证明标准为原则，以较低的证明标准为例外，即法院对行政案件的审理原则上要采用较高的证明标准，除非法律另有规定或者行政法院对此作出解释，法院有权在适当的特殊的情况下降低证明标准，这对于我国行政诉讼证明标准的类型化研究是非常有启发意义的。在我国行政诉讼证明标准的构建上，可以充分借鉴域外行政诉讼证明标准的优点，结合我国不同行政行为的性质、对相对人权益影响的大小以及与行政程序证据的衔接等因素，建立适合我国国情的行政诉讼证明标准体系，即确立以明显优势证明标准为原则，以排除合理怀疑、高度盖然性及有合理怀疑为补充的多元化的证明体系标准。具体来说主要有以下几点：

1. 确立一般案件适用的“明显优势证明标准”。以明显优势证明标准为原则，除法律和《证据规定》另有规定外，法庭应当适用明显优势证明标准认定案件事实。这种证明标准充分体现了行政诉讼的特色。因为刑事诉讼通

行的是排除合理怀疑标准，民事诉讼通行的是优势证明标准，而在一般行政案件中，行政行为对相对人权利的影响介于民事、刑事案件之间，其证明要求低于刑事诉讼、高于民事诉讼，因而应当适用介于二者之间的明显优势证明标准。明显优势证明标准要求证据是明确的、充分的。对于“明确、充分”的把握，要从行政行为证据的质和量两个方面来考量，“明确”是质，“充分”是量，也就是说，行政行为应当有实质性的证据支持，并且支持行政行为的证据一般不是孤立的，多个证据之间相互印证，从而可以得出清楚的、明确的、令人信服的事实结论。这一证明标准在英美法系司法审查中被称为“实质性证据标准”，中国大陆学者也有人称之为“合理性标准”，即，任何一个正常人看到行政机关证据之后，都认为可以得出行政机关所认定的事实结论。相比较而言，这一标准在证明程度上低于刑事诉讼的证明标准，而高于民事的证明标准，这是行政诉讼的一般性证明标准。

2. 针对严重影响公民、法人及其他组织人身权、财产权的行政案件，适用“排除合理怀疑的证明标准”。这是一个较高程度的证明标准，与刑事诉讼中的证明标准基本接近。在行政诉讼中这一标准主要适用于限制、剥夺人身自由的行政处罚，吊销许可证、营业证、较大数额的罚款以及被诉具体行政行为对公共安全或公共利益有重大影响的三大类行政案件。

3. 行政机关作为中立机关对平等主体之间的民事纠纷作出裁决而引发的行政诉讼应适用高度盖然性证明标准（也有人称之为“优势证明标准”）。所谓高度盖然性证明标准是指当事人对同一事实举出相反的证据且都无法否定对方的情况下，由法院进行衡量，如果一方提供的证据优于另一方，则可以认定证明力较大的证据所支持的事实具有优势。运用高度盖然性证明标准的案件，主要有自然资源、专利、商标、房屋拆迁补偿等确权或裁决案件。由于行政机关在处理这类案件时适用高度盖然性证明标准，因此，法院对行政裁决的工作人员依据证据规则作出的自由心证应当给予充分尊重。除此之外，在行政诉讼案件中，对原告承担说服举证责任的事实部分也应适用此种标准。行政机关按照“高度盖然性证明标准”认定案件事实的，人民法院应当给予充分的尊重和支持。

4. 充分考虑与行政特殊程序的衔接，在行政机关采取即时性强制措施的情况下，适用“有合理怀疑的证明标准”。在某些紧急情况下，行政机关需要采取即时性强制手段，对行为人的人身或财产予以限制，以保护社会公共利益或其他公民的合法权益。由于即时强制措施具有紧急性，对行政机关不能要求过高的证明标准，只要存在“合理怀疑”，就应当充分尊重行政机关的判断。这样的证明标准在最高人民法院公报案例中已有阐述，详见2007年第1期《最高人民法院公报》中的廖某荣诉重庆市公安局交通管理第二支队道路交通行政处罚决定案。

结　语

基于以上研究，建议最高人民法院在修订《证据规定》或者出台相应司法解释时，增设以下条款：

人民法院应当审查行政机关是否具有明确、充分的证据作为行政行为的事实依据。（明显优势证明标准）

人民法院审理行政机关作出的限制、剥夺人身自由的行政处罚，吊销许可证、营业执照，较大数额的罚款及对公共安全或公共利益有重大影响的行政行为时，应当审查事实是否清楚，证据是否确凿充分。（排除合理怀疑的证明标准）

人民法院审理行政机关作出的行政裁决和行政赔偿案件，对行政机关按照民事诉讼中的高度盖然性证明标准认定案件事实，人民法院应当予以支持。（高度盖然性证明标准）

人民法院审理行政机关采取即时强制措施的行政案件，适用有合理怀疑证明标准。（有合理怀疑证明标准）

（作者单位：安徽省高级人民法院　安徽大学　安徽大学）

论行政机关职责履行的司法审查

——以不履行职责案为分析对象

陈燕萍

【摘要】各地法院相继发布的十大行政案例中不乏“不作为”“不履行”的案例。“不作为”“不履行职责”的字眼频频出现于行政诉讼相关新闻中。近两年来，因行政机关不履行职责引发的诉讼案件并不少见，且有上升的趋势。此类案件中，争议基本围绕行政机关的职责履行情况展开。对行政机关职责履行的审查在诉讼活动中占据着重要位置，但是当前司法实践存在许多迫切需要解决的问题，如行政职责依据的审查，职责范围的认定等，理论界虽然对不作为、不履行职责问题有所重视，但往往集中于对举证责任的关注，而对于职责履行问题仅仅一笔带过。本文采取了实证解析的方法，以中国裁判文书网截取的部分文书为样本，结合十大行政不作为案例，在剖析行政机关职责履行司法认定难的根源的基础上，针对当前我国职责履行司法案件中的现实问题，对司法实践的认定标准进行总结，并在宏观上提出解决路径。

【关键词】不作为　不履行职责　法律依据

2018 年各地法院相继发布的行政审判白皮书、十大行政案例中不乏“不作为”“不履行”的案例。“不作为”“不履行职责”的字眼频频出现于行政诉讼相关新闻中。例如，《衢州 2017 年度跨行政区划集中管辖行政审判白皮书》显示不履行法定职责类案件数在各类案件中位居第二。① 笔者进入“中国裁判文书网”，将“案件类型”设定为“行政案件”，“裁判日期”设定为“2018. 1. 1 – 2018. 8. 1”，通过检索后获得 158742 个结果，按关键词筛选，

① 《衢州 2017 年度行政审判白皮书发布》，载《衢州日报》2018 年 5 月 10 日，第 7 版。

“不履行”有 8685 个，在关键词中排名第三。笔者又于 2018 年 8 月 8 日进入“中国裁判文书网”，仍以“不履行”为关键词检索行政案件，分别检索 2015 年、2016 年、2017 年的情况，并从中截取福建省各级法院的情况（见图 1）。

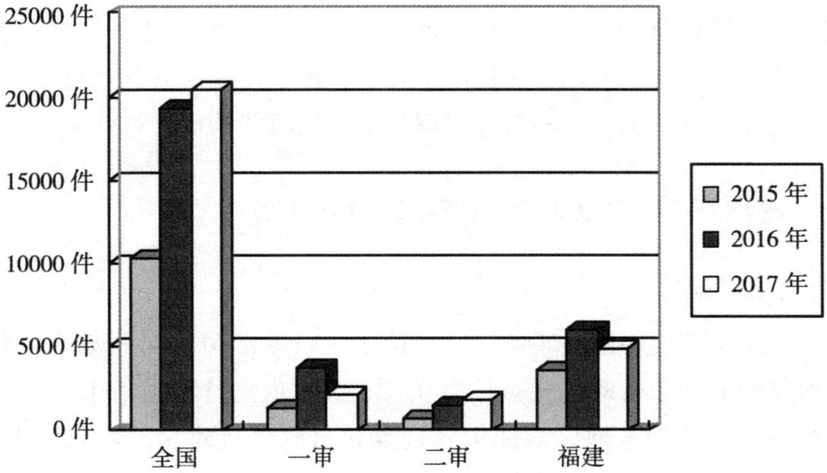

图 1　不履行法定职责案件情况

由此可见，近三年来，因行政机关不履行职责引发的诉讼案件不论是一审还是二审，从地方乃至全国，基本呈上升趋势。

山东高级人民法院 2017 年行政审判白皮书亦显示，行政机关履行法定职责类案件在行政机关败诉案件类型中位居第三。[①] 此类型案件中，争议基本是围绕行政机关的职责履行情况展开。而对行政机关职责履行的审查在诉讼活动中占据着重要位置，应该说，大部分的行政案件都有可能涉及职责履行的审查，如果行政机关作出具体行政行为，超越职权，或者滥用职权的，对行政行为的审查归根结底仍在于对行政职责履行情况的审查。更不用谈不作为案件的审查了。但是当前司法实践中存在许多迫切需要解决的问题，如行政职责依据的审查，职责范围的认定等，理论界虽然对不作为不履行职责问题有所重视，但往往集中于对举证责任的关注，而对于职责履行问题仅仅一笔带过。

---

① 《山东高院发布 2017 年度行政审判白皮书》，载 http：//baijiahao. baidu. com/s？ id = 1596177009193497110&wfr = spider&for = pc，2018 年 8 月 13 日访问。

行政不作为是指行政主体依行政相对人的合法申请，应当履行也有可能履行相应的法定职责，但却不履行或者拖延履行的行为形态。[①] 行政不作为具体指程序的不作为还是实体的不作为，理论上是有所争议的，本文所称的不作为是广义上的不作为，即包含不履行职责的情形。而不履行职责不仅包含不履行、拖延履行的情形，还包含不完全履行的情形，这也是本文重点关注的对象之一。但无论是不作为还是不履行，都是行政机关消极怠工的体现。行政机关怠于行使权力因其隐蔽性更增加了司法机关的审查难度。

一、深度剖析：职责履行司法认定难之根源

（一）行政管理的复杂性

行政机关的职责界限并不明确，可能多个行政部门对同一事项均有管辖权，也可能没有一个行政机关对该事项负责，这也是日常生活中行政机关互相推诿的原因。比如某地区对于未经批准私自改建自建房，地方国土部门、建设部门、规划部门均有查处责任。[②]

行政机关的职责并非固定不变，可能因为某一时期的集中清理工作而转移职责，也可能因为机构改革而产生职责调整，例如【例 1】钟某诉北京市工商行政管理局通州分局行政不作为一案中，[③] 本来由工商机关承担的有关食品生产、流通环节的监督管理职责转移给了食品药品监督管理部门。

行政机关的职责履行程序亦非统一，盖因我国目前尚无统一的行政程序法。从大的角度看，不同机关按照各自系统的规定，工商部门有《工商行政管理机关行政处罚程序规定》，派出所接警有《110 接处警工作规则》，交警有《道路交通安全违法行为处理程序规定》，等等；从小的细节分析，同样对于申请人的回复，有的要求按照申请人的联系方式告知，有的要求书面告知，有的仅要求告知，未限定具体方式。因此，无法适用统一的标准审核。

（二）职责来源的多样性

行政机关的职责可能来源于法律条文的直接规定，也可能来源于授权，

---

① 罗豪才：《中国司法审查制度》，北京大学出版社 1993 年版，第 168 页。

② 万积平：《武威市凉州区依法行政问题研究》，载《发展》2016 年第 3 期。

③ “最高人民法院关于行政不作为十大案例”，载 http://www.court.gov.cn/zixun-xiangqing-13066.html，2018 年 6 月 17 日访问。

或者行政机关的先行行为，或者行政合同；而法律条文，不仅有宪法、法律、行政法规，还有各部委制定的部门规章、地方人大及其常委会制定的地方性法规，以及政府通知等规范性文件。例如，前述【例1】中原本由质检局负责的食品生产监管以及由工商局负责的食品流通监管职责，改为由食品药品监管部门统一负责的事项，即是由国务院食品安全委员会办公室、国家工商行政管理总局、国家质量监督检验检疫总局、国家食品药品监督管理总局四部门出台规章予以明确的。

（三）法律规定的原则性

法律仅提供原则性的指导，关于职责的描述一般为“某某机关负有对某某事项的保护职责”或者“监督管理职责”，如何保护，如何监督管理，只能看具体的工作程序规定，但是法律又不可能事无巨细地规定所有工作细节。如对于政府信息公开属于行政机关的法定职责，《政府信息公开条例》对于何种政府信息属于政府公开的范围仅予以初步界定，但是在具体案件中，申请公开的信息是否属于应予公开的信息，仍然需要我们逐案予以审查，逐案进行定义。

二、样本审视：行政职责履行司法认定之现状考察

（一）基本数据分析

仍然是以中国裁判文书网为样本源，笔者于2018年8月8日至12日进行检索，将“案由”设定为“行政案由”，“案件类型”设定为“行政案件”，“裁判日期”设定为“2018.1.1－2018.8.1”，“案件名称”设定为“不履行”，为了便于了解双方在案件中的举证情形，“审判程序”设定“一审”，“文书类型”设定“判决书”，检索可得287个结果；在左边的类目“法院地域”中筛选案件数最多的是“陕西省”，共得到68个结果。

首先，关于职责表述。这68件案件中，涉及职责表述的有32件，直接表述的为13件，表述形式为“被告某某具有……职责”；规范表述的为19件，表述形式为“被告某某作为……机关，具有《……法》规定的……职责”或者“依据《……法》，某某机关具有……职责”。

其次，关于争议焦点类型及举证情形。原告诉行政机关不履行职责的争议焦点主要存在以下三种情形，第一种为是否具有职责；第二种是行政机关是否

履行职责，双方的争议焦点有可能是因为原告的申请是否符合条件，也可能源于对被告行政机关履行的方式的异议；第三种是行政机关是否完全履行职责（见图2）。

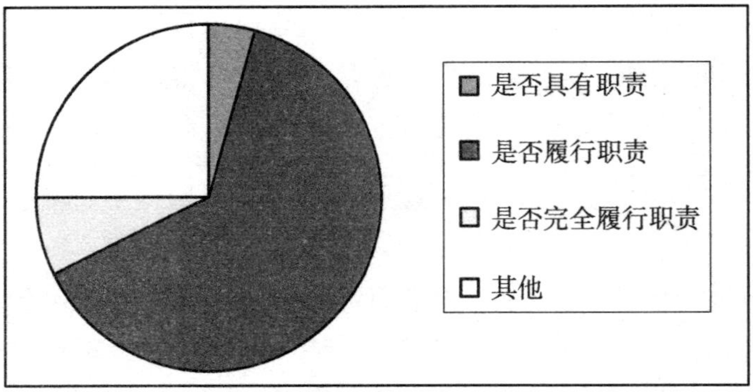

图2　不履行职责案件的争议焦点类型

表1　双方举证情形统计

争议焦点			是否具有职责	是否履行职责	是否完全履行职责
（法律依据）举证情形	双方均举证		1	6	4
	单方	申请人举证	0	7	0
		行政机关举证	2	17	1

最后，在上述表1里，双方均提供法律依据的11件案件中，双方所提供的法律依据是相同或有交叉的有8件，双方提供的法律依据完全不同的有3件。当然，这里的法律依据比较的是规定，并非细化到具体的条文。因为即使是相同的法律法规，双方也有可能依据的是完全不同的条文。

（二）存在问题解析

1. 在提供履行职责相关的法律依据时，原告处于弱势地位。而且，在找不到行政机关履行职责的明确依据时，原告往往引用基本法的原理来质疑被告的不履行或不完全履行。比如【例2】袁某、周某等与杭州市公安局西湖区分局不履行法定职责一案[①]，原告对被告是否完全履职有异议，并引用《警察法》第2条为据，但该条为公安机关最根本的职责——保护公民的人身权、财产权，而原告借此主张行政机关应为的行为却属于程序上的问题。

① 浙江省杭州市西湖区人民法院（2015）杭西行初字第160号。

2. 当存在实际效果时，一个新的制度才有意义。《中华人民共和国行政诉讼法》（以下简称《行政诉讼法》）规定了对规范性文件的附带审查制度，但对审查后果未予明确，仅仅规定不作为本案认定依据且“向制定机关提出处理建议”。显然，判决对规范性文件效力的确认或否认就是实际效果中的一个，继续推导下去，可能出现的问题是如果制定机关不予置评，那么该规范性文件的效力如何？当另案当事人同样因行政机关职责履行问题提出对该规范性文件的审查时，是否可以以本案为依据同样判定，或是重新审查？如果重新审查，是否意味着对行政机关的职责审查只适用于个案，而且对司法资源亦是一种浪费。

3. 关于法院依职权调取证据的规定。目前仅有《行政诉讼法》第 34 条以及《最高人民法院关于行政诉讼证据若干问题的规定》（以下简称《证据规定》）第 22 条，前者明确了法院依职权调取证据的权利，后者对适用情形予以限制。然而，“国家利益、公共利益”该如何界定？该条款并无兜底条款，当法院因为审理案件需要向行政机关调取其履职的法律依据是否属于该范畴？

4. 行政机关履行职责的依据是事实问题，还是法律问题？如果是法律问题，是属于举证范畴，还是法院自行审查认定的范围？如果属于举证范畴，那么就涉及举证责任分配的问题了。

5. 举证责任难分配。依照《行政诉讼法》的规定，仍然是以“谁主张谁举证”为原则，同时规定“被告对作出的行政行为负有举证责任”，对于不作为案件有特别规定的则是《证据规定》第 4 条，其规定在起诉被告不作为的案件中，原告应当提供其在行政程序中曾经提出申请的证据材料，例外情形之一为行政机关须依职权主动履职，但是《行政诉讼法》第 38 条的规定也仅是对不作为情形下，原告是否提出申请这一事实的举证责任分配。而对于职权依据，职责履行范围等其他问题，并未规定举证责任。立法的不明确导致实践的尴尬，当双方为是否职责而分歧，同时行政机关又未提供职权依据时，法院的认定处于被动。如【例 3】毛某与海门市国土资源局不履行法定职责一案①，双方均未提供法律依据，法院不能简单依“谁主张谁举证”原则驳回原告的申请，也不能强制要求被告提出其主张不存在的职责，更不能

① 江苏省南通市港闸区人民法院（2015）港行初字第 445 号。

以被告不举证判其败诉。

然而，行政机关的职责应由谁承担举证责任的问题，在争论行政机关是否具有职责的案件中，无法适用“谁主张谁举证”的原则。鉴于是否属于行政机关的职责，行政机关对相关行政法律规定、规范性文件最为清楚，其更有条件也更有能力提供法律依据。如果单纯由申请人举证，不符合公平正义的原则。但如果规定由行政机关举证，亦存在问题，站在行政机关的立场，由其承担全部举证责任，证明不存在的职责，同样是不合理且不具有可操作性的。

三、微观把握：行政机关职责履行认定的实践标准

（一）是否具有职责的认定

首先应该注意的是，在认定行政机关职责时，以具有明确法律依据为首要标准。当然，不可能每次都有原原本本的法律规定可供引用；反之，当法律没有明确规定时，我们也不能简单地驳回了事。“法无授权不可为”，行政机关“不作为”亦是有根据的，在对其不作为进行审查时，也不能忽视对其工作规定的考察。因此，在没有明确规定的情形下，亦不能予以扩大解读或限制解释，而是应当以其法定职责为依据，参照其工作规定，采取推定或文义解读。

司法实践中，双方当事人往往对于案件事实并无异议，而对于法律上的规定亦无异议，很多案件当事人提供的法律依据往往也是一样的，但当案件事实与法律规定对接时，双方则产生了不同，甚至完全相反的理解，此时即有了解释的必要。比如【例3】，双方的争议焦点在于被告有无对土地租赁合同备案的法定职责。被告抗辩“未有相关规定明确由国土部门履行对《房屋、土地租赁合同》备案职能”，法院经审查被告的工作职责后发现依据《江苏省土地管理条例》其具有办理土地使用权出租登记的职责，通过对这一相似职责与备案在文义与内涵上的诠释，最终认定被告具有备案职责。

（二）是否履行职责的认定

在此类案件中，双方对于行政机关的职责并无异议，换言之，双方争执的重点在于“原告的申请是否符合行政机关作为（如颁证）的条件”，或在于“被告的行为是否符合程序规定”。

在涉及是否符合程序规定的案件中，程序明确规定的，就应该严格按照程序规定来认定行政机关是否履行职责，如【例4】陈某与大冶市房地产管理局不履行法定职责一案①，原告申请过户登记，被告因其缺乏材料不予办理。法院最终仍然认定被告不作为是基于《房地产登记技术规程》的规定，由于程序规定明确应书面说明，而被告仅作口头说明，故判决其履行法定职责。

当程序未作严格界定时，是否履行职责的标准则应以程序所追求的结果是否达到为准则，如【例2】，行政机关主张其以挂号信的方式已经向原告寄送《行政处罚决定书》复印件并已投妥。依照相关程序规定，行政机关负有将处理结果告知举报人的法定义务，但该程序规定对告知的形式并未做出限定。法院最终认定行政机关已履职所考量的正是本标准，虽然程序未作详细规定，但该程序所希望获得的便是“相对人知晓举报事项的处理情况”这一结果，只要行政机关的作为能够获得这一结果，那么便可据此认定其已履职。

应该注意的是，在不具有原告所诉请职责的情况下仍然可能存在不作为的情形，因为没有职责并不表示没有义务。对于行政机关是否履职的认定，不仅仅在于当其具有讼争职责时，其是否按照工作程序完成了其职责范围内的工作，还在于其不具有争议的职责时，其面对公众时的应对工作，其处理时的积极态度。比如【例1】，被告并不具有原告所诉求的职责，但是其作为职责调整变动机构，应当知道该事项的有权管辖机构，应当将该事项移送相关主管机关，而不能一推了之。怠于移送仍然属于未履行。存在类似问题的还有【例5】杨某与淮安市清浦区城南乡人民政府不履行法定职责一案②，行政机关并不需要对原告诉请的事项作出处理，但并不表示他对原告的申请可以不闻不问，他仍然需要作出答复，不答复亦属于未履行。

（三）是否完全履行职责的认定

在此类型的案件中，行政机关并非没有履职，而是有所作为，甚至是积极作为，对于相对人的申请立即作出回应，该答复的答复，该通知的通知，该处罚的处罚，而且往往在表象上体现出来其履职的状态是“完成”。所以极易造成迷惑性。但是这类案件有一个共同的特征，即申请人所希求的利益并未实现。例如，申请人要求环保局查处企业违排，环保局予以查处并依法

① 湖北省大冶市人民法院（2015）鄂大冶行初字第105号。

② 江苏省淮安市清浦区人民法院（2015）浦行初字第69号。

给予处罚，但申请人的根本目的是制止企业违排，而并非单纯确认企业违排的违法性。

从这一意义上说，行政机关是否完全履职的决定性因素，实际上就存在于行政机关的行政行为中，存在于行政对象——相对人的权益中，这也进一步说明了不同行政机关在履职上的共性，正因如此，在认定此类案件的职责履行是否完全时，应以是否实现行政目的为标准，在具体案件中的量化体现为相对人是否受益。如【例6】王某诉寿光市人民政府行政不作为案，① 原告向政府申请村务公开，行政机关依法作出责令公开的通知并送达，从表面上看似乎已履职，但是原告的申请迟迟未获落实，究其根源仍然是行政机关的履职未完全，其所作出的责令通知没有内容也没有期限，缺乏执行力，因此法院判定其未完全履职。

不完全履行职责的争议更多地发生在备受关注的违法搭建案件中，依然是摘自“最高人民法院关于行政不作为十大案例”中的【例7】彭某诉深圳市南山区规划土地监察大队行政不作为案，行政机关已经对违章建筑作出处罚决定，并在处罚对象未履行时予以催告，看似尽职，但违章建筑依然存在，作为申请人期望的利益依然未获实现，因此判定其未履职。只有依法采取有效措施，确保处罚决定的执行，才是完全履行法定职责。

而在公益诉讼中，由于不存在具体的相对人，其工作实效的量化则是以违法行为是否消除为基准。以【例8】乾县人民检察院与铜川市国土资源局不履行法定职责纠纷案②为例，该案中，行政机关虽多次对涉事企业进行催告，但未起到明显效果，也未进一步履行监管义务，致使国有资产仍处于受侵害的状态，对行政机关而言，它的监管职责并未履行到位，属于不完全履行职责。

四、宏观展望：行政机关职责履行认定的路径探索

（一）适度发挥司法能动性

行政案件不同于民事和刑事案件，刑事案件中的无罪推定原则更需要司

① “最高人民法院关于行政不作为十大案例”，载 http：//www. court. gov. cn/zixun – xiangqing – 13066. html，2016 年 6 月 17 日访问。

② 陕西省乾县人民法院（2017）陕 0424 行初 12 号。

法克制，而行政管理的复杂性、多变性以及司法权对行政权的解释与创制功能要求法官在行政案件中更应该发挥司法能动性。

法官在行政诉讼案件中的能动性包括法律适用的选择和法律条文的解释。如上文所述，职责的法律来源存在多样性，虽然法院在审理案件过程中不可避免地会运用规范性文件对行政机关的职责履行进行解读，但这并不意味着规范性文件在诉讼活动中的当然适用。重庆市高级人民法院2016年所发布的行政诉讼十大典型案例中的【例9】周某某诉重庆市垫江县国土资源和房屋管理局不履行房屋行政登记受理职责一案，就面临着法律适用选择的问题，对于房屋登记应当提交的材料，司法部、建设部自行出台的两份文件与法律规定不相符。法院经审理认为，这些文件突破了上位法的规定，故在判决中不予采纳。

美国法律现实主义学者卡尔·卢埃林曾经指出司法人员在解决纠纷时候的作为就是法律本身。[①] 这句话固然有所夸张，但其侧面肯定了“法官造法”的意义。法官解释法律的作用更多出现在法律没有明确规定或规定模糊不清的案件中，通过采取文义解释、目的解释、体系解释等方法，阐明条文的确定含义。例如前【例4】，充分运用法官的能动性采取文义解释、目的解释的方法对“备案”与“登记”进行比照诠释，从而明确行政机关的职责，很好地解决了难题。又如【例10】彭某诉上海市工商行政管理局履行法定职责一案，[②] 法官采取了目的解释、体系解释等方法解决了以新闻报道形式出现的医疗宣传是否属于“医疗广告”这一焦点问题。

法律适用的选择与法律条文的解释，时常在同一个案件中被同时运用，当在案件中面临规范性文件的审查问题时，我们需要区分规范性文件的内容，适用目的，适用对象，适用时间等因素，对其与上位法是否存在冲突进行判断，继而决定是否适用，这种适用的过程同时也是法官解释法的过程。亦可对其与上位法在裁量幅度交叉之处予以限制解释，从而排除或限制其在个案中的适用。比如【例11】陈某与鸡西市人力资源和社会保障局不履行工伤认定职责一案[③]，被告提供省政府的规范性文件证明争议的事项不属于其受理

---

① ［美］E. 博登海默：《法理学：法律哲学与法律方法》，邓正来译，中国政法大学出版社2004年版，第164页。

② 张弘：《行政判例制作中的法律解释》，载《北方法学》2011年第3期。

③ 黑龙江省鸡西市鸡冠区人民法院（2016）黑0302行初6号。

范围，但法院对该规范性文件的下发时间、适用对象等予以解释，排除了其在本案的适用，继而援引《工伤保险条例》的规定判决被告履行职责。

法官解释法律并非没有边界，其对法律仅仅只是解释和补充的作用，而不是突破，正如英国著名法官丹宁勋爵曾言，法律就像是一块编织物，用什么样的编织材料来编织这块编织物，是国会的事，但这块编织物不可能总是平平整整的，也会出现皱褶；法官绝不可以改变法律编织物的编织材料，但是他可以，也应该把皱褶烫平。①

（二）适度强化法院调查权

在行政诉讼中，行政机关的举证能力相比申请人具有不可否认的优势，如前图1所示，在单方举证的案件中，由行政机关举证的案件多于申请人举证的案件，而在双方均举证的情形中，行政机关提供法律依据比申请人少的只有两件。综观世界各国的行政诉讼制度，除了英美法系外，大陆法系国家都赋予法官依职权主动调取证据的职权。② 因此，有必要强化法院的职权调查。

同时，对于《证据规定》第22条有必要增设一条情形，即“当双方的争议焦点为行政机关是否具有职责，且双方均未提供法律依据时”。因为在职责履行案件中，法院的职权调查尤为重要，这是为了弥补诉讼双方举证的薄弱与不足。虽然很少，但确实存在诉讼双方均未提供法律依据的情形。作为行政机关，他有可能基于自身的利益考虑隐瞒而怠于举证，而如果单纯以其不提供法律依据判决其败诉，对于确实不具有职责的行政机关亦不公平。

这样的规定与《证据规定》第22条的本意并不冲突，有学者认为，该条的限制可能是考虑“如果人民法院以司法权为后盾，没有限制地随意调查取证，没有原则地支持一方当事人，尤其是没有原则地支持行政机关，必然会影响到司法公正”，③ 而这一情形的增加恰恰是出于司法公正的考虑，是为了

---

① ［英］丹宁勋爵：《法律的训诫》，杨百揆、刘庸安、丁健译，法律出版社1999年版，第12—13页。

② 江必新：《完善行政诉讼制度的若干思考》，载《中国法学》2013年第1期。例如，德国《行政法院法》第86条规定，法院依职权调查案情；调查时应取得诉讼参与人的协助。法院不受参与人有关证据请求及其内容的约束。日本《行政案件诉讼法》第24条规定，法院认为必要时，可以依职权进行证据调查。

③ 郜立人：《行政诉讼中依职权调取证据之限定性研究》，载中国法院网，http://www.chinacourt.org/article/detail/2006/11/id/224989.shtml，2016年6月23日访问。

平衡双方的举证能力。至于该种情形下法院如何调查，可借鉴【例12】沈阳市于洪区房产局与赵某等不履行法定职责上诉案①，一审法院依职权就行政机关的职责依据、工作性质、工作程序等事项对其工作人员进行询问，并与行政机关的当庭陈述对比，发现两者的阐述均不清楚，据此认定行政机关不履行职责的理由不能成立。

（三）合理分配举证责任

首先要明确的问题是，职责依据属于举证责任范畴，依照《行政诉讼法》第34条的规定，被告对作出的行政行为负有举证责任，应当提供作出该行政行为的证据和所依据的规范性文件。从该条文可知，对于作出行政行为的，被告负有举证义务，举证的内容包括履行职责的依据。那么，对于不作为案件，履行职责的依据同样属于举证责任范畴，不能因为对是否具有职责存疑继而否认职责依据的举证义务。此外，职责依据是否必然是法律条文依据？笔者认为不然，这里涉及下文即将阐述的初步责任与说服责任。

不同的情形下，职责依据的举证责任不能一概而论。在双方的争议焦点为是否具有某项职责的情形下，认定职责依据时，原告应承担初步责任，这也符合“谁主张谁举证”的原则，原告是诉讼的启动者，其不能免除举证责任，但是基于其自身在举证方面的弱势地位，在初步责任的情形下，职责依据既可以是法律，也可以是事实，且这种举证责任很微弱，微弱到只要有线索证明这个职责存在即可；而被告则承担说服责任，而且说服责任要远远大于初步责任，这是由双方在行政活动中的地位强弱不同所决定的，行政机关相比原告在举证方面有天然的优势。在这一点上，【例12】作了示范性的诠释，为了证明行政机关具有签订《公有直管住宅租赁合同》的职责，原告虽未直接提供法律依据，但是法院依据其陈述调取了《公有直管住宅租赁合同》样本，这时转由被告承担举证责任以反驳，不论是证明该职责已变更或条件已更改，其都应该提供明确的职权依据，否则承担败诉风险。

当然，如果存在前述【例3】类型的案件，即双方均不提供法律依据时，此时行政机关仍然负有一项不可推卸的责任，即提供其日常工作职责范围的相关法律依据。

---

① 辽宁省沈阳市中级人民法院（2015）沈中行终字第63号。

在双方的争议焦点为是否履行职责或是否完全履行职责的情形下，此时的举证责任只归于行政机关。因为此时存在作为与不作为两种可能，对于作为，毫无疑问，根据《行政诉讼法》的规定，行政机关应当负举证责任。而对于不作为，行政机关必须说明“有职责而不履行”的理由，所以法律依据的提供责任仍然落在行政机关身上。

结　语

正确认定行政机关的职责履行情况，有利于更好地维护相对人的合法权益，同时对于促进行政机关依法、全面履职，推进依法行政、建设法治政府，也有着重要的意义。这些实践认定标准只是在已有的案例基础上所作的初步归纳，但适时地对过去的审判经验进行总结分析，远比每个案件都完全依赖自身的个人判断与简单粗暴的法律筛选更为有效。当然，任何认定标准都不可能完美解决所有问题，对于行政机关不作为类型案件的审理，我们必须清楚认识到目前立法上的不足与实践的需求，并从适度强化司法能动性、强化法院的职权调查、合理分配举证责任等方面辅之以配套制度上的完善，才能从根本上解决“职责履行认定难”这道司法难题。

（作者单位：福建省漳州市中级人民法院）

案例分析

行政协议案件司法审查相关问题探析

——安吉展鹏金属精密铸造厂诉安吉县人民政府搬迁行政协议案

危辉星

【裁判要旨】

行政协议含有实现公共利益或者行政管理目标等行政性内容，具备行政性；也系各方当事人经协商意思表示一致而达成的缔约合意，具备契约性。基于行政协议的双重性特点，在行政协议案件司法审查中应坚持行政诉讼保护不低于民事诉讼保护原则、对行政机关行政协议行为全程监督原则、双重审查双重裁判原则。在具体的审查过程中，既要审查行政协议行为的行政合法性，又要审查行政协议的契约效力性。在举证责任的分配方面，合法性审查采用行政机关对被诉行政行为合法性承担举证责任的原则，效力性审查采用谁主张谁举证的原则。在裁判方式的选择上，必要时，可用两个判项对合法性和效力性分别予以裁判。

【案号】

一审：浙江省湖州市中级人民法院（2017）浙05行初41号。

二审：浙江省高级人民法院（2018）浙行终13号。

【案情】

原告（上诉人）：安吉展鹏金属精密铸造厂（以下简称展鹏铸造厂）。

被告（被上诉人）：安吉县人民政府（以下简称安吉县政府）。

展鹏铸造厂于2008年9月1日取得个人独资企业营业执照，经营范围及方式为金属铸件及工具制造、加工、销售，住所位于安吉梅溪杨家店。2015年11月18日，湖州振新资产评估有限公司接受安吉临港经济区管理委员会（以下简称临港管委会）委托对展鹏铸造厂进行资产评估，并出具湖振资估（2015）第402号《资产评估报告书》，评估目的是拆迁补偿，为委托方临港管委会对展鹏铸造厂所拥有的因土地征用而拆迁补偿的企业市场价值提供参考依据，评估结论："评估后展鹏铸造厂所拥有的资产于评估基准日委托资产价值总额为917697元。"2016年1月22日，甲方临港管委会与乙方展鹏铸造厂就企业搬迁安置达成《企业搬迁补偿协议书》，约定展鹏铸造厂按货币形式安置，搬迁补偿总额合计1131650元，付款方式为：在本协议签订之日起15个工作日内，支付乙方总额50%；乙方房屋等拆除完毕之日起15个工作日内付清余额。展鹏铸造厂必须在2016年5月30日前腾空房屋并办理交房手续。该协议书经双方签字盖章确认。2016年1月22日，临港管委会按合同约定支付给展鹏铸造厂搬迁合同款50%即570000元整，由展鹏铸造厂投资人顾某喜签字确认。2016年6月27日，临港管委会支付给展鹏铸造厂拆迁合同余款，扣除100m^2商品房安置款208000元及借款40000元后支付313650元，由展鹏铸造厂投资人顾某喜签字确认。

2012年5月18日，中共安吉县委办公室、安吉县人民政府办公室关于印发《中共梅溪镇委员会、梅溪镇人民政府、临港经济区管理委员会主要职责、内设机构和人员编制规定》的通知（安委办〔2012〕61号）载："根据县委、县政府《关于设立临港经济区管委会的通知》精神，设立临港管委会。"2013年12月30日，安吉县编制委员会下发《关于撤销天子湖现代工业园区管理委员会和临港经济区管理委员会机构设置等有关事项的通知》（安编〔2013〕28号），撤销梅溪镇人民政府合署机构临港管委会。

2017年1月12日，展鹏铸造厂对涉案《企业搬迁补偿协议书》不服，以安吉县梅溪镇人民政府为被告向吴兴区人民法院提起诉讼，后于2017年5月15日撤诉，经吴兴区人民法院（2017）浙0502行初13号行政裁定，准予其撤回起诉。2017年7月12日，展鹏铸造厂以安吉县政府为被告，提起本案诉讼。展鹏铸造厂诉称，临港管委会组织人力将展鹏铸造厂四周已经搬迁完毕的地块进行填渣，使其厂区以外的地基抬高，积水成潭，无法生产，迫使其无奈签订《企业搬迁补偿协议书》；对相关拆迁政策解释不够明朗，没有依法足额给予补偿，有诱导和欺骗的现象。请求判令安吉县政府作出《企业搬迁补偿协议书》的具体行政行为违法应予以撤销，并责令被告依法与展鹏铸造厂重新签订拆迁补偿协议。

【审判】

浙江省湖州市中级人民法院经审理后认为，经安吉县政府设立的临港管委会因土地征用而与展鹏铸造厂签订涉案协议，系行政诉讼受案范围；展鹏铸造厂提起本案行政诉讼并未超过两年的起诉期限；涉案协议经双方当事人签字盖章确认，并未违背双方当事人的真实意思表示，其内容也并未违反法律法规的强制性规定。涉案协议签订后，被告依照协议约定履行了支付补偿款的义务，原告也领取了相应的补偿款。涉案协议合法有效，不存在可撤销的情形。对于展鹏铸造厂主张撤销涉案协议，责令与其重新签订拆迁补偿协议的意见，不予支持。但安吉县政府授权已经撤销的临港管委会仍行使行政管理职能与展鹏铸造厂签订涉案协议存在不当，因临港管委会本身不是具有独立承担法律责任能力的机构，其作出的行政行为本就由被告安吉县政府承担责任，且安吉县政府认可涉案协议的内容，故对于上述情形，予以指正。判决驳回原告展鹏铸造厂的诉讼请求。

宣判后，展鹏铸造厂不服，向浙江省高级人民法院提起上诉称：一、双方签订的《企业搬迁补偿协议书》不能成立，被上诉人的行为违法。涉案协议的行政主体临港管委会并未告知上诉人其被撤销或被重新授权的相关事宜，在被撤销失去职能的情况下与上诉人签订涉案协议，不符合法定的合同成立的主体要件，其行为存在违法性，故合同不能成立。二、涉案协议是在重大误解、欺诈，且违背真实意思的情况下所签，应当予以撤销。临港管委会组织人力将上诉人四周地块进行填渣，使上诉人厂区以外的地基抬高，厂区积水，无法生产，迫使上诉人不得不拆，无奈签订涉案协议。在签订协议时，临港管委会隐瞒价值高的《中辰国瑞资产评估报告书》，用一份价值低的《湖州振新资产评估有限公司资产评估报告书》与上诉人签订合同。根据《安吉县征收集体土地房屋补偿安置暂行办法》第23条的规定，被诉拆迁合法房屋应按重置评估价补偿，但涉案协议是依据评估报告中的净资产价值补偿，临港管委会隐瞒了相关拆迁政策，误导上诉人签订涉案协议，该协议应予撤销。综上，请求二审法院撤销原判，支持上诉人的一审请求。一审、二审的诉讼费用均由被上诉人承担。

安吉县人民政府答辩称：一、上诉人认为被上诉人的行为不合法的上诉理由与事实不符，于法无据。1. 临港管委会虽被撤销，但其与上诉人签订的《企业搬迁补偿协议书》双方均已履行完毕，被上诉人对其在签约过程中的一切行为均予以认可，上诉人也全部收取了补偿款，涉案厂房也已经拆除。2. 被上诉人的行政行为明显没有对上诉人的合法权益产生实际影响，依据《最高人民法院关于适用〈中华人民共和国行政诉讼法〉若干问题的解释》第 3 条第 1 款第（8）项之规定，应驳回上诉人的起诉。二、上诉人诉称涉案协议存在重大误解、欺诈，且违背真实意思，应当予以撤销的观点，缺乏事实依据并有违诚实信用原则。1. 2016 年 1 月 22 日双方签订协议前，“湖州振新资产评估有限公司”与“湖州中辰国瑞资产评估事务所”所作出的二份评估报告均已形成，内容上诉人均知悉，且上诉人还使用“湖州中辰国瑞资产评估事务所”作出的评估报告向安吉县发经委申报落后产能淘汰项目并获取补贴，故不存在签约过程中隐瞒评估报告的事实。2. 上诉人认为周边企业建设对其企业造成影响，多次上访要求被上诉人对其企业进行搬迁补偿，故客观上不存在被上诉人迫使其签约的事实，且协议内容系双方真实意思表示，未侵害上诉人的合法权益，且不违反国家法律规定，不存在可撤销的情形。综上，一审判决认定事实清楚，适用法律正确，请求二审法院维持一审判决，驳回上诉人的上诉请求。

浙江省高级人民法院经审理认为，上诉人提出的撤销《企业搬迁补偿协议书》并责令被上诉人依法与其重新签订拆迁补偿协议的请求不能成立，不予支持。但原审法院在临港管委会签订涉案补偿协议行为违法的情况下，仅以指正方式处理，未在判决主文中对其合法性作出裁判，未能有效监督行政机关依法行使职权，应予改判。依法作出终审判决：一、撤销一审判决；二、确认被上诉人安吉县人民政府等设立的安吉临港经济区管理委员会与上诉人安吉展鹏金属精密铸造厂签订《企业搬迁补偿协议书》的行为违法；三、驳回上诉人安吉展鹏金属精密铸造厂要求撤销《企业搬迁补偿协议书》并责令被上诉人依法与其重新签订拆迁补偿协议的诉讼请求。

【评析】

一、行政协议的性质及审查原则

2014年11月1日修订的《中华人民共和国行政诉讼法》（以下简称《行政诉讼法》）第2条规定："公民、法人或者其他组织认为行政机关和行政机关工作人员的行政行为侵犯其合法权益，有权依照本法向人民法院提起诉讼。前款所称行政行为，包括法律、法规、规章授权的组织作出的行政行为。"第12条第1款规定："人民法院受理公民、法人或者其他组织提起的下列诉讼：……（十一）认为行政机关不依法履行、未按照约定履行或者违法变更、解除政府特许经营协议、土地房屋征收补偿协议等协议的；……"原《最高人民法院关于适用〈中华人民共和国行政诉讼法〉若干问题的解释》（以下简称原《适用解释》）第11条第1款规定："行政机关为实现公共利益或者行政管理目标，在法定职责范围内，与公民、法人或者其他组织协商订立的具有行政法上权利义务内容的协议，属于行政诉讼法第十二条第一款第十一项规定的行政协议。"

根据上述规定可知：一、行政协议具备行政性。《行政诉讼法》将行政诉讼的起诉对象界定为"行政行为"，并将行政协议纳入行政诉讼的受案范围，意味着行政协议也是一种行政行为。正如原《适用解释》对行政协议作出的定义所揭示的，行政协议是行政机关依据公权力对社会进行管理和服务的一种方式，含有实现公共利益或者行政管理目标等行政性内容，最终体现为行政法上的权利与义务。《行政诉讼法》第6条规定："人民法院审理行政案件，对行政行为是否合法进行审查。"作为行政行为的一种，行政协议的合法性也要受到人民法院的全面审查，如在行政协议的缔结过程中，行政机关也应当遵守职权法定、程序合法正当等行政法律原则。二、行政协议具备契约性。原《适用解释》第11条第1款指出，行政协议乃系各方当事人经协商意思表示一致而达成的缔约合意，换言之，在认可行政协议具有行政性的同时，我们也不能忽视其脱胎自民事合同这一特点。如在行政协议的缔结过程中，各方当事人也应当遵循自愿、平等、公平、诚实信用等民事法律原则。另外，行政协议具备契约性也向我们揭示了在行政协议案件审理中存在适用《中华人民共和国合同法》（以下简称《合同法》）等民事法律规范的可能性。

三、行政协议与传统行政行为、民事协议相比又有其特殊性。首先，相比于传统的单方行政行为，行政协议是一种双方、协商性的行政行为，是一类特殊的行政行为。在对行政协议案件进行审理的过程中，不仅需要审查行政机关缔结、履行行政协议等行为的合法性，还要同时考察行政协议法律关系是否成立、有效。其次，相比于民事协议，行政协议在缔约主体、缔约目的、协议内容等方面都有其特殊性，是一类特殊的协议。因此，在考察行政协议法律关系是否成立、有效时，必须要结合行政协议的特殊性，对《合同法》等民事法律规范进行适当的“取舍”，随后方才能够对相关法律规范进行适用。

综合来看，行政协议在法律性质上具有鲜明的双重性特点，行政性和契约性是行政协议的一体两面，共同构成行政协议不可分割的法律属性：行政协议的行政性侧重于对行政协议缔结、履行过程中行政行为的合法性审查；行政协议的契约性则提示人民法院在审理行政协议案件时必须同时关注行政协议法律关系的存续状态，在必要时对相关民事法律规范进行适用。《行政诉讼法》将行政协议纳入行政诉讼的受案范围，目的是更公正、及时审理行政协议案件，更有效解决行政协议争议，更有效保护公民、法人和其他组织的合法权益，更有效监督行政机关依法行使职权。将行政协议纳入行政诉讼的受案范围，能够更好地实现对行政协议行政性的监督和评判，故在行政协议案件的审理过程中，也应当逐渐积累，形成行政协议案件独有的审理原则和规则。

基于行政协议的双重性特征，为了实现行政诉讼法的上述立法目的，在行政协议案件司法审查中应坚持三个原则：一是行政诉讼保护不低于民事诉讼保护原则。在起诉期限、原告资格、诉讼类型、审查范围、赔偿标准等实体和程序权利方面，对行政相对人及利害关系人给予同等甚至更优的保护。这不仅是由行政诉讼的立法目的所决定的，还同时充分回应了行政协议案件的特殊性。二是对行政机关行政协议行为全程监督原则。《行政诉讼法》第6条明确规定，人民法院审理行政案件，对行政行为是否合法进行审查。故在行政诉讼中，监督行政机关依法行使职权是人民法院的法定职责。行政诉讼程序一经启动，人民法院即应对被诉行政行为是否合法进行审查监督，这种司法审查监督不受原告是否提出相应请求的影响，其审查范围和裁判方式亦不完全受原告诉讼请求的限制。在行政协议案件中，人民法院不仅在行政机关单方变更、解除行政协议时才予以监督，对行政机关签订、履行等行为也都应进行全程监督。这种监督充分体现了行政诉讼法将行政协议纳入受案范围的核心价值，是行政协议诉讼最独特于民事诉讼的特点。三是双重审查、双重裁判原则。人民法院既要审查行政协议行为的行政合法性，又要审查行政协议的契约效力性。换言之，人民法院不仅要对行政机关一方作出的行为进行“点”上的全程监督，还需要对行政协议法律关系进行“面”上的考察，通过“点”与“面”的结合，人民法院方能实现对行政机关行政协议案件的全面审查。与此相对应，人民法院在行政协议案件的裁判主文中要体现对行政合法性和契约效力性的双重裁判。当然，这两种审查方式在举证责任分配等多方面有所区别。《行政诉讼法》第 34 条规定，被告对作出的行政行为负有举证责任，《中华人民共和国民事诉讼法》第 64 条则规定，当事人对自己提出的主张，有责任提供证据。显然，在行政协议案件的审理过程中，双重审查、双重裁判原则意味着要对传统的行政诉讼举证责任分配规则进行一定的修正，而这一目标也需要通过个案裁判的积累逐渐实现。

双重审查、双重裁判原则并不意味着必然要在裁判主文中作出两个判项。经过合法性和效力性审查，如发现协议合法且有效，则人民法院可判决驳回诉讼请求，如发现协议违法并无效，则人民法院可视情况确认协议无效等。上述情形中人民法院用一个判项即可实现对合法性和效力性的双重裁判。但是，如果经双重审查发现协议存在违法但有效等情形，此时用一个判项无法同时解决合法性和效力性问题，则人民法院在作出裁判时需对合法性和效力性分别作出回应。这就意味着在行政协议案件中，针对原告的一项诉讼请求，如请求撤销行政协议，当一个判项无法同时回应合法性和效力性时，就可以用两个判项分别对合法性和效力性予以裁判。综合来讲，对合法性予以裁判，乃是要对行政机关在行政协议缔结、履行过程中行使权力的行为作出法律评价，对效力性予以裁判，则是要对行政协议法律关系的存续状态予以认定。

二、本案争议焦点的分析

本案中，涉及的争议问题一是临港管委会与展鹏铸造厂签订《企业搬迁补偿协议书》的行为是否合法。二是展鹏铸造厂主张撤销涉案《企业搬迁补偿协议书》并责令安吉县政府重新签订搬迁补偿协议是否具有事实和法律依据。对于第一个争议焦点，二审法院在庭审举证责任分配中采用了行政机关对被诉行政行为合法性承担举证责任的原则；对于第二个争议焦点，二审法院在庭审举证责任分配中采用了谁主张谁举证的原则。

（一）临港管委会与上诉人签订《企业搬迁补偿协议书》的行为是否合法

原审裁判时有效的《最高人民法院关于执行〈中华人民共和国行政诉讼法〉若干问题的解释》第 20 条第 1 款规定："行政机关组建并赋予行政管理职能但不具有独立承担法律责任能力的机构，以自己的名义作出具体行政行为，当事人不服提起诉讼的，应当以组建该机构的行政机关为被告。"2018 年 2 月 8 日施行的《最高人民法院关于适用〈中华人民共和国行政诉讼法〉的解释》第 20 条第 1 款规定："行政机关组建并赋予行政管理职能但不具有独立承担法律责任能力的机构，以自己的名义作出行政行为，当事人不服提起诉讼的，应当以组建该机构的行政机关为被告。"本案中，安委办〔2012〕61 号等文件明确，临港管委会系由安吉县政府等以规范性文件设立并赋予相应职能的机构，其不具有独立承担法律责任的能力，无权以自己的名义对外实施行政行为。且该管委会于 2013 年 12 月 30 日被撤销后，更无权实施相关行为。以临港管委会作出的涉案行政行为由被上诉人安吉县政府承担相应法律责任，故上诉人将被上诉人安吉县政府作为被告提起本案诉讼，被告主体适格。但临港管委会在被撤销后却一直未注销公章，甚至于被撤销两年多以后的 2016 年 1 月 22 日仍与上诉人签订涉案补偿协议，该签约行为违法。虽然被上诉人安吉县政府追认该协议的效力，但这仅是对涉案补偿协议权利义务的追认，并不能改变临港管委会签订涉案补偿协议行为违法的事实。需要特别指出的是，本案中安吉县政府追认协议效力的行为，乃是参照适用了《合同法》中代理的相关规定。另外，被上诉人的追认行为只会对行政协议法律关系的存续状态、即协议的效力性审查产生影响，至于缔结行政协议这一行为的合法性审查结果，并不会受到追认这一行为的影响。换言之，被上诉人的追认行为乃是本案行政协议关系仍然存续的要件之一，仅对涉案补偿协议的效力产生影响，至于临港管委会签订涉案补偿协议行为的合法性，则仍然需要从作出该行为的主体、程序等方面予以考量，与行政协议关系的存续状态并不处于同一层面。

（二）涉案《企业搬迁补偿协议书》是否存在法定的可撤销情形

原《适用解释》第 14 条规定："人民法院审查行政机关是否依法履行、

按照约定履行协议或者单方变更、解除协议是否合法，在适用行政法律规范的同时，可以适用不违反行政法和行政诉讼法强制性规定的民事法律规范。”换言之，在审理行政协议案件的过程中，人民法院可以结合具体案情，在必要时适用《合同法》等法律规范。本案中，人民法院要对涉案《企业搬迁补偿协议书》的效力进行考察，自然需要结合《合同法》中可撤销合同的相关规定。《合同法》第54条第1款规定：“下列合同，当事人一方有权请求人民法院或者仲裁机构变更或者撤销：（一）因重大误解订立的；（二）在订立合同时显失公平的。”第2款规定：“一方以欺诈、胁迫的手段或者乘人之危，使对方在违背真实意思的情况下订立的合同，受损害方有权请求人民法院或者仲裁机构变更或者撤销。”本案中，上诉人主张对方故意隐瞒价格较高的《中辰国瑞资产评估报告书》，用《湖州振新资产评估有限公司资产评估报告书》签订合同，导致其违背真实意思。根据查明的事实，《湖州振新资产评估有限公司资产评估报告书》载明评估目的是“拆迁补偿，为委托方对安吉展鹏金属精密铸造厂所拥有的因土地征用而拆迁补偿的企业市场价值提供参考依据”，评估范围为“资产占有方的单项资产，主要为房屋建筑、设备及其附属物”，且评估数额也与《企业搬迁补偿协议书》中的评估补偿数额相一致。而《中辰国瑞资产评估报告书》的评估对象与范围为“展鹏铸造厂拥有的单项资产，包括电炉、中频炉及配套设施”，且评估目的并非补偿，评估数额也与《企业搬迁补偿协议书》不同，故原审法院认定《中辰国瑞资产评估报告书》与本案不具有关联性并无不当，上诉人的该项主张不能成立，本院不予支持。另，对于上诉人提出的被上诉人采取欺诈、误导等手段订立涉案《企业搬迁补偿协议书》的主张，因上诉人未能提交有效证据证明该主张，本院不予支持。综上，涉案《企业搬迁补偿协议书》不存在法定的可撤销情形。需要特别指出的是，在对涉案《企业搬迁补偿协议书》的效力进行裁判的过程中，人民法院采用了“谁主张，谁举证”的举证责任分配方式，贯彻了前述的双重审查、双重裁判原则。

（三）关于涉案《企业搬迁补偿协议书》的效力

本案中，上诉人与临港管委会于2016年1月22日达成的《企业搬迁补偿协议书》，对搬迁补偿金额、搬迁安置方式、付款方式及期限、腾空与拆除等事项作出约定，协议的内容并未违反法律、行政法规的禁止性规定，且不存在法定的可撤销情形。协议签订后，合同双方均依约履行各自义务，政府方面依约支付补偿款，上诉人领取相应的补偿款。故涉案补偿协议系双方基于真实意思表示自愿达成，已经实际履行完毕，且补偿协议的内容并未损害上诉人的合法补偿权益。因临港管委会由被上诉人安吉县人民政府等设立，在被上诉人对涉案补偿协议予以追认的情况下，协议效力应予保留。换言之，涉案补偿协议是否履行完毕，指向的乃是上诉人合法权益是否受到侵害这一事实，与该协议的效力并不具有直接的关系。这也向我们提示，在考察行政协议效力的过程中，切不能将行政协议履行情况"倒果为因"，将其作为确认行政协议是否成立、有效的要件之一。

三、本案二审裁判方式的选择

关于本案的二审裁判方式选择，存在两种观点：一种观点认为，对行政协议行为全程监督以及双重审查、双重裁判原则系对行政行为审查内容的突破，是对行政行为传统审查方法的改进。本案经审查后，涉案补偿协议的效力应予保留，一审判决驳回展鹏铸造厂的诉讼请求并无不当，对于该判决内容二审可以予以维持，但一审并未确认临港管委会签订涉案补偿协议行为系违法不当。故裁判方式上，可以采取维持一审驳回的判决内容，并加判确认签约行为违法的判项。这样加判的处理方式更为缓和，既实现了双重审查、双重裁判的目的，又体现了对于原审判决中有一项是正确的回应，也解决了原一审判决完全是一个错案的争议。另一种观点认为，按照本案双重审查、双重裁判的审理思路，一审法院仅判决驳回展鹏铸造厂的诉讼请求，但并未确认临港管委会签订涉案补偿协议行为违法，属于《行政诉讼法》第89条第1款第（2）项规定的应予改判的情形。一审判决错误，二审对一审只是部分支持，但总体上来说是不予支持的。故在裁判方式上，应当判决撤销一审判决，改判确认临港管委会签订涉案补偿协议行为违法并驳回展鹏铸造厂的诉讼请求。

后经合议庭、专业法官会议讨论，最终本案确定了第二种裁判方式。

（作者单位：浙江省高级人民法院）

行政机关单方解除特许经营协议案的裁判规则

山 莹 温贵能

【裁判要旨】

行政诉讼法将政府特许经营协议作为行政协议，纳入行政诉讼受案范围。人民法院审查行政机关履行或者解除协议是否合法，在适用行政法律规范的同时，可以适用不违反行政法和行政诉讼法强制性规定的合同法规范。基于此，人民法院审理行政机关单方解除政府经营协议是否合法、正当，其裁判规则主要从四个方面考量：首先，行政机关要具备收回特许经营权的职权。其次，收回特许经营权的法定条件要成立。通常情况下，相对人一旦存在迟延履行或者其他违约行为致使协议目的不能实现，行政机关可以单方解除协议。再次，收回特许经营权的程序要正当。行政机关在收回特许经营权过程中，要依法保护相对人陈述、申辩、听证的权利。最后，收回特许经营权的后续措施要完善。因协议解除给相对人造成损失的，行政机关要给予合理的弥补。值得注意的是，如果行政机关收回特许经营权的行为在实体上或程序上存在违法，从保护社会公共利益角度出发，一般选择确认违法判决但不撤销该行为，并要求行政机关采取补救措施。此种裁判规则体现了人民法院在审理过程中既要优先保护社会公共利益，又要兼顾相对人的合法权益。

【案号】

一审：山东省济南市中级人民法院（2016）鲁01行初237号。

二审：山东省高级人民法院（2017）鲁行终1170号。

【案情】

原告（被上诉人）：济南瀚洋固废处置有限公司（以下简称瀚洋公司）。

被告（上诉人）：济南市环境保护局（以下简称市环保局）。

瀚洋公司诉市政府、市环保局终止政府特许经营协议一案中，涉案济南市医疗废物集中处置项目于2002年经济南市计委批准立项，项目建成后承担济南全市行政区域内医疗废物集中处置工作。瀚洋公司为项目建设单位，项目建设用地位于济南市荷花路1号，用地性质为临时用地，使用期限截至2009年。该项目集中处置设施于2004年建成并投入使用。根据市环保局和济南市卫生局的规定，瀚洋公司自2003年6月起，开始负责济南市医疗废物集中处置项目运营工作。该公司于2003年至2006年间，相继获得《济南市危险废物经营许可证（临）》《山东省危险废物经营许可证（医疗废物）》《危险废物经营许可证（JNYF001号）》。2007年10月，市环保局经市政府同意授权，与瀚洋公司签订《济南市医疗废物集中处置项目特许经营权协议》（以下简称《协议》）。《协议》的主要内容是：瀚洋公司对投资建设的医疗废物集中处置场所内的房屋、设备设施等财产拥有所有权，并授予该公司济南市行政区域内全部医疗废物集中处置的专属特许经营权，特许期限为2007年10月31日至2032年10月30日。瀚洋公司在济南市行政区域内需处置的医疗废物超过本协议签订时集中处置设施设计能力或运营负荷，或现有集中处置场所临时定点规划被取消时，应主动或按照双方协商经市环保局同意的时限进行改建、扩建、重建，并自行办理所需各项审批手续，承担改建、扩建、重建所需费用。《协议》还规定了终止的事由，包括特许期满、瀚洋公司违约、市环保局违约及双方协商一致的终止事由。

就涉案项目临时用地期限问题，瀚洋公司自2008年以来，多次致函市环保局。经该局反映协调，市规划局先将现状用地临时过渡期延长至2013年7月，后又延长至2015年9月26日。另外，经市环保局多次批准续发，瀚洋公司危险废物经营许可证（临时）经营期限最终延长至2016年9月20日。就涉案项目永久用地选址问题，济南市规划局于2012年曾提出两个备选地点，但选址均未能成功。2014年，瀚洋公司提出将济南市生活废弃物处理中心东南角地块定为新厂址，济南市规划局等多个部门均予以同意，市环保局明确要求瀚洋公司在2015年上半年建成新的集中处置设施，并投入使用。但在项目具体选址工作过程中，因相关村庄村民不配合参与，导致项目环境影响评价工作无法完成，后续进程无法推进。瀚洋公司于2015年多次致函市环保局，请求予以协调解决。

2015年8月10日，市环保局作出预备通知，指出瀚洋公司面临危险废物经营许可证、现有处置场所临时定点规划即将到期的问题，要求该公司在1个月内书面报送答复，采取实质措施，否则将终止《协议》，收回特许经营权。2015年8月18日，瀚洋公司向市环保局申请续发危险废物经营许可证。同年8月21日，市环保局作出济环字〔2015〕150号《关于瀚洋公司危险废物经营许可申请材料一次性补正通知书》，要求该公司补正处置厂选址符合城市总体规划的证明材料。2015年9月8日，瀚洋公司作出答复，称济南市医疗废物集中处置新建项目未能按要求建成，是因为项目建设手续无法按计划完成审批办理，项目建设手续相关事宜属于政府职责范畴，不同意终止《协议》，要求同时下发环评批复，颁发新的危险废物经营许可证。2015年9月11日，市政府形成〔2015〕34号《关于研究医疗废物集中处置有关问题的会议纪要》，原则上同意按程序依法终止瀚洋公司的医疗废物处置特许经营协议。2015年9月15日，市环保局作出济环字〔2015〕167号《关于终止〈济南市医疗废物集中处置项目特许经营权协议〉的通知》（以下简称167号《通知》）。瀚洋公司不服，对市政府提起行政复议。经复议，山东省人民政府认定市环保局是签订及终止《协议》的行政主体，市政府非适格被申请人，驳回了瀚洋公司的行政复议申请。瀚洋公司不服，提起本案行政诉讼，请求：1. 撤销市环保局作出的167号《通知》；2. 判令市环保局继续履行《协议》；3. 判令市政府及市环保局赔偿瀚洋公司经济损失76292684.71元。

【审判】

山东省济南市中级人民法院一审认为，焦点问题之一，本案是否存在《协议》的终止事由。终止事由包括约定事由和法定事由，本案虽不存在约定的终止事由，包括：特许期满、一方违约和双方协商终止，但存在法定的终止事由。《山东省行政程序规定》第105条第2款规定："行政合同在履行过程中，出现严重损害国家利益或者社会公共利益的重大情形，行政机关有权变更或者解除合同……" 本案中，瀚洋公司在危险废物临时经营许可证于2016年9月20日到期后，因为未能取得市环保局续发的危险废物经营许可证，已经不具备从事医疗废物集中处置的合法资质，且因客观原因无法选取集中处置医疗废物的新址，导致瀚洋公司无法继续履行《协议》规定的医疗废物集中处置义务，而不可忽视的一个事实是，济南市地区医疗机构每天都会产生大量医疗废物，如不及时予以处理，将会对当地居民生产生活及生命安全造成极大的损害，瀚洋公司因客观原因不能继续开展医疗废物集中处置业务，已构成严重损害国家利益或者社会公共利益的重大情形。因此，市环保局根据上述法律规定终止《协议》，具有事实依据和法律依据。焦点问题之二，市环保局终止《协议》的程序是否违法。《基础设施和公用事业特许经营管理办法》第51条规定："特许经营者认为行政机关作出的具体行政行为侵犯其合法权益的，有陈述、申辩的权利，并可以依法提起行政复议或者行政诉讼。"本案中，市环保局在作出167号《通知》前，提前一个月向瀚洋公司送达了终止预备通知，要求书面报送答复并采取实质措施，保障了瀚洋公司的知情和陈述申辩的权利，符合上述法律规定。市环保局167号《通知》中关于30日内提出书面申辩或者要求举行听证的规定，有利于瀚洋公司的权利保障，并未违反《协议》的约定，也未违反法律的禁止性规定。焦点问题之三，即瀚洋公司的赔偿请求是否成立。行政违法是行政赔偿的前提，因市环保局167号《通知》并不违法，故对瀚洋公司要求市环保局予以赔偿的主张不予支持。但应当注意的是，根据《最高人民法院关于适用〈中华人民共和国行政诉讼法〉若干问题的解释》第15条第3款关于"被告因公共利益需要或者其他法定理由单方变更、解除协议，给原告造成损失的，判决被告予以补偿"的规定，市环保局因公共利益的需要终止《协议》，应对原告的有关损失先予作出认定，并根据认定情况决定是否予以补偿。综上，市环保局作出的167号《通知》，认定事实清楚，适用法律正确，程序合法，但市环保局应就瀚洋公司的损失问题另行作出补偿决定。遂判决：一、驳回原告瀚洋公司要求撤销被告市环保局作出的167号《通知》的诉讼请求；二、被告市环保局于本判决生效之日起30日内，针对167号通知给原告瀚洋公司造成的损失作出补偿决定；三、驳回原告瀚洋公司的其他诉讼请求。

市环保局不服，提起上诉。山东省高级人民法院二审以基本相同的理由判决驳回上诉，维持原判决。

【评析】

该案例的典型意义在于确立了行政机关单方解除特许经营协议案的裁判

规则。行政相对人迟延履行政府特许经营协议致使协议目的无法实现的，行政机关可以单方解除政府特许经营协议。行政机关据此强制收回特许经营权行为，应肯定其效力，同时对于收回特许经营权过程中有无听取相对人陈述和申辩、有无履行必要的听证程序等问题应当给予合法性评价。因公用事业特许经营涉及社会公共利益，对此应运用利益衡量方法综合考量得出最优先保护的价值，当程序正当与公共利益发生冲突时，一般选择确认违法判决但不撤销该行为，当行为的实体和程序均无明显不当时，一般对该行为作出肯定性评价。如果因收回特许经营权给相对人造成损失，行政机关应当采取补救措施对其合理损失予以弥补，这体现了人民法院在裁判过程中既要优先保护社会公共利益，又要尽力维护行政相对人的合法权益。

《基础设施和公用事业特许经营管理办法》第 3 条规定："本办法所称基础设施和公用事业特许经营，是指政府采用竞争方式依法授权中华人民共和国境内外的法人或者其他组织，通过协议明确权利义务和风险分担，约定其在一定期限和范围内投资建设运营基础设施和公用事业并获得收益，提供公共产品或者公共服务。"涉案《协议》系市环保局对医疗废物集中处置项目特许经营权与瀚洋公司进行的约定，具有行政法上的权利义务内容，属行政协议，适用该办法调整。《最高人民法院关于适用〈中华人民共和国行政诉讼法〉若干问题的解释》第 14 条规定："人民法院审查行政机关是否依法履行、按照约定履行协议或者单方变更、解除协议是否合法，在适用行政法律规范的同时，可以适用不违反行政法和行政诉讼法强制性规定的民事法律规范。"《中华人民共和国合同法》（以下简称《合同法》）作为调整合同关系的民事法律规范，可以参照适用于行政协议。该法第 8 条第 2 款规定，依法成立的合同，受法律保护。涉案《协议》意思表示真实，不违反法律、行政法规的禁止性规定，应当认定合法有效，双方均应依约履行相应的义务。基于此，本案特许经营的实现主要源于当事人之间的"协议性"和"行政性"，审查市环保局作出 167 号《通知》收回瀚洋公司案涉特许经营权的行为是否合法的问题，实质就是审查市环保局单方解除《协议》是否合法的问题。对此，主要从以下四个方面进行阐述。

一、行政机关收回特许经营权的职权是否具备

具备相应职权是行政机关依法履责的前提。就本案而言，根据《协议》约定，市政府系济南医疗废物集中处置特许经营权的授权主体，市环保局已得到市政府的行政授权，有权代表市政府签订协议，授予瀚洋公司特许经营权，并有权终止协议，收回瀚洋公司特许经营权。同时，根据《基础设施和公用事业特许经营管理办法》第58条第2款关于“本办法实施之前依法已经订立特许经营协议的，按照协议约定执行”的规定，因《协议》在该办法实施之前已经订立，故市环保局依法依约具备授予、收回瀚洋公司特许经营权的职权。并且，市环保局收回瀚洋公司特许经营权的决定已得到市政府的批准，其所拥有的权限和职责已得到市政府的确认。

二、行政机关收回特许经营权的条件是否成立

特许经营协议之所以区别于其他行政行为就在于其借契约实现行政管理之目的，其虽然被定性为行政协议，但仍具有部分民事合同特征：一是特许经营协议的内容规定了合同双方之间的权利与义务；二是特许经营协议的达成体现了合同双方之间的意思自治。因此，在特许经营协议的履行过程中，面对协议目的不能实现、行政机关需要解除协议之情形，争议的处理应遵循《合同法》的相关规定。

合同解除通常被视为对违约的一种补救措施，体现了对违约方的制裁。《合同法》第94条第（4）项规定，当事人一方迟延履行债务或者有其他违约行为致使不能实现合同目的，另一方可以解除合同。根据本案查明的事实，市环保局解除《协议》符合上述规定。首先，瀚洋公司存在迟延履行债务的违约行为。《协议》约定瀚洋公司应当履行建设医疗废物集中处置设施，保证全市医疗废物及时安全处置的义务。因《协议》对项目建成时间并未作出明确约定，根据《合同法》第62条第（4）项关于“履行期限不明确的，债务人可以随时履行，债权人也可以随时要求履行，但应当给对方必要的准备时间”的规定，从瀚洋公司2014年确定项目选址至市环保局明确要求其在2015年上半年完成项目建设并投入使用，应认定市环保局已经给予瀚洋公司合理的履行期限。但瀚洋公司在规定的时间内一直未能消除项目建设的障碍，未能按期完成项目建设并投入使用，其行为已构成履行债务的迟延。瀚洋公司提出异议，称其未能完成项目建设系因选址地块附近村民不予配合，导致新建项目无法通过环境影响评价，无法办理环境影响评价手续。所谓不可抗力，是指订立时合同不能预见、不能避免并不能克服的客观情况。具体来说，开展环境影响评价是瀚洋公司开工建设的前提条件，瀚洋公司作为医疗废物处理企业，应当能够预见公众会对环保问题产生不同的意见，并应当采取有效措施予以防范和化解，取得公众的理解和支持，确保项目建设顺利进行。因此，本案村民不予配合的情形既非不可预见，也非不能避免和克服，不符合不可抗力的法定构成要件和适用情形。其次，瀚洋公司的行为致使合同目的不能实现。医疗废物处置事关社会公共利益和公共安全，若不及时、有效、合理地进行处置将会给社会和环境造成严重危害。市环保局与瀚洋公司签订《协议》就是为了通过建设、运营医疗废物集中处置设施，满足全市医疗废物集中处置需求。但瀚洋公司现有的集中处置场所临时定点规划已于 2015 年 9 月 26 日到期，其又无法建成新的集中处置设施，不能履行协议约定的对医疗废物进行集中处置的义务，其行为危及社会公共利益，已经致使合同目的不能实现。故市环保局解除《协议》，收回瀚洋公司特许经营权的条件成就、事实清楚。原审法院根据《山东省行政程序规定》第 105 条第 2 款的规定，以瀚洋公司在合同履行过程中出现损害公共利益的情形为由认定市环保局有权终止《协议》，该认定事由系从行政优益权角度考虑，与以上《协议》的解除条件实质相同。

三、行政机关收回特许经营权的程序是否合法

审查行政机关作出收回特许经营权的行政行为的合法性，不仅要审查行政机关依据特定公益之要求单方解除合同是否有效，还要审查行政机关解除合同的程序是否合法。实践中经常发生行政机关滥用解除权侵害行政相对人合法权利的现象，为了防止这一现象，在整个解除权的合法性审查中，程序正义不容忽视，行政机关单方解除政府特许经营协议应遵循相应的法定程序，如召开听证会、提前通知、听取辩解等。

根据《基础设施和公用事业特许经营管理办法》第 51 条的规定，特许经营者认为行政机关作出的具体行政行为侵犯其合法权益的，有陈述、申辩的权利，并可以依法提起行政复议或者行政诉讼。可见，在行政行为作出时，陈述、申辩等权利是行政相对人的法定权利，行政机关对此应履行必要的告知义务，否则构成程序违法。本案中，市环保局在作出 167 号《通知》收回瀚洋公司特许经营权前，已经向瀚洋公司送达了终止预备通知，要求其书面报送答复并采取实质措施，应当视为对瀚洋公司知情权和陈述权的一种保护。市环保局在 167 号《通知》中明确告知瀚洋公司在收到通知之日起 30 日内具有提出书面申辩或要求举行听证的权利，瀚洋公司如果认为被诉行政行为侵犯其合法权益，可以通过行使申辩、听证的权利进行补救，这与上述规定相契合。

四、关于收回特许经营权后的法律救济问题

（一）作为行政机关一方

在现行法之下，行政机关尚不能就行政相对人履行协议过程中存在的违约行为提起行政诉讼，且特许经营协议的行政属性也决定了其不能提起民事诉讼，行政机关只能通过行政处理进行补救。实践中，各国做法有所不同。法国允许行政机关采取代履行方式履行特许经营协议，以确保公共服务不因此而中断。德国规定行政机关只能借助法院的判决来对行政契约予以强制执行。在我国，《市政公用事业特许经营管理办法》第 25 条规定了对取消特许经营权的项目实施临时接管。应当肯定的是，在特许经营模式下，行政相对人违约致使公用事业服务有中断之虞时，行政机关可以单方变更、解除特许经营协议，同时应享有采取代履行措施的权力，即自行或临时委托第三方继续履行公共服务，以确保公共利益。

（二）作为行政相对人一方

当特许经营权被收回后，如果协议没约定具体的争议解决方式，行政相对人不服，往往通过行政诉讼化解纠纷。法院在案件审理过程中需要进行利益衡量，如果撤销被诉行为将会给社会公共利益或者第三人合法利益造成重大损失，则可以不予撤销而判决确认被诉行为违法并责令行政机关采取相应的补救措施。具体采取何种补偿措施，行政机关可以结合相对人的合法投入、正常损失等因素予以考量。对于行政相对人来说，行政机关收回特许经营权后，给行政相对人造成损失的，行政相对人可以通过行政赔偿或补偿获得法律救济。行政赔偿应以违法行政行为的存在为前提。从本案来看，被诉行政行为未被确认违法，故瀚洋公司提出行政赔偿的请求缺乏前提基础。行政补偿系因合法的行政行为给相对人合法权益造成损失而进行弥补。《基础设施和公用事业特许经营管理办法》第 38 条第 2 款规定："特许经营协议提前终止的，政府应当收回特许经营项目，并根据实际情况和协议约定给予原特许经营者相应补偿。"《最高人民法院关于适用〈中华人民共和国行政诉讼法〉若干问题的解释》第 15 条第 3 款规定："被告因公共利益需要或者其他法定理由单方变更、解除协议，给原告造成损失的，判决被告予以补偿。"通过上述规定可以看出，是否给予行政补偿应当同时兼顾实际情况和协议约定，并应考虑公平原则、比例原则和利益负担。本案中，虽然《协议》约定因瀚洋公司违约导致协议终止，市环保局不予补偿，但特许经营协议并非完全等同于

民事合同，是否给予相应的补偿应当综合考虑本案的具体情形。从行政行为的合理性、正当性角度考量，若被诉行政行为确实给瀚洋公司造成实际损失，则应当给予瀚洋公司合理的弥补。原审法院认为应对瀚洋公司的有关损失先予作出认定，并根据认定情况决定是否予以补偿，符合上述规定的立法宗旨。

（作者单位：山东省高级人民法院）

族委会不具有行政诉讼原告主体资格

邓 莉 徐 良

【裁判要旨】

对行政诉讼当事人诉讼能力的认定可以参照民事诉讼法的相关规定。“族委会”不属于《中华人民共和国行政诉讼法》（以下简称《行政诉讼法》）第49条第（1）项规定的“其他组织”，不具备行政诉讼原告主体资格，其向人民法院提起行政诉讼的，人民法院应裁定驳回起诉。

【案号】

一审：重庆市綦江区人民法院（2017）渝0110行初180号。

二审：重庆市第五中级人民法院（2018）渝05行终152号。

【案情】

原告（上诉人）：綦江区北渡蔡氏族委会（以下简称蔡氏族委会）。

被告（被上诉人）：重庆市綦江区国土资源和房屋管理局（以下简称綦江区国土房管局）。

第三人（被上诉人）：重庆市綦江区北渡学校（以下简称綦江区北渡学校）。

2009年8月20日，因所在片区拆迁，綦江区北渡学校与綦江区国土房管局下设的綦江区征地拆迁事务所签订了《征地房屋拆迁补偿安置协议书》，并于2009年12月将学校房屋交由綦江区国土房管局予以拆除。2016年11月起，蔡氏家族人员不断向綦江区国土房管局反映，称该校原是蔡氏家族的祠堂，不应与綦江区北渡学校签订拆迁补偿安置协议。在此过程中，蔡氏家族人员得知綦江区国土房管局于1998年7月对綦江区北渡学校的房屋进行了产权登记，并颁发了《房屋所有权证》，遂于2017年8月23日以蔡氏族委会为原告向法院提起行政诉讼，请求依法撤销1998年綦江区国土房管局将蔡氏祠堂确权给綦江区北渡学校的行政登记行为。

【审判】

重庆市綦江区人民法院经审理认为，根据《行政诉讼法》第2条第1款“公民、法人或者其他组织认为行政机关和行政机关工作人员的行政行为侵犯其合法权益，有权依照本法向人民法院提起诉讼”和第25条第1款“行政行为的相对人以及其他与行政行为有利害关系的公民、法人或者其他组织，有权提起诉讼”的规定，本案原告蔡氏族委会是民间自治组织，并非法律规定的其他组织，因此，原告不具备诉讼主体资格。

根据《最高人民法院关于房地产案件受理问题的通知》第3条规定：“凡不符合民事诉讼法、行政诉讼法有关起诉条件的属于历史遗留的落实政策性质的房地产纠纷……均不属于人民法院主管工作的范围，当事人为此而提起的诉讼，人民法院应依法不予受理或驳回起诉，可告知其找有关部门申请解决。”本案涉及的学校是否由蔡氏祠堂演变来的，是怎样演变的，现无依据，这是因为历史原因造成，属历史遗留问题，不属于法院受案范围。遂依照《行政诉讼法》第49条第（1）项、第（4）项，《最高人民法院关于适用〈中华人民共和国行政诉讼法〉若干问题的解释》第3条第（1）项之规定，裁定驳回蔡氏族委会的起诉。

蔡氏族委会不服，向重庆市第五中级人民法院提起上诉，认为蔡氏族委会是綦江北渡几万族人的组织机构，代表着几万蔡氏族人的合法利益，具备合法的诉讼主体资格，且本案属于法院的受案范围，请求撤销一审裁定。

重庆市第五中级人民法院经审理认为，行政诉讼的当事人应当具有参与行政诉讼的能力，这种参与能力，是指当事人在诉讼案件中取得作为原告或者被告法律地位的能力。根据《行政诉讼法》第25条以及第49条第（1）项的规定，有当事人能力的原告为公民、法人以及其他组织三大类。当事人能力取决于权利能力，虽然行政诉讼与民事诉讼分属不同的诉讼制度，但作为行政相对一方的公民、法人或者其他组织，其权利能力与其作为民事主体的权利能力并无不同，因此在认定标准上完全可以适用民事法律规定。

《最高人民法院关于适用〈中华人民共和国民事诉讼法〉的解释》第52条规定，民事诉讼法规定的“其他组织”是指合法成立、有一定的组织机构和财产，但又不具备法人资格的组织。据此，能够提起行政诉讼的“其他组织”亦应当是合法成立的、有一定的组织机构和财产的非法人组织。本案中，提起诉讼的“蔡氏族委会”不能提供证据证明其是合法成立的组织，也不能证明其有相应的组织机构和财产，因此不属于行政诉讼法规定的可以提起行政诉讼的“其他组织”的范畴，不具有取得原告法律地位的能力。同时，按照《行政诉讼法》第28条和《最高人民法院关于适用〈中华人民共和国行政诉讼法〉若干问题的解释》第15条、第29条的规定，行政诉讼中的“代表人”应当由当事人推选产生，或者由人民法院指定。本案蔡某华的“代表人”身份，既无被代表人的推选，也未经人民法院指定，应不予认可。

综上，“蔡氏族委会”不具备原告当事人的能力，其提起本案诉讼不符合《行政诉讼法》第49条第（1）项的规定，一审法院据此裁定驳回起诉并无不当。蔡某华以“代表人”的身份、“蔡氏族委会”的名义提出的上诉理由均不成立。遂根据《行政诉讼法》第89条第1款第（1）项的规定，裁定驳回上诉，维持原裁定。

【评析】

本案涉及行政诉讼原告主体资格的认定这一历久弥新的问题，具体又涉及对行政诉讼当事人诉讼能力如何认定、可否适用民事诉讼法的相关规定以及“族委会”是否具有行政诉讼原告主体资格的问题。随着立案登记制改革的落实，人民法院行政案件数量急剧增长，行政诉讼中涉及诉讼主体资格案件也逐渐增多，部分还涉及较大的利益矛盾，但相关法律规定不尽完善，给行政审判工作带来了较大的挑战，需要深入思考和探索。

一、行政诉讼应当主动审查原告主体资格

《行政诉讼法》第49条规定：“提起诉讼应当符合下列条件：（一）原告是符合本法第二十五条规定的公民、法人或者其他组织；……”通过对本条法律含义的解读，不难界定行政诉讼原告资格审查的性质，即原告主体资格是行政诉讼的起诉条件之一，属于人民法院可以而且应当主动审查的事项。当事人向法院提起行政诉讼后，法院应当首先审查原告是否符合法律规定：

第一，是否法律规定的公民、法人或其他组织；第二，是否行政行为的行政相对人或者与行政行为有利害关系。如果不符合其中任何一条，即属于不符合原告主体资格，法院应当主动裁定驳回起诉。

立案登记制改革后，有人认为法院立案无需经过任何审查，只要起诉，当事人的“诉”就自然转化成法院应当审理的案件。此种观点并不符合中央决定精神，也不符合立案登记制改革的初衷。虽然“登记”取代了“审查”，但法院受理的仍是“依法应该受理的案件”，而非所有当事人提交的案件，人民法院在立案时仍然需要进行适当审查，只是这种审查应当前置与接收诉状等行为一体，不能再单独进行立案审查程序，改革之后，法院应当及时立“应立之案”、理“应理之诉”，起诉只是各主体为维护自身权益进行的程序性行为，但不是纠纷走向案件的自然转换器，对明显不符合起诉条件的，仍然可以直接裁定驳回起诉。这不仅是立案登记制改革的初衷，也是法律规定的要求，更是在立案登记制背景下节约司法资源、提高司法效能，更好地践行司法为民的应然之义。

二、行政诉讼原告诉讼能力的认定可以适用民事诉讼法规定

诉讼当事人应当具有参与行政诉讼的能力，即诉讼案件中取得作为原告或者被告法律地位的能力，这是诉讼制度的应然之义，民事诉讼和行政诉讼皆应如此。《民事诉讼法》第 48 条第 1 款规定：“公民、法人和其他组织可以作为民事诉讼的当事人。”《行政诉讼法》第 25 条第 1 款规定：“行政行为的相对人以及其他与行政行为有利害关系的公民、法人或者其他组织，有权提起诉讼。”也就是说，有权提起行政诉讼的原告应当是公民、法人或者其他组织三者之一，但行政诉讼法及司法解释均未规定何为“其他组织”，而《最高人民法院关于适用〈中华人民共和国民事诉讼法〉的解释》第 52 条对“其他组织”的界定有明文规定。那么，能否在行政诉讼中适用该条规定认定原告是否属于“其他组织”？

行政诉讼适用民事诉讼法的相关规定有其理论和现实的必要性，两者具有共同的法理基础和许多共同的诉讼规则，行政诉讼的主要框架体系也是从民事诉讼体系中脱离建构的。当前，民事诉讼法的内容已经非常完善，司法实践也相对成熟，而我国行政诉讼历史较短，社会意识尚未完全同步，许多制度尚处于初期或者探索阶段，对行政诉讼没有规定的内容适用民事诉讼法的规定既符合立法经济原则，也容易为社会公众所接受，取得较好的社会效果。对于行政诉讼能否适用民事诉讼的相关规定本身并无法律层面的争议，但在具体可以适用民事诉讼法规定的范围上却并非毫无争议空间。

《行政诉讼法》第101条规定："人民法院审理行政案件，关于期间、送达、财产保全、开庭审理、调解、中止诉讼、终结诉讼、简易程序、执行等，以及人民检察院对行政案件受理、审理、裁判、执行的监督，本法没有规定的，适用《中华人民共和国民事诉讼法》的相关规定。"对当事人资格的认定并未明确规定于该条可以适用民事诉讼法规定的范围，且该条规定适用的是民事诉讼法，可否包含司法解释？

《行政诉讼法》第101条明确列举了适用《民事诉讼法》的几个方面，又在后面加上"等"，从法律精神层面来说，此处的"等"应当是等外等，以加强法律规定的周延性，防止列举不全导致部分案件出现法律适用难题的情况发生。对于能否适用《最高人民法院关于适用〈中华人民共和国民事诉讼法〉的解释》第52条的规定，因为民事诉讼法本身也较为原则，第52条就是对其规定的细化，属于组成部分，理应可以适用。

三、"族委会"不属于"其他组织"，不具有原告主体资格

《最高人民法院关于适用〈中华人民共和国民事诉讼法〉的解释》第52条规定："民事诉讼法第四十八条规定的其他组织是指合法成立、有一定的组织机构和财产，但又不具备法人资格的组织，包括：（一）依法登记领取营业执照的个人独资企业；……"但提起本案诉讼的"蔡氏族委会"未经工商行政机关登记注册，也不能提供其他证据证明其是合法成立的组织，没有相应的组织机构或者办事机构，也没有名下财产，不符合上述条款中对"其他组织"的概括性规定，也不属于列举的任何一项，不应界定为法律意义上的"其他组织"，因此不属于《行政诉讼法》第25条第1款规定的可以提起行政诉讼的"其他组织"的范畴。而且，"族委会"也明显不属于法人，更不可能属于公民，所以其不具有取得原告法律地位的能力，其向人民法院提起行政诉讼，不符合《行政诉讼法》第49条的规定，应当裁定驳回起诉。

（作者单位：重庆市第五中级人民法院）

提前收回海域使用权补偿对象的确定及其救济途径

王永宏　李　钢

【裁判要旨】

在提前收回海域使用权行政补偿案件中，原海域使用权人出租该海域开展海水养殖等经营项目，且形成多人连环转租的情况，补偿对象应确定为原海域使用权人即原始出租人和现经营者。其他中间各环节的承租人和转租人并不享有补偿利益，与案涉行政补偿行为没有利害关系，对补偿行为不具有原告主体资格。若其他承租人和转租人认为其对租赁海域具有投资改造，属于对租赁物的添附行为，应依据民事法律规范向租赁物的物权人另行主张权利。

【案号】

一审：大连海事法院（2013）大海行初字第7号。

二审：辽宁省高级人民法院（2016）辽行终396号。

【案情】

原告（上诉人）：胡某。

被告（被上诉人）：大连普湾新区管理委员会（以下简称普湾管委会）。

被告（被上诉人）：普兰店市人民政府复州湾街道办事处（以下简称复州湾街道办事处）。

第三人：王某甲、苏某某、王某乙、战某某、瓦房店市复州湾镇南海盐场（以下简称南海盐场）。

南海盐场就案涉4个参圈（7号、10号、11号、12号）的海域依法取得海域使用权证，用海类型是海水养殖，项目名称是港养海参，是涉案参圈的海域使用权人。2003 年 11 月 1 日，南海盐场与马某某签订了《复州湾镇南海盐场部分盐田承包合同书》，将部分海域含案涉 4 个参圈的海域在内，承包给马某某；2004 年 4 月 8 日，马某某与曲某某、刘某某签订了《租赁养水圈合同》，将其从南海盐场承包的含案涉 4 个参圈在内的海域转租给曲某某、刘某某；2004 年 10 月 11 日，曲某某、刘某某与原告签订了《租赁参圈合同》，将案涉 4 个参圈的海域转租给原告，租期 19 年；2007 年 4 月 26 日，原告与陈某某签订《参圈转租合同》，将案涉 4 个参圈的海域转租给陈某某，租期至 2023 年 10 月 1 日。2007 年至 2009 年，陈某某先后将案涉 4 个参圈即第 7 号、第 10 号、第 11 号、第 12 号参圈分别转租于苏某某、王某甲、王某乙、战某某，租期均截至 2023 年 10 月 1 日。2010 年普湾管委会下发大普管发〔2010〕1 号文件，颁布《大连普湾新区海域征用补偿办法》（以下简称《补偿办法》），收回辖区内部分海域使用权，并予以公告，《补偿办法》对补偿对象及范围、补偿程序、补偿标准等予以明确规定，案涉 4 个参圈的海域在其收回海域使用权的范围内。复州湾街道办事处根据《补偿办法》的规定，委托资产评估机构对案涉参圈及养殖物进行评估，并于 2010 年末就案涉第 10 号、第 11 号、第 12 号参圈的海域，分别与海域使用权人南海盐场签订《大连普湾新区海域征用补偿协议书》，本案第三人王某甲、王某乙、战某某作为现经营人分别在 3 份协议书上签字，经南海盐场确认，复州湾街道办事处将部分补偿款汇入第三人王某甲、王某乙、战某某的账户。同年 12 月 21 日，原告以普湾管委会及陈某某为被告，以苏某某、王某甲、王某乙、战某某为第三人诉请该院判令普湾管委会向原告支付案涉 4 个参圈的全部补偿款，该院以民事案件（2011）大海鲅商初字第 6 号案立案受理，并判决普湾管委会支付原告补偿款 2693673 元。普湾管委会上诉后，辽宁省高级人民法院裁定撤销原判决发回重审。该院以（2012）大海商初重字 4 号案重审，2012 年 10 月 25 日，原告申请撤诉，该院予以准许。同年 10 月 29 日，原告以王某甲、王某乙、战某某、苏某某、陈某某为被告，以普湾管委会为第三人，向该院提起民事诉讼，该院以原告认为其有权获得案涉 4 个参圈的部分补偿款，以及要求普湾管委会向其支付补偿款 2735174 元的诉讼请求，与普湾管委会所述的具体行政行为所确认的被补偿主体相矛盾，原告起诉属对具体行政行为不服为由，裁定驳回起诉。原告上诉后，二审裁定驳回上诉，维持原裁定。

另查，2012 年 7 月，经辽宁省人民政府批准，大连市人民政府撤销瓦房店市复州湾镇，设立复州湾街道办事处，划归普兰店市管辖。

【审判】

大连海事法院一审认为：普湾管委会对案涉 4 参圈进行普查，确认了南海盐场为案涉 4 参圈的海域使用权人，苏某某、王某甲、王某乙、战某某为案涉 4 参圈现经营人的事实。关于原告提出的普湾管委会在作出行政补偿行为时，未获得原告与曲某某、刘某某签订的《租赁参圈合同》，没有充分核查事实的主张，本院认为，普湾管委会要确认的是现经营人而非中间每一层的转承包人，原告与曲、刘签订的转租合同的缺失，并不影响普湾管委会依据其他已取得的合同并结合相关情况，认定案涉 4 参圈现实际经营人身份的事实，故原告的此项主张不能成立；关于原告提出的陈某某与苏某某、王某甲、王某乙、战某某签订的合同，未经其同意不具有效力的主张，因普湾管委会在取得上述 4 份合同至作出行政行为时，不存在该 4 份合同被确认无效、撤销、解除的情形，普湾管委会以该 4 份合同为依据不违反法律规定，故原告的此项主张亦不能成立。因此，普湾管委会认定案涉 4 参圈的海域使用权人及现经营人身份的事实依据充分。

关于行政补偿行为的内容，原告对补偿的面积、标准、项目、款项均无异议，仅对补偿对象的确定有异议。本案争议的焦点在于补偿对象的确定。《中华人民共和国海域使用管理法》（以下简称《海域使用管理法》）第 30 条规定："因公共利益或者国家安全的需要，原批准用海的人民政府可以依法收回海域使用权。依照前款规定在海域使用权期满前提前收回海域使用权的，对海域使用权人应当给予相应的补偿。"《中华人民共和国行政许可法》（以下简称《行政许可法》）第 8 条第 2 款规定："行政许可所依据的法律、法规、规章修改或者废止，或者准予行政许可所依据的客观情况发生重大变化的，为了公共利益的需要，行政机关可以依法变更或者撤回已经生效的行政许可……"故普湾管委会提前收回海域使用权的行为系属撤回已经生效的行政许可，该行为性质既不属于行政征收也非行政征用。普湾管委会制定的《补偿办法》第 6 条规定："本办法所称海域征用，是指大连普湾新区管理委员会因开发建设需要依法收回海域使用权并给予补偿的行为"，《补偿办法》

对收回海域使用权行为性质的认定与《行政许可法》《海域使用管理法》规定一致。关于补偿对象的确定，如前述《海域使用管理法》规定，海域使用权期满前提前收回海域使用权的，对海域使用权人应当给予相应的补偿。故收回海域使用权行为所引起的行政补偿是对提前收回的海域使用权，向海域使用权人作出的补偿。对于其他相关权利人，行政机关不负有直接予以补偿的义务。其他相关权利人的权益，应依其形成方式不同，可以通过民事诉讼或其他救济途径予以主张。本案中，南海盐场就案涉 4 参圈依法取得海域使用权证书，是案涉 4 参圈的合法海域使用权人，原告并未向普湾管委会提供依法取得的政府或政府相关部门颁发的使用海域的其他有效证明，故原告要求将其确定为案涉 4 参圈的补偿对象，无事实、法律依据。

关于养殖物的补偿，由四名第三人苏某某、王某甲、王某乙、战某某享有，原告对此无异议，第三人作为养殖物的所有权人，获得养殖物的补偿，不违反法律规定。

在行政补偿的程序中，普湾管委会依据《补偿办法》的规定，实施了发布收回海域使用权的公告、委托资产评估机构对案涉参圈及养殖物进行评估、明确海域使用权人确定补偿对象、与海域使用权人签订补偿协议、发放款项等程序，亦不违反上位法的规定，程序合法。综上，普湾管委会作出以南海盐场为案涉 4 参圈的补偿对象的行政补偿行为事实清楚、法律适用正确、补偿程序合法。原告的诉讼请求缺乏事实依据和法律依据，该院不予支持。依据《行政诉讼法》第 69 条的规定，判决驳回原告胡某的诉讼请求。

胡某不服一审判决，向辽宁省高级人民法院提起上诉。

辽宁省高级人民法院二审认为：《行政诉讼法》第 25 条第 1 款规定，行政行为的相对人以及其他与行政行为有利害关系的公民、法人或者其他组织，有权提起诉讼。该利害关系是指原告与被诉行政行为之间存在利益关系。它包括不利的关系和有利的关系，但必须是一种已经形成或者必将形成的关系。本案中，上诉人在原审中提出的诉讼请求为“撤销二被告对第三人参圈补偿的行政行为，判决二被告重新作出以原告为补偿主体的行政行为”，其实质是请求撤销被上诉人已经作出的补偿行为，并对其重新作出补偿。因此，本案的被诉行政行为应为被上诉人因收回案涉海域使用权而作出的以南海盐场和现经营者即原审第三人王某甲、苏某某、王某乙、战某某作为补偿对象的补偿行为。

根据《海域使用管理法》第30条、《补偿办法》第9条和第5条规定，在海域使用权期满前提前收回海域使用权的，应当对海域使用权人给予相应的补偿，海域使用权人就是补偿对象；海域使用权人是指依法取得海域使用权证书，或者没有海域使用权证书，但有其他有效权属证明，从事海水养殖和捕捞生产的单位和个人。本案中，南海盐场依法取得了被提前收回海域使用权的案涉4参圈的海域使用权证书，原审第三人王某甲、苏某某、王某乙、战某某是案涉4参圈的现经营者，普湾管委会将南海盐场和原审第三人王某甲、苏某某、王某乙、战某某确定为补偿对象并予以补偿的行政行为符合上述规定。

上诉人在案涉参圈的一系列转租过程中，只是其中一个环节的承租人和转租人，而不是原始出租人和现承租人，即不是案涉参圈的所有权人和现经营者。因此，上诉人并不享有案涉参圈的补偿利益，其与本案的被诉行政行为即被上诉人所作出的补偿行为没有利害关系。根据上述规定，上诉人作为原告提起本案诉讼不具备原告主体资格。《行政诉讼法》第49条第（1）项规定："提起诉讼应当符合下列条件：（一）原告是符合本法第二十五条规定的公民、法人或者其他组织；……"《最高人民法院关于适用〈中华人民共和国行政诉讼法〉的解释》第69条第1款第（1）项规定："有下列情形之一，已经立案的，应当裁定驳回起诉：（一）不符合行政诉讼法第四十九条规定的；……"根据上述规定，本案应裁定驳回起诉。原审法院判决驳回其诉讼请求属于适用法律不当，应予纠正。上诉人提出其在案涉4参圈上具有投资改造，享有财产权益的主张，可以依据民事法律规范另行主张权利。综上所述，原审判决认定事实清楚，审判程序合法，但适用法律不当，裁判方式错误，依法应予纠正。上诉人的上诉请求和理由缺乏法律依据，本院不予支持。依照《行政诉讼法》第89条第1款第（2）项、第25条第1款、第49条第（1）项、《最高人民法院关于适用〈中华人民共和国行政诉讼法〉的解释》第69条第1款第（1）项的规定，裁定撤销一审判决，驳回原告胡某的起诉。

【评析】

一、提前收回海域使用权的性质

《海域使用管理法》第30条规定："因公共利益或者国家安全的需要，

原批准用海的人民政府可以依法收回海域使用权。依照前款规定在海域使用权期满前提前收回海域使用权的，对海域使用权人应当给予相应的补偿。”可见，因公益提前收回海域使用权就是因为公共利益的需要，原批准用海的人民政府在海域使用权期限届满前，将原海域使用权人的海域使用权提前收回。从海域使用管理法其他规定来看，因违法行为或因闲置也会提前收回海域使用权，但这两种情况下国家提前收回海域使用权显系一种行政处罚行为。而因公益提前收回海域使用权行为则是在海域使用权人利用海域合法且履行应尽义务的前提下提前收回的行为，这体现着私益为公共利益作出的特别牺牲。正基于此，对于因违法行为或因闲置而提前收回海域使用权的，将不给予任何补偿；而因公益提前收回海域使用权的，应给予原海域使用权人合理的补偿。

关于因公益提前收回海域使用权行为的性质问题，上述案件的一审判决引用《行政许可法》第 8 条关于行政许可撤回的规定，将该行为纳入行政许可撤回的范畴内。该观点的重要根据是我们能够确认取得海域使用权的基本途径是行政许可，在我国《海域使用管理法》第 3 章“海域使用的申请与审批”中规定了海域使用权以行政许可方式取得的条件、程序，2002 年 4 月国家海洋局发布的《海域使用权申请审批暂行办法》又对其作出了具体规定。既然海域使用权的取得属于行政许可，那么，海域使用权因公益提前收回是否属于行政许可的撤回？

依据《行政许可法》第 8 条规定，行政许可的撤回具备四个特征：（1）为了公共利益的需要；（2）需要依照法定程序；（3）依法给予补偿；（4）行政许可所依据的法律、法规、规章修改或者废止，或者准予行政许可所依据的客观情况发生重大变化。因公益提前收回海域使用权基本符合前 3 个特征，但是很显然因公益提前收回海域使用权并非由于“所依据的法律、法规、规章修改或者废止”，也不一定属于“准予行政许可所依据的客观情况发生重大变化”的情形。这表明，我国法律对于行政许可撤回制度作了更严格的限定，因公益提前收回海域使用权与行政许可撤回行为存在一部分交叉，即部分具备第四个特征的因公益提前收回海域使用权，应当属于行政许可的撤回，除此之外的因公益提前收回海域使用权则另当别论。所以，笼统地称因公益提前收回海域使用权行为的性质为行政许可撤回，显然是不准确的，行政许可撤回的内涵与外延都不足以包容全部因公益提前收回海域使用权行为。

基于以上分析，行政征收征用是否具有更大概念的包容力呢？有学者认为，因公益提前收回海域使用权是在海域所有权归属国家的前提下，提前收回海域的使用权。从传统意义上讲，它既不属于征收私人财产的所有权，又不属于征用私人财产的使用权。这一点与国有土地使用权的提前收回具有相似之处。所谓征收，是指政府以行政命令的方式取得自然人或法人财产权的行为。学界以往对国有土地使用权的收回是土地征收的一种，只是停留在讨论之中，认为征收的对象可以包括所有权和所有权以外的其他物权（如土地使用权）。而 2011 年我国公布施行《国有土地上房屋征收与补偿条例》后，国有土地使用权可以被依法征收的观点则成为共识。

因公益提前收回海域使用权是国家动用强制力取得他人已有的海域使用权，在目的上要满足公共利益或者国家安全的需要，并且国家应当给予权利人相应的补偿。所以因公益提前收回海域使用权符合上述有关土地使用权征收理论的基本特征，其在本质上属于行政征收中的公益征收，进一步讲，行政许可撤回亦属于公益征收范围之内。将其定位于公益征收不仅没有加重“征海人”的补偿义务和其他负担，还有利于海域使用权人借助征收制度中实体方面和程序方面的规定，保护私有财产权，防止国家行政权力的滥用。

二、本案提前收回海域使用权补偿对象和原告资格的确认

如前所述，我国确立海域使用权提前收回制度，并明确予以相应补偿。概括讲，补偿对象为原海域使用权人，而海域使用权人主要是指该海域已颁发的使用权证上载明的权利人，但实践中因实际使用人形成养殖物所有权归属等复杂情况，则需要具体把握。本案中，为征收案涉海域使用权进行补偿，普湾管委会依法结合实际制定《补偿办法》，其中第 9 条规定：“海域征用补偿对象为海域使用权人”，第 5 条规定：“本办法所指海域使用权人，是指依法取得海域使用权证书或其他有效权属证明，从事海水养殖和捕捞生产的单位和个人。”其中关于“其他有效权属证明”，在《补偿办法》第 5 条、第 14 条、第 16 条第 1 款、第 17 条第 1 款中均有表述，普湾管委会将其含义界定为“其他依法取得政府或政府相关部门颁发的除《海域使用权证书》外的其他权属证书，不包括承包经营合同等合同类文书”。也即“其他有效权属证明”是在用海人未取得《海域使用权证书》而使用海域的情形下，依法获得的政府或政府相关部门颁发的合法使用海域的其他有效证明，故《补偿办法》关于补偿对象的规定与上位法一致。普湾管委会根据《补偿办法》的规定，将持有案涉4参圈的海域使用权证书的南海盐场确定为补偿对象，于法有据。

还要看到，该海域使用权人南海盐场没有直接经营，而是将其承包给他人，且本案转包多层，致使使用权人与实际使用人不一致；因承包系从事养殖业务，那么因海域征收而一同被征收的养殖物，其原所有权应归现经营人。这种情形显然不同于使用权人与经营人相同的情况，对征收海域中养殖物的补偿对象应确定为依据合同关系确定的征海时仍然从事养殖生产的现经营者，即本案第三人王某甲、苏某某、王某乙、战某某。

对于原审原告胡某而言，被上诉人提前收回海域使用权的行为，并没有征收到胡某财产，胡某对案涉参圈不应享有获得补偿的权利，其向被上诉人主张补偿款既无事实依据，也不符合法律规定，其无权向被上诉人主张补偿权。在本案一系列转租、转包的行为中，胡某的法律地位仅是曲某某、刘某某合同中的次承租人和陈某某合同中的转租人，而不是本案一系列租赁合同中的原始出租人，其不享有案涉参圈海域使用权人的补偿权。同时，在胡某将参圈转租给后手承租人陈某某以后，实际现经营者另有其人，其既非参圈的所有权人，又非养殖物的所有权人。因此，案涉提前收回海域使用权的行为不涉及胡某的财产，其不应享有获取补偿的权利。当然，如果胡某认为其对参圈投资没有收回，也应依据《合同法》及《民法通则》中有关租赁物添附的处理原则向物权人主张权利，而无权向被上诉人提出补偿要求。

（作者单位：辽宁省高级人民法院）

当事人以撤销之诉的名义提起履责之诉，法院应当审查起诉的请求权基础

张淑萍

【裁判要旨】

当事人以撤销之诉的名义提起履责之诉，法院应当以履责之诉的规则予以审查。履责之诉应当具备请求权基础。履责之诉已经超过法定起诉期限的，不能通过重新向行政机关提出申请的方式，转化诉讼类型接续起诉期限。

【案号】

一审：天津市河北区人民法院（2017）津105行初76号。

二审：天津市第一中级人民法院（2018）津01行终149号。

【案情】

原告（上诉人）：天津市统联房地产建设开发有限公司（以下简称统联公司）。

被告（被上诉人）：天津市国土资源和房屋管理局（以下简称市国土房管局）。

第三人：胡某。

胡某于2004年11月29日取得位于天津市河北区×××号房产的《房屋所有权证》。天津市河北区人民法院于2014年7月7日作出（2013）北民初字第1921号民事判决，该判决查明“2007年1月原告向统联公司申请办理房屋产权证。统联公司发现被告胡某已取得诉争房屋的产权证”。该判决认定的事实被天津市第一中级人民法院（2014）一中民一终字第942号民事判决确认。

统联公司于2017年1月9日向市国土房管局提交《撤销登记申请书》及

相关证据，后三次向市国土房管局邮寄了《督促尽快撤销产权证的函》，2017年3月20日，统联公司收到被告的答复，告知统联公司“应当到不动产登记机构设立的登记场所申请不动产登记”。2017年4月19日，统联公司来到市国土房管局河北部申请撤销登记，市国土房管局将申请书拍照之后告知统联公司回去等结果，其需要研究。2017年5月27日，市国土房管局向统联公司送达了《不予受理告知书》，告知统联公司“由于你单位非房屋登记机构，故你单位提出的撤销登记申请，决定不予受理”，并告知“登记机构将依据你单位提交的申请材料，对上述不动产是否存在隐瞒真实情况，提交虚假材料等情况予以调查核实，依法处理”。统联公司不服该《不予受理告知书》，向天津市河北区人民法院提起诉讼，认为《不予受理告知书》查明事实错误，适用规章错误，第三人胡某取得房屋产权没有合法基础，要求判令撤销市国土房管局作出的《不予受理告知书》，诉讼费由市国土房管局承担。

【审判】

天津市河北区人民法院认为，统联公司的诉讼请求为“撤销被告2017年5月27日作出的《不予受理告知书》，并依法受理原告的申请”，其所提诉讼在诉讼类型上应当属于履行职责之诉。履行职责之诉并不意味着公民、法人或者其他组织随便向任何一个行政机关提出任何一项请求，该行政机关就有履行该项请求的义务；也不意味着只要行政机关“不作为”就可以提起“不作为之诉”。一般来讲，公民、法人或者其他组织提起履行职责之诉至少应当具备这样几个条件：第一，他向行政机关提出过申请，并且行政机关明确予以拒绝或者逾期不予答复。第二，他所申请的事项具有实体法上的请求权基础。这种请求权基础可以产生于或者基于某一法律、某一行政机关的保证以及某一行政合同。总之，要求行政机关依照其申请作出一个特定行政行为，必须具有法定的权利依据。第三，他是向一个有管辖权的行政机关提出。管辖权是行政机关活动的基础和范围，行政机关应当在执行法定任务的同时遵守管辖权的界限。这种管辖权既包括该行政机关是否主管申请人所申请的专业事务，也包括同一专业事务中不同地域、不同级别的行政机关之间对于管辖权的具体分工。向一个无管辖权的行政机关随意提出一个申请，即使该行政机关予以拒绝，也不会使申请人当然地获取了诉权。第四，他申请行政机关作出的行为应当是一个具体的、特定的行政行为。要求行政机关实施没有外部效力的内部调整或者不是针对他个人的一般性调整，必须基于法律的明确规定。第五，行政机关对于原告申请的拒绝，可能侵害的必须是属于原告自己的主观权利。在原告不具备主观权利的情况下，即使行政机关的不作为有可能侵害公共利益，个体也未必具有提起行政诉讼的权利。统联公司以“查封期间办理产权、提供虚假发票、有生效判决确认”为由向市国土房管局申请撤销涉诉房屋的产权登记，但未能提交其对涉诉房屋具有法定权利的依据，《房屋登记办法》第 81 条规定：“司法机关、行政机关、仲裁委员会发生法律效力的文件证明当事人以隐瞒真实情况、提交虚假材料等非法手段获取房屋登记的，房屋登记机构可以撤销原房屋登记，收回房屋权属证书、登记证明或者公告作废，但房屋权利为他人善意取得的除外。”虽天津市河北区人民法院（2015）北民初字第1826 号民事裁定书中载明“天津市公安局河北分局对原告办理诉争房屋产权登记时向天津市河北区房管局提供的购房发票（发票号码：397623）的真伪进行鉴定，天津市河北区地方税务局出具了津地税河北地税票鉴〔2016〕1 号发票鉴定证明书，鉴定结论为该发票为假发票”。但该民事裁定书未对涉诉房屋的所有权进行确认，未确定统联公司对涉诉房屋享有权利，统联公司申请的事项不符合《房屋登记办法》第 81 条撤销房屋登记的条件。市国土房管局虽然对统联公司的申请作出答复，但这并不构成统联公司提起诉讼的法定起诉条件，统联公司所提诉讼缺少事实根据。因此，依照《中华人民共和国行政诉讼法》第 49 条第（3）项、《最高人民法院关于适用〈中华人民共和国行政诉讼法〉若干问题的解释》第 3 条第 1 款第（1）项的规定，裁定驳回统联公司的起诉。

统联公司不服一审裁定，提起上诉，认为本案在诉讼类型上不属于履行职责之诉，一审法院归类不当，其诉讼请求是“撤销告知书，并受理申请”，并未诉请履行法定职责。

天津市第一中级人民法院认为，统联公司一审的诉讼请求为“撤销市国土房管局 2017 年 5 月 27 日作出的《不予受理告知书》，并依法受理统联公司的申请”，本案的争议焦点是统联公司的诉请属于撤销之诉还是履行职责之诉、统联公司对所诉事项是否具有请求权基础、被诉《不予受理告知书》是否对统联公司的权利义务产生实际影响。

关于统联公司的诉请属于撤销之诉还是履行职责之诉的问题。撤销之诉与履行职责之诉属于不同的诉讼类型，对应的审理及裁判方式不同。撤销之诉旨在撤销一个对行政相对人不利的行政行为，一经撤销，该行政行为的法律效力即随之消除，行政相对人所寻求的权利救济也就不待执行即已实现。而履行职责之诉的当事人则是希望通过行使其请求权，获得收益，达到一种较之于初始状态更佳的境况。履行职责之诉中也可能有一个撤销行政决定的请求，但撤销行政决定本身不是目的，终极目的是要求人民法院判决行政机关履行其所期待的某项义务。本案中，统联公司即通过诉请撤销《不予受理告知书》达到要求人民法院判决市国土房管局受理上诉人申请的目的，一审法院将统联公司的诉请归类于履行职责之诉并无不当。

关于统联公司对所诉事项是否具有请求权基础的问题。对当事人而言，提起履行职责之诉应当具有请求权基础。本案中，统联公司申请市国土房管局撤销的房屋登记行为于2004年11月29日作出，统联公司于2007年已经知晓该房屋登记的存在，应于知道该房屋登记行为之日起2年内主张权利，但统联公司并未在此期间内提起行政诉讼，起诉期限已经届满。统联公司虽未直接诉请撤销房屋登记，但通过申请市国土房管局撤销变更登记，进而提起行政诉讼，其终极目的与直接要求撤销房屋登记行为并无实质不同，系利用一个新的诉讼种类规避起诉期限。统联公司对其申请市国土房管局撤销的房屋登记行为的法律救济期限已经届满，且向市国土房管局申请撤销登记所提交的材料明显不符合《房屋登记办法》第81条的规定，在此情况下，统联公司对所诉事项不具有请求权基础。

关于被诉《不予受理告知书》是否对统联公司的权利义务产生实际影响的问题。统联公司为撤销房屋登记，反复向市国土房管局提出申请，市国土房管局亦反复答复，被诉《不予受理告知书》没有为统联公司创设新的权利义务，对统联公司的权利义务不产生实际影响。

综上，统联公司所提履行职责之诉缺乏请求权基础，且诉请撤销的《不予受理告知书》对统联公司的权利义务不产生实际影响，天津市第一中级人民法院裁定驳回上诉，维持原裁定。

【评析】

司法实践中，行政相对人向行政机关提出履行职责申请，行政机关作出不予受理告知书，行政相对人不服该不予受理告知书，向法院提起行政诉讼，诉请撤销该不予受理告知书，并受理其履行职责申请。此种情形下，诉讼类型为撤销之诉还是履行职责之诉则容易产生困惑。

一、撤销之诉与履行职责之诉的区别

撤销之诉与履行职责之诉是两种不同的诉讼类型，相应的审理和裁判规则亦不同。判断诉讼类型，应当结合当事人提起诉讼的目的来看。撤销之诉旨在撤销一个对行政相对人不利的行政行为，一经撤销，该行政行为的法律效力即随之消除，行政相对人所寻求的权利救济也就不待执行即已实现；而履行职责之诉的当事人则是希望通过行使其请求权，获得收益，达到一种较之于初始状态更佳的境况。履行职责之诉中也可能有一个撤销行政决定的请求，但撤销行政决定本身不是目的，终极目的是要求人民法院判决行政机关履行其所期待的某项义务。本案中，统联公司向市国土房管局申请撤销房屋登记，市国土房管局作出不予受理告知书，统联公司提起行政诉讼，请求撤销该不予受理告知书，并受理其申请。就本案的诉讼目的，统联公司提起诉讼，形式上是请求撤销不予受理告知书，实质上是通过撤销不予受理告知书达到要求人民法院责令市国土房管局受理其撤销房屋变更登记申请的目的，实为履行职责之诉。因此，本案应当适用履行职责之诉的审理和裁判规则。

二、履行职责之诉应当具有请求权基础

根据《中华人民共和国行政诉讼法》第25条、第49条，《最高人民法院关于适用〈中华人民共和国行政诉讼法〉的解释》第69条第1款第（1）项的规定，与行政行为具有利害关系是行政诉讼适格原告的必要条件。履行职责之诉中，只有行政机关拒绝作出行政行为致使原告的权利受到侵害时，原告与行政机关不作为之间才具有利害关系。此种“权利”是通过法律规范明确赋予原告，且属于被告职责范围内的事项。只有该“权利”存在，原告所提履责申请对有关行政机关才能产生法律上的效果，从而使有关行政机关的处理与原告产生法律上的利害关系。因此，行政相对人提起履行职责之诉应当具有请求权基础。而统联公司向市国土房管局提交的材料不符合《房屋登记办法》第81条的规定，不具备本案履行职责之诉的请求权基础。

三、不能通过转化诉讼类型接续起诉期限

《最高人民法院关于适用〈中华人民共和国行政诉讼法〉的解释》第69条第1款第（2）项规定，超过法定起诉期限且无《行政诉讼法》第48条规定情形，已经立案的，应当裁定驳回起诉。根据该条规定，当事人超过起诉期限提起行政诉讼，不具备应当保护的诉的利益。起诉期限设立的目的是在监督行政机关依法行使职权的同时，督促行政相对人依法及时行使权利，维护行政法律关系的稳定性。本案中，市国土房管局于2004年11月29日作出房屋登记行为，统联公司于2007年已经知晓该房屋登记的存在，应于知道该房屋登记行为之日起2年内主张权利，但统联公司并未在此期间内提起行政诉讼，起诉期限已经届满。统联公司申请撤销房屋变更登记，在市国土房管局作出不予受理告知书后，诉请撤销该不予受理告知书，最终目的是请求撤销房屋登记行为，是在利用一个新的诉讼种类规避起诉期限，如果允许其通过转化诉讼类型接续起诉期限，则与起诉期限制度的设立目的相悖。从起诉期限角度来看，统联公司要求市国土房管局撤销房屋登记的起诉期限已经届满，其已经丧失诉的利益，亦不具备本案履行职责之诉的请求权基础。

四、重复处理行为对当事人的权利义务不产生实际影响

行政重复处理行为是行政机关作出的没有改变原有行政法律关系，没有对当事人的权利、义务产生新的影响的行为。统联公司为撤销房屋登记，反复向市国土房管局提出申请，市国土房管局亦反复答复，被诉《不予受理告知书》没有为统联公司创设新的权利义务，没有改变原有的行政法律关系，对统联公司的权利义务不产生实际影响，统联公司对被诉《不予受理告知书》不具备诉的利益。

（作者单位：天津市第一中级人民法院）

调查研究

涉拆违整治类行政案件司法审查情况调研报告*

——以上海市 2015 年至 2017 年 1401 起涉拆违整治类行政案件为考察对象

侯丹华　崔胜东　孙焕焕

【摘要】违法建设行为具有公共安全隐患，妨害社会管理正常秩序，成为城市治理顽疾。上海作为特大城市，正全力推行“五违四必”区域环境综合整治，涉拆违整治类行政案件呈增长趋势。通过对上海市三年来 1401 起拆违整治类案件进行实证分析发现，由于现行法律规范之间衔接不够协调，且在某些情形下行政机关不具有行政强制权，而申请法院执行又不具有现实可行性，行政机关为了完成行政指标，忽略程序规范和相对人权益保障作出行政行为，导致起诉条件认定难，赔偿范围和标准难以确定。在新行政诉讼法和新司法解释实施的背景下，行政机关应按照法定程序执法，不可省略必要步骤，推进法治政府建设进程。《行政强制法》第 44 条规定适用于存量违法建筑。但若正在搭建的违法建筑也适用该条规定，将会造成行政权无法有效行使、拆除成本加大的问题，有违立法本意，故强制拆除正在搭建违法建筑可不受该条规定限制。对于除行政机关有强制执行权以外的涉违法建筑行为处罚的非诉强制执行，根据最高人民法院精神，借鉴其他省市法院先期探索以及征收补偿案件经验，可探索适用裁执分离模式。对于涉案建筑构成违法建筑但拆除程序违法的，根据新司法解

* 本文系上海司法智库 2018 年度重大课题《“五违四必”区域环境综合整治相关疑难法律问题研究》阶段性成果。

释的规定，考虑到任何人不能从其违法行为中获利，赔偿范围应仅限相较于合法拆除造成的扩大损失；若损失缺乏证据证明的，因行政机关未遵守法定程序规范，且拆除时原告存在被限制人身自由或者其他特殊情况致使无法针对损失组成及数额进行举证，故应由被告承担举证责任。

【关键词】拆违　违法建筑　法定程序　裁执分离　赔偿责任

伴随着我国经济的迅速发展及城镇化进程的不断推进，城市人口规模不断扩大，建筑物数量不断增长。在这些建筑物中，存在着一些未经相关部门批准或许可而产生的违法建筑。违法建筑不仅影响城市容貌环境和城市有序规划，破坏社会公共空间架构，同时容易产生治安消防和质量安全隐患，妨害社会公平正义，已经成为制约城乡发展的顽疾。上海市开展了“五违四必”综合整治，即推进区域环境综合整治，违法用地、违法建筑、违法经营、违法排污、违法居住“五违”必治，安全隐患必须消除、违法无证建筑必须拆除、脏乱现象必须整治、违法经营必须取缔“四必”先行①。与此相对应，上海市拆违整治类行政案件②呈增长趋势。法院在审理这些案件时发现在执法主体、执法程序、适用法律、行政赔偿、强制执行等方面存在诸多问题，且不少问题在理论和实践中都存在较大争议，值得深入研究和思考。

一、实证考察：1401 起拆违整治类行政案件基本特点

根据《上海市城市管理行政执法条例》（2015 年 6 月 18 日修正，2015 年 7 月 1 日起施行）第 11 条及《上海市城市管理行政执法条例实施办法》（2016 年 1 月 15 日起施行）第 4 条的规定，查处违法建筑、破坏房屋外貌、破坏房屋承重结构、改变物业使用性质等行政职权已由区城管执法部门及乡镇政府享有。而在“五违四必”区域环境综合整治中，行政机关采取的主要执法措施系针对“建筑物、构筑物”进行，体现出“泛城管化”的特点。因

---

① 参见《韩正：“五违必治”、“四必”先行》，载上海新闻网，http：//shzw. eastday. com/eastday/shzw/G/20160629/u1ai9484726_ K27223. html，2018 年 6 月 27 日访问。

② 本文探讨的拆违整治类案件是广义概念，包含城管和镇政府执法领域中，有关违法建筑物、构筑物拆除、整治的案件，比如未取得许可的违法建筑拆除、户外广告牌设置、违法用地上建筑或果木等拆除、沿街房屋“破墙开店”整治等案件均包含在内。

此，笔者以“镇政府”“城市管理行政执法局”作为当事人名称关键词在“上海市人民法院审判综合查询系统”中查询到涉案的案号，再结合“C2J”系统进行逐案筛查与违法建筑有关案件，确保统计的全面性与准确性。截至2018年7月31日，共查找到2015年至2017年上海法院受理的已审结生效的拆违整治类案件1401件，其中2015年收案数为136件；2016年增长到335件，是上年的2.4倍；2017年收案数激增至930件，是2016年的2.8倍。该类案件占上海市一审行政案件收案数的比例也呈逐年增长趋势，分别为2.4%、5.0%、12.1%。

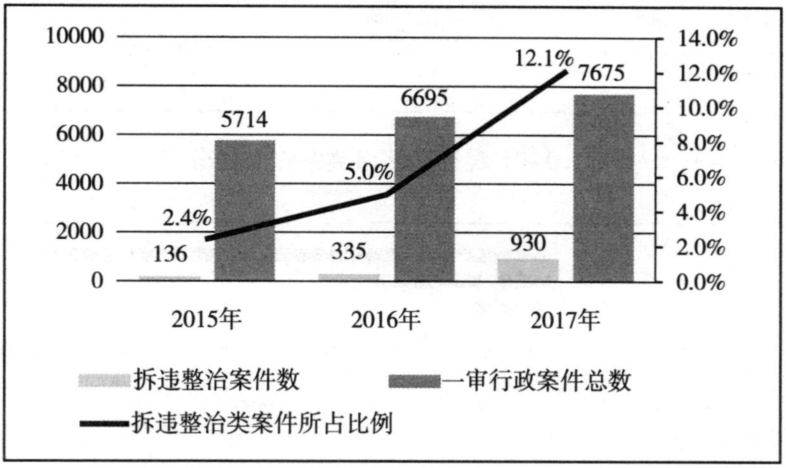

图1　2015年至2017年拆违整治类案件增长趋势

（一）案件类型呈现多样化

1. 行政行为角度：拆除行为及责令限期拆除决定案件较多

1401起拆违整治类案件中，从案件所涉行政行为类型分布看，起诉实际拆除行为（包括同时请求行政赔偿）案件最多，为651件，占46.5%；其次是责令限期拆除决定案件，为332件，占23.7%；行政赔偿案件191件；行政机关发出的整治通告案件79件；要求履行法定职责案件61件；立即代履行决定案件24件；强制拆除违法建筑决定案件18件；等等。

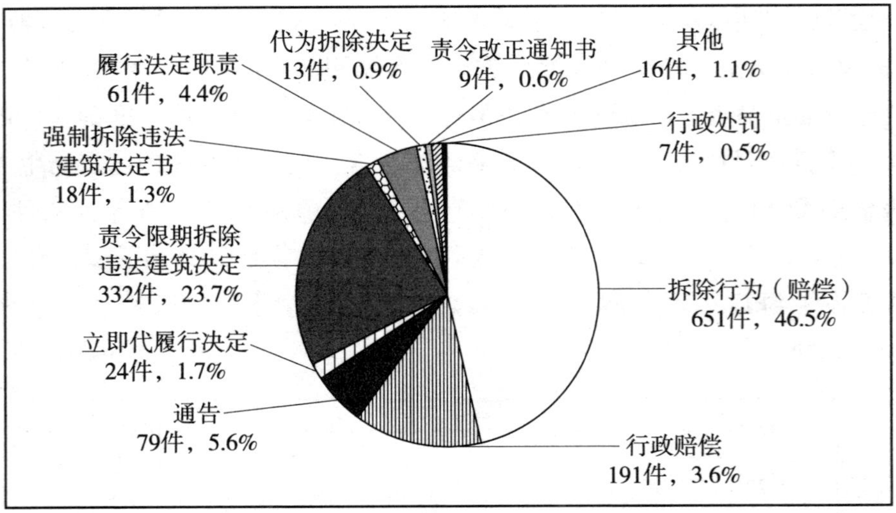

图 2　1401 起拆违整治类案件类型分布

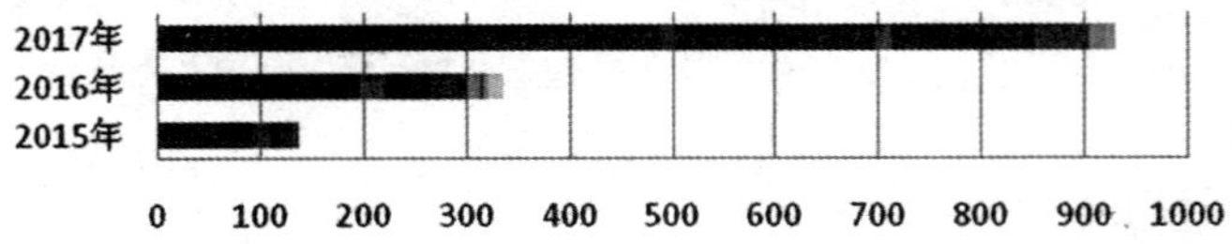

行政行为类型	2015年	2016年	2017年
■拆除行为（赔偿）	59	105	487
■责令限期拆除违法建筑决定	32	90	210
■履行法定职责	19	25	17
■行政赔偿	8	45	138
■通告	6	28	46
■限期拆除事先告知	1	0	0
■强制拆除违法建筑决定书	4	8	6
■书面答复	3	0	1
■立即代履行决定	2	12	9
■砌墙封门	1	3	1
■限期拆除违法建筑催告书	1	0	0
■责令改正通知书	0	3	6
■行政处罚	0	2	5
■扣押	0	1	0
■代为拆除决定	0	13	0
■附有违法建筑房屋认定	0	0	4

图 3　2015 年至 2017 年拆违整治类案件行政行为类型分布

2. 被告角度：单独诉镇政府案件较多

1401 起案件中，单独诉各区镇政府的案件最多，共计 1213 件，占 86.6%；各区城管局单独涉案数为 172 件，占 12.3%；另外还有起诉多个被告的案件，包括镇政府、城管局、街道办、区公安分局、派出所、区消防支队等，为 16 件。其中，以复议机关即区政府、市城管局为共同被告的案件共计 48 件。

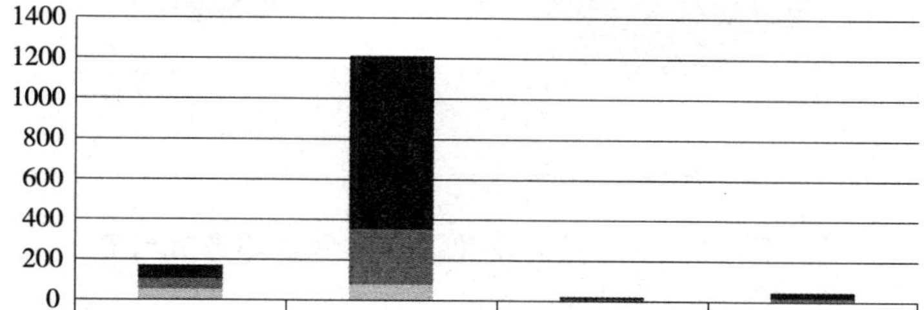

	区城管局	镇政府	多被告（镇政府、公安分局、街道办、城管局、消防支队等）	复议机关共同被告
■ 2017年	66	859	5	27
■ 2016年	53	275	7	14
■ 2015年	53	79	4	7

图 4　2015 年至 2017 年拆违整治类案件被告分布

（二）结案方式以裁定驳回及判决驳回案件居多

从 1401 起案件的结案方式看，居首位的是裁定驳回起诉案件，为 818 件，占 58.4%；[①] 其次是判决驳回原告诉讼请求案件，为 230 件，占 16.4%；最后是裁定原告撤诉案件，为 201 件，占 14.3%。被告败诉案件为 136 件，败诉率为 9.7%；其中判决确认违法（包括同时判决赔偿）91 件、判决撤销（重作）37 件，判决赔偿 5 件，判决履行 3 件。

① 需要说明的是，上述裁驳案件中，某区贸易城承租户提起的 631 件批量案件，法院均以承租户并非行政行为相对人故不具有利害关系为由裁定驳回起诉。

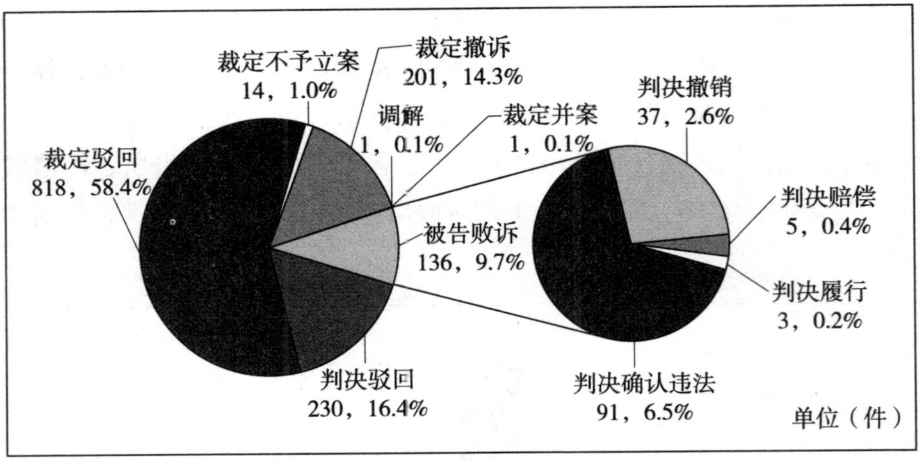

图5　1401 起拆违整治类案件结案方式分布

1. 协调化解率呈下降趋势

2017 年 930 起“五违”整治类案件中，以原告撤诉结案 86 件，协调化解率为 9.2%，比全市所有行政案件协调化解率低 14.5 个百分点；去掉松江泗泾镇 631 起裁定驳回起诉批量案件后，剩余案件协调化解率为 28.8%。2016 年“五违”整治类案件协调化解率为 24.2%，2015 年为 25.7%，均高于全市所有行政案件协调化解率。①

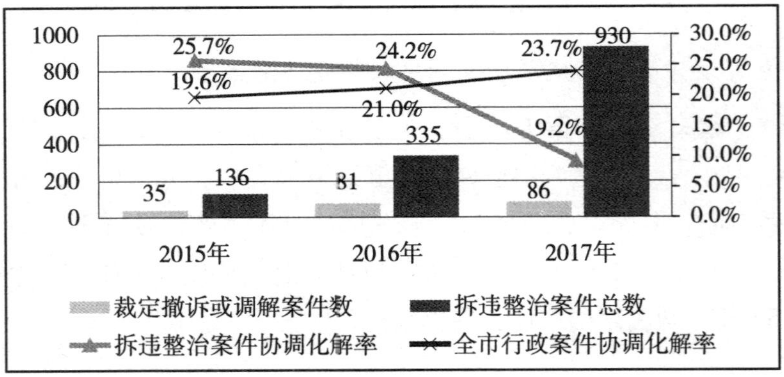

图6　2015 年至 2017 年拆违整治类案件协调化解情况

① 根据《2017 年上海法院司法统计情况》中的数据计算得来，计算方法为裁定撤诉、调解案件占所有审结行政案件的比例，2015 年、2016 年全市行政案件协调化解率参见《2016 年度上海法院行政案件司法审查情况报告》，资料来源：上海市高级人民法院司法建议信息库白皮书部分。

2. 被告败诉率偏高

从2015年至2017年每年的情况看，拆违整治类案件行政机关败诉率与全市所有行政案件败诉率相比偏高。2015年拆违整治类案件行政机关败诉率为22.8%，高于全市所有行政案件18.2个百分点；2016年拆违整治类案件行政机关败诉率为20.0%，高于全市所有行政案件16.9个百分点；2017年拆违整治类案件行政机关败诉率为4.1%，高于全市所有行政案件1.5个百分点。

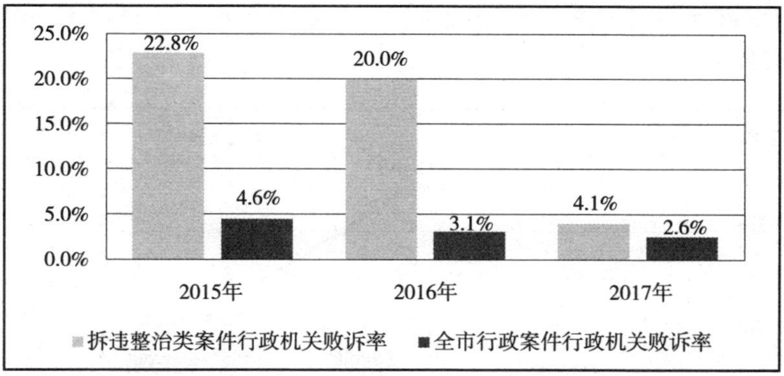

图7　2015年至2017年拆违整治类案件行政机关败诉率情况

3. 有多起案件被改判或发回重审

1401起案件中，共有1035起案件提起上诉，上诉率为73.9%。在上诉案件中，有5起案件被二审改判，即撤销原审判决、撤销被诉行政行为或确认被诉行政行为违法；有7起案件裁定撤销原驳回起诉或不予立案裁定、指令继续审理；有1起案件裁定撤销一审判决、驳回起诉；还有1起案件裁定撤销原判、发回重审。

表1　2015年至2017年上诉案件审理情况　　（单位：件）

	案件总数	上诉案件数	二审改判	撤销原裁定、指令继续审理	裁定撤销一审判决、驳回起诉	裁定撤销原判、发回重审
2015年	136	78	1	1	0	0
2016年	335	181	2	0	1	0
2017年	930	776	2	6	0	1

（三）行政机关负责人出庭应诉率相对较高

2017 年，共有 86 起拆违整治类案件行政机关负责人出庭应诉，出庭应诉率为 9.2%；而在开庭审理的 218 起案件中（诉泗泾镇政府 631 起裁定驳回起诉案件均未开庭），负责人出庭应诉的比例达 39.4%。2016 年拆违整治类案件行政机关出庭应诉率为 31.0%，比上海市所有行政案件行政机关出庭应诉率高 19.8 个百分点。2015 年拆违整治类案件行政机关出庭应诉率为 33.8%，比全市所有行政案件行政机关出庭应诉率高 24.3% 个百分点。[①] 这体现了行政机关对于拆违整治类案件审理的重视，各镇人民政府、区城管局出庭应诉的积极性较高。

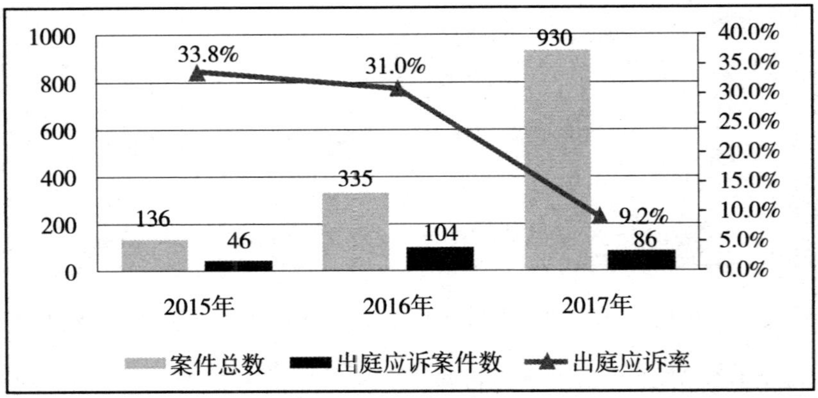

图 8　2015 年至 2017 年拆违整治类案件行政机关负责人出庭应诉情况

（四）审理时间较长且均适用普通程序审理

2017 年审理天数在 180 天以上的有 443 件，占 47.6%；2016 年审理天数在 180 天以上的有 58 件，其中有 2 起案件审理天数在 600 天以上，一起案件为 592 天。2015 年审理天数在 180 天以上的有 15 件，其中有 5 起案件审理天数达到 350 天以上。所有行政案件均适用普通程序组成合议庭审理。这体现了拆违整治类案件的审理较为疑难复杂，对相对人权益影响较大，耗时较长。

① 全市行政案件行政机关出庭应诉率参见《2016 年度上海法院行政案件司法审查情况报告》，资料来源：上海市高级人民法院司法建议信息库白皮书部分。

二、问题分析：拆违整治类案件反映出的执法和司法难题

（一）行政执法问题

1. 程序违法问题突出

在行政机关败诉的136起案件中，有97起案件存在程序违法问题，占71.3%。程序违法的具体表现为：一是径行拆除违法建筑物、构筑物。如在原告曾某、钱某诉被告某街道办、房管局、派出所等要求确认强制拆除行为违法案[①]中，房管局在原告不在场的情况下，未出具法律文书，径行进入原告房屋，拆除了两处隔断，属于明显程序违法，法院作出确认违法判决。二是未进行调查询问或告知陈述申辩权。如在张某、王某诉某镇政府不服责令限期改正通知书案[②]中，被告未进行调查、询问，也未向两原告进行事先告知，程序违法，法院作出撤销判决。三是行政强制拆除程序违法。如在原告叶某诉某镇政府不服强制拆除决定一案[③]中，被告作出责令限期拆除违法建筑决定后，未超过法定起诉期限即作出强拆决定违反法定程序。而在原告针对强制拆除决定起诉的情况下，被告认识到该决定的违法性，却仍然在诉讼期间对涉案房屋实施了强制拆除。

2. 超越法定职权

这里主要存在行政机关超越查处职权、强制执行权及超范围拆违等情形。例如在陈某诉某镇政府请求确认拆除行为违法案[④]中，根据《上海市市容环境卫生管理条例》第4条的规定，对户外设施的处罚权是由城管执法部门实施。被告对原告的户外设施实施拆除没有职权依据和法律依据，法院遂判决确认违法。又如在秦某诉某镇政府不服拆除行为案[⑤]中，被告提供的职权依据是《城乡规划法》第64条至第66条，而该三条的执法主体是区、县规划部门，并非乡镇政府，第65条适用于乡、村庄规划区范围，而被拆除的建筑物位于城区。被告在庭审中确认，其实施拆除行为未受到区规土局委

---

① 案号：(2016) 沪7101行初446号。
② 案号：(2017) 沪7101行初642号。
③ 案号：(2016) 沪0230行初107号。
④ 案号：(2016) 沪0120行初145号。
⑤ 案号：(2016) 沪0120行初91号。

托或区政府责成指令，被告实施拆除行为没有依据。再如某娱乐城诉某区城管局不服拆除行为案[①]中，虽被拆除房屋权利人对该拆除行为无异议，但当事人在庭审质证中一致确认拆除的系有证建筑，已超越了被告职权范围，该行为被判决确认违法。

3. 认定事实不清

行政机关在执法中认定事实不清、证据不足问题存在于多起案件中。一是认定立即代履行或代为拆除情形错误，证据不足。如在 6 起立即代履行决定案件[②]和 7 起代为拆除决定案件[③]中，根据《行政强制法》第 52 条的规定，立即代履行的标的物应当是道路、河道、航道或者公共场所的遗洒物、障碍物或者污染物；前提是执法现场处于“需要立即清除”，且当事人“不能清除”或“不在场”的状态。代为拆除决定的依据也是上述第 52 条的规定。在该 13 起案件中，被告仅认定原告存在擅自搭建建筑物、构筑物情形，并未对是否符合立即代履行标的进行认定，而且涉案建筑物、构筑物已存在多年，不存在需立即代为拆除情形，故法院判决撤销或确认违法。二是重复处理，认定事实不清。如在潘某等诉某镇政府请求撤销责令限期拆除违法建筑决定 13 起案件[④]中，涉案房屋位于肉禽场地上，而被告于 2015 年就同一肉禽场地的违法建设行为已作出过限期拆除决定，其于 2016 年再次针对同一场地违法建设行为作出被诉限期拆除决定，系对同一违法行为的重复处理。而且被告调查不够充分，认定事实不清，法院遂判决撤销。三是错误认定违法相对人。如在某公司诉某镇政府不服限期拆除违法建筑决定案[⑤]中，涉案建筑的建造人、涉案地块土地使用人系原告，第三人徽氏公司系涉案建筑的承租人。被告在调查过程中并未对上述事实予以查明，便径行认定第三人徽氏公司为违法行为主体，存在明显疏忽。

---

① 案号：(2016) 沪 0115 行初 185 号。

② 案号：(2017) 沪 0120 行初 117 号、(2016) 沪 0120 行初 85 号、(2016) 沪 0120 行初 143 号、(2016) 沪 0120 行初 135 号、(2016) 沪 0120 行初 82 号、(2016) 沪 0115 行初 765 号。

③ 案号：(2016) 沪 0120 行初 14 号、(2016) 沪 0120 行初 15 号、(2016) 沪 0120 行初 16 号、(2016) 沪 0120 行初 40 号、(2016) 沪 0120 行初 41 号、(2016) 沪 0120 行初 42 号、(2016) 沪 0118 行初 41 号。

④ 案号：(2016) 沪 0118 行初 49 号、50 号、51 号、52 号、53 号、54 号、55 号、56 号、57 号、58 号、62 号、63 号、64 号。

⑤ 案号：(2016) 沪 0117 行初 473 号。

4. 适用法律错误

一是因对规划区的理解与认定不同，导致适用法律错误。如在高某不服某镇政府责令停止建设、限期拆除决定书案[①]中，高某在乡村规划区即农村宅基地上搭建违法建筑物、构筑物，但被告在适用法律时，却认为原告的行为违反了《城乡规划法》第40条关于在城市、镇规划区内建设工程规划许可之规定，明显与认定的违法事实不符，系对原告违法行为性质认定错误，继而法律适用错误。法院遂作出撤销判决。二是接受委托拆除缺乏法律依据。根据《上海市拆除违法建筑若干规定》第11条的规定，行政机关作出限期拆除违法建筑决定后，当事人自行拆除违法建筑确有困难的，拆违实施部门可以代为拆除。但行政机关在适用该条款时理解出现偏差，接受利害关系人以外的主体的委托帮助拆除违法建筑，拆除行为缺乏依据。如在某传播公司诉某城管局要求确认拆除户外广告牌行为违法案[②]中，该传播公司租赁某酒店场地到期后，继续设置户外广告牌。被告组织施工人员对广告牌进行拆除。被告辩称是得到某酒店的委托进行代为拆除，是民事行为。但被告作为行政机关，民事委托不能成为被告权力来源，且被告未取得原告的同意，拆除行为缺乏依据，法院遂判决确认违法。

5. 未及时全面正确履行法定职责

依法行政是行政机关行使职权、履行职责所必须遵循的基本原则。一是未及时履行法定职责。如在某公司诉某镇政府要求履行法定职责一案[③]中，被告收到原告要求查处函及后来接收到某规土局的移交后未在法律规定的期限内作出处理。二是未全面正确履行法定职责。如在原告王某诉某镇政府要求履行法定职责案[④]中，被告对于原告的举报部分答复并履责，但对原告关于案外人朝西向房屋违法搭建的举报，始终未得出结论性意见，法院作出履行判决。

---

① 案号：(2016) 沪0230行初39号。

② 案号：(2016) 沪7101行初504号。

③ 案号：(2016) 沪0118行初173号。

④ 案号：(2016) 沪0230行初44号。

（二）司法审查争点

1. 诉讼主体资格难以判断

一是原告诉讼主体资格判断难。部分案件中，原告通过租赁取得违法建筑的使用权。那么其对于违法建筑查处行政行为（包括责令限期拆除违法建筑决定、拆除行为等）是否具有原告资格实践中存在争议。如在某公司不服限期拆除决定案[①]中，原告并非违法建筑搭建人，只是使用人，法院认为其有原告资格。而在前文所述批量案件中，又认为原告作为承租人和使用人不具有原告资格。原告作为房屋承租人、使用人是否具有原告资格认定标准不一致。

二是适格被告判断难。根据新行政诉讼法[②]的规定，作出行政行为的行政机关应为被告。本市不少拆除违法建筑行动系采取联合执法，审理中发现，在迅速拆除违法建筑过程中，因缺少处理文书或告知程序，难以辨别组织实施单位和参与执法单位，有的单位甚至是临时机构，找不到责任主体，有的行政机关在个案中执法分工亦不清晰，个别案件中行政主体推诿退避，使法院确定适格被告难度加大。如在某公司诉某镇政府、综合整治办公室要求确认整治通告违法案[③]中，该通告系由两被告及第三人某公司发布，称开展对某地违法建筑的专项整治、拆除工作。但综合整治办公室为临时性机构，没有证据证明其成立有任何法律批文和手续，无法确认责任主体，原告只得撤回对该被告的起诉，而仅诉镇政府。另外，在多起裁定驳回起诉案件[④]中，原告房屋被径行强制拆除，遂以镇政府为被告提起诉讼，而镇政府答辩称其并未实施拆除行为，是村委会实施，故法院裁定驳回起诉。被告径行实施拆除行为往往未依法送达法律文书，且原告可能不在现场，故完全让原告证明适格被告难度较大，如果认定为村委会实施而进行民事救济又有违依法行政原则和法治政府建设精神。

2. 行政赔偿范围和数额难以确定

在行政赔偿案件中，依法应由原告对损害事实承担举证责任。但从某

---

① 案号：(2015) 青行初字第 140 号。

② 新行政诉讼法即 2014 年 11 月 1 日、2017 年 6 月 27 日两次修正的《中华人民共和国行政诉讼法》。

③ 案号：(2017) 沪 7101 行初 37 号。

④ 案号：(2017) 沪 0120 行初 162 号、(2017) 沪 0115 行初 425 号、(2017) 沪 0115 行初 339 号等。

些个案中发现，快速拆除违法建筑活动中，被诉机关在证据制作、保存和程序步骤等方面的证据材料缺失，缺少制作物品清单等程序材料，致使原告对物损举证困难。因被告系快速、径行拆除，原告不在现场也无法充分举证。有的原告提出高额赔偿请求，法院需要结合法律规定进行综合判断，对损害事实、赔偿数额等方面的认定和裁量难度很大。如在某传播公司诉某区城管局案[①]中，原告称应赔偿范围为租金及广告设施制作成本，合计1538500元。仅从广告设施钢、铁架构价值计算，约为720000元。以上费用因历时长久，原告仅能提供结算凭证，但不能提供项目清单。法院认为，被告违反法定程序拆除原告违章构筑物，无论原告是否具有过错，被告均应予以赔偿。租金损失应当通过与阵地方的租赁合同解决，不属于本案处理范围。在赔偿广告牌损失的计算上，存在三种意见：观点一，应按价值赔偿。广告牌价值应视为在合同期内全部折旧完毕，赔偿数额应按照剩余合同期计算。[②] 观点二，应按建造时建材成本计算。观点三，赔偿数额应当以拆除后钢材、铁皮的残值计算。基于法官不得拒绝裁判原则，法院最终采纳了第三种观点。

三、追本溯源：行政执法和司法审查问题的原因剖析

依法行政问题和司法审查难题的产生既有法律层面的原因，也与行政机关执法理念脱不开干系，某些领域非诉行政强制执行陷入困境导致拆违无法依照法定程序进行。

（一）法律规定不尽协调和完善

法律规定分散，不同法律之间缺乏有效衔接，且对于某些概念的规定和称谓也无法一一对应。一是在拆除违法建筑主体方面，根据《城乡规划法》第2条、第64条、第65条等规定，存在一个“规划区”的概念，它主要是指城市、镇和村庄的建成区以及因城乡建设和发展需要，必须实行规划控制的区域。从地域类型上分，主要包括城市规划、镇规划、乡规划和村庄规划。城市、镇规划区域的拆除违法建筑职能部门是城乡建设主管部门，乡、村庄

① 案号：（2016）沪7101行赔初9号。

② 该观点有（2013）浦行初字第39号、（2015）青行赔初字第3号行政判决书支撑。

规划区域的拆除违法建筑职能部门是乡镇政府。但在地方层面，各地地方性法规、规章及规范性文件对于城镇规划区拆除违法建筑职能部门做了进一步细化，但这种细化标准却与《城乡规划法》不同，不是以规划区类型进行区分。以上海市为例，《上海市住宅物业管理规定》《上海市拆除违法建筑若干规定》等地方性法规及一系列的规章与规范性文件将乡、村庄规划区之外的区域按照是否实行物业管理进行了拆除违法建筑职责划分，后又以是否属于正在搭建为标准进行了职责调整。随着《上海市城市管理行政执法条例》的修订，现在对于拆除违法建筑职能的调整又有新变化，需要根据行政辖区的不同确定不同的拆除违法建筑职能部门。而且，拆除违法建筑实施部门与强制拆除违法建筑部门也存在不一致。二是在程序方面，上海违法建筑的大量存在给城市管理带来了诸多难题，但是如果依据《行政强制法》第44条所规定的程序进行强制拆除，“砖头”早就成了楼房，无论是对于当事人还是行政机关，都存在着成本加大、矛盾激化的突出问题。明显体现出这样一个社会需求：法律应当在维护公民个体权利的前提之下，从维护社会秩序和公共利益的角度出发，保障行政权的有效行使。[①] 另外，《行政处罚法》第16条规定，国务院或者经国务院授权的省、自治区、直辖市人民政府可以决定一个行政机关行使有关行政机关的行政处罚权。因此，《上海市城市管理行政执法条例》规定将部分行政处罚权集中由城管部门来行使。由此带来的问题是，城管部门根据该集中管辖权规定作出行政行为是否均要遵守行政处罚法的程序规定？对此行政机关一方面认为其职权来源于集中行使行政处罚权，另一方面又认为行政处罚中也可以采取管理措施，从而并非作出任何行政行为均应遵守行政处罚程序规定。

（二）指标控制与依法行政之间存在冲突

我国存在着从国务院到乡镇的多级政府组织，中央的理念和指令必须依赖于地方政府的推行方可得以实现。在上管一级的体制下，指标考核成为上级部门评价下级党政领导工作的主要工具。[②] 上海人口超出城市的承载力，空气污染、交通拥堵、公共安全问题等“城市病”引发了包括违法建筑在内

---

① 参见沈福俊：《法律应当如何保障行政权的有效行使——以〈行政强制法〉第44条和上海市拆除违法建筑规定为分析起点》，载《东方法学》2016年第1期。

② 参见万江：《指标控制与依法行政：双重治理模式的实证研究》，载《法学家》2017年第1期。

的城市治理难题；为落实国家对特大城市人口的控制政策，上海市提出“十三五”期间上海常住人口控制在2500万人以内的目标。[①] 与此相适应，“五违四必”作为市委一号课题“补短板”组成部分，对守住人口、土地、环境、安全底线十分重要。[②]“五违四必”生态环境综合整治属于指标考核控制的范畴。强化对环境、建筑、居住、经营等违法行为的行政查处力度，有助于增强执法合法性，尤其是在违法现象频发、民意反映强烈的情况下，通过指标考核，有助于减少违法行为、发挥执法的威慑效应。但强化执法力度存在着边际收益递减效应，一旦超出最优执法力度，就面临着过度威慑的可能。由于“五违四必”区域环境综合整治事项和行政执法机构的办公经费、行政执法人员的物质奖励在事实上紧密相关，行政执法部门就有非常强的执行激励，为求达标而不顾行政程序规范。[③] 由此，就和依法行政的要求产生了冲突和矛盾。因忽视程序规范导致的违法问题在涉“五违四必”行政案件中体现得较为明显。比如为了达到“快速拆除”目的，行政机关不惜违法采取代履行、接受委托代为拆除等方式进行拆除，在很多案件中违法省略法定程序径行拆除。行政机关并非不清楚法律的明文规定，往往是为了完成行政指标“不得以”而为之。

（三）非诉强制拆除存在实践困境

根据《最高人民法院关于违法的建筑物、构筑物、设施等强制拆除问题的批复》（法释〔2013〕5号），对于涉及违反城乡规划法的违法建筑物、构筑物、设施等的强制拆除，法律已经授予行政机关强制执行权，法院不受理行政机关提出的非诉行政执行申请。但对于除了违反城乡规划法以外的其他违法设施的非诉强制执行权限，该批复并未明确。比如，对于《上海市住宅物业管理规定》第76条、第78条、第79条规定的破坏房屋承重结构、破坏房屋外貌、改变物业使用性质等行为罚的非诉强制执行，以及《土地管理法》第7章规定的行为罚的非诉强制执行，并未授予行政机关执行权。根据《行政强制法》规定，行政机关无强制执行权的，应申请法院强制执行。但该类行为的执行问题

---

① 参见《北上广等特大城市设人口天花板，控制人口规模》，载 http://m.house.163.com/gz/xf/web/news_detail.shtml?docid=BE8DF79F00873C6D，2018年7月13日访问。

② 参见周锦尉：《上海的“五违四必”是一种远见》，载 http://moble.rmzxb.com.cn/tranm/index/url/www.rmzxb.com.cn/c/2017-05-12/1533086.shtml，2018年7月9日访问。

③ 参见万江：《指标控制与依法行政：双重治理模式的实证研究》，载《法学家》2017年第1期。

存在实践困境：一方面，行政机关基于行政效率的要求有意尽快进行强制拆除，但囿于法律未授予其强制执行权限而无法依法执行；另一方面，从可执行性角度考虑，法院司法资源有限，对于该类行为罚的执行确实存在无法克服的困难。由此，行政机关无法通过合法程序对查处行为进行强制执行，故在多数情况下，为了达成行政目标，只能在明知无强制执行权限的情况下，径行实施强制拆除行为。

四、依法行政：严格规范拆违整治行政执法行为

前文中提到的行政执法存在的五大问题以及司法审查难题根本解决之道在于行政机关规范、文明执法，使拆违各项职能的行使在法治轨道上进行，促进法治政府建设。

（一）准确认定违法建筑治理职责部门

拆违职能部门认定难根源在于规划违法行为查处部门职责划分标准的混乱。以上海为例，相较以往，随着城管执法体制的改革及《上海市城市管理行政执法条例》的实施，已经较为清楚明了。但仍需注意，一定要有效区分拆违查处职能部门和拆违执行部门。根据《上海市城市管理行政执法条例》的规定，对于城市区域的违建，由城管局查处；对于乡镇行政辖区的违建，由乡镇政府查处。但这里只是规定了查处职能部门，一旦进入强制执行阶段，仍需要区分。对于城市辖区没有争议，城管局查处，并由区政府执行。但对于乡镇行政辖区的违建查处与执行部门需要厘清，不能简单地认为乡镇政府查处的，当事人不履行的由乡镇政府强拆。规划区与行政辖区并非完全对应。就乡镇范围来看，乡镇行政管辖区域并非对应的一定是乡、村庄规划区，也会存在其他规划区类型，如镇规划区。在进入强制执行阶段，仍需根据规划区类型确定拆违执行部门。因此，就乡镇辖区的违法建筑，查处职责均由乡镇政府负责，违建区域属乡村庄规划区的，由乡镇政府执行；但违建区域位于镇规划区的，实际强制拆除应由区政府执行。

（二）严格遵守法定程序

任何权力必须公正行使，对当事人不利的决定必须听取他的意见，这是英美普通法的一个重要原则，称为自然公正原则。其他国家的法律也有同样原则，只是名称不同。在行政上，这个原则表现为行政机关的决定对当事人

有不利影响时，必须听取当事人意见，不能片面认定事实，剥夺对方的辩护权利。[①] 正是在行政程序具有重要价值的指引下，由于拆除违法建筑是对行政相对人权益影响较大的不利处分，我国关于拆除违法建筑的立法对于程序有较为明确的规定，具体体现在《行政强制法》《城乡规划法》《行政处罚法》《物业管理条例》《上海市住宅物业管理规定》《上海市拆除违法建筑若干规定》《上海市城市管理行政执法条例》等中。根据目前司法审查中发现的问题，行政机关在具体适用中应着重注意以下两点：一是责令限期拆除或改正的程序。执法机关应当事先书面告知当事人拟作出的限期拆除或改正决定所依据的事实、理由、法律依据以及当事人享有的陈述和申辩的权利。对当事人提出的申辩理由、事实或法律依据，行政机关应当及时进行复核。当事人的意见成立的，行政机关应当采纳，变更或取消拟作出的责令限期拆除或改正决定；当事人未在规定期限内表达意见或者意见不成立的，行政机关可以作出责令限期拆除或改正书面决定，并送达当事人。二是强制拆除程序。根据《行政强制法》第 4 章关于强制执行程序的规定执行。首先要向社会公告拆除违法建筑事宜。对于公告和《行政强制法》第 35 条催告的关系，催告不能代替公告，是两项不同的程序义务规定。在向当事人送达书面催告通知书的同时，还应当将强制拆除违法建筑的内容向社会公告。因为公告的目的不仅在于督促当事人自行履行拆违义务，同时也是向社会宣示国家对于违法建筑的态度，以警示他人，故公告最低形式要求应当是在即将拆除的违法建筑社区范围内张贴公告，必要时可以在当地报纸、电视等媒体上同时予以公告。[②] 公告的主体应是强制拆违执行主体，因为公告已经是强制执行阶段的程序规定。[③]

---

① 参见王名扬：《美国行政法（上）》，中国法制出版社 2005 年版，第 379 页。

② 参见江必新主编：《〈中华人民共和国行政强制法〉条文理解与适用》，人民法院出版社 2011 年版，第 233 页。

③ 参见丁晓华：《强制拆除违法建筑行为定性与规范——基于对〈行政强制法〉第 44 条的解读》，载《法学》2012 年第 10 期。

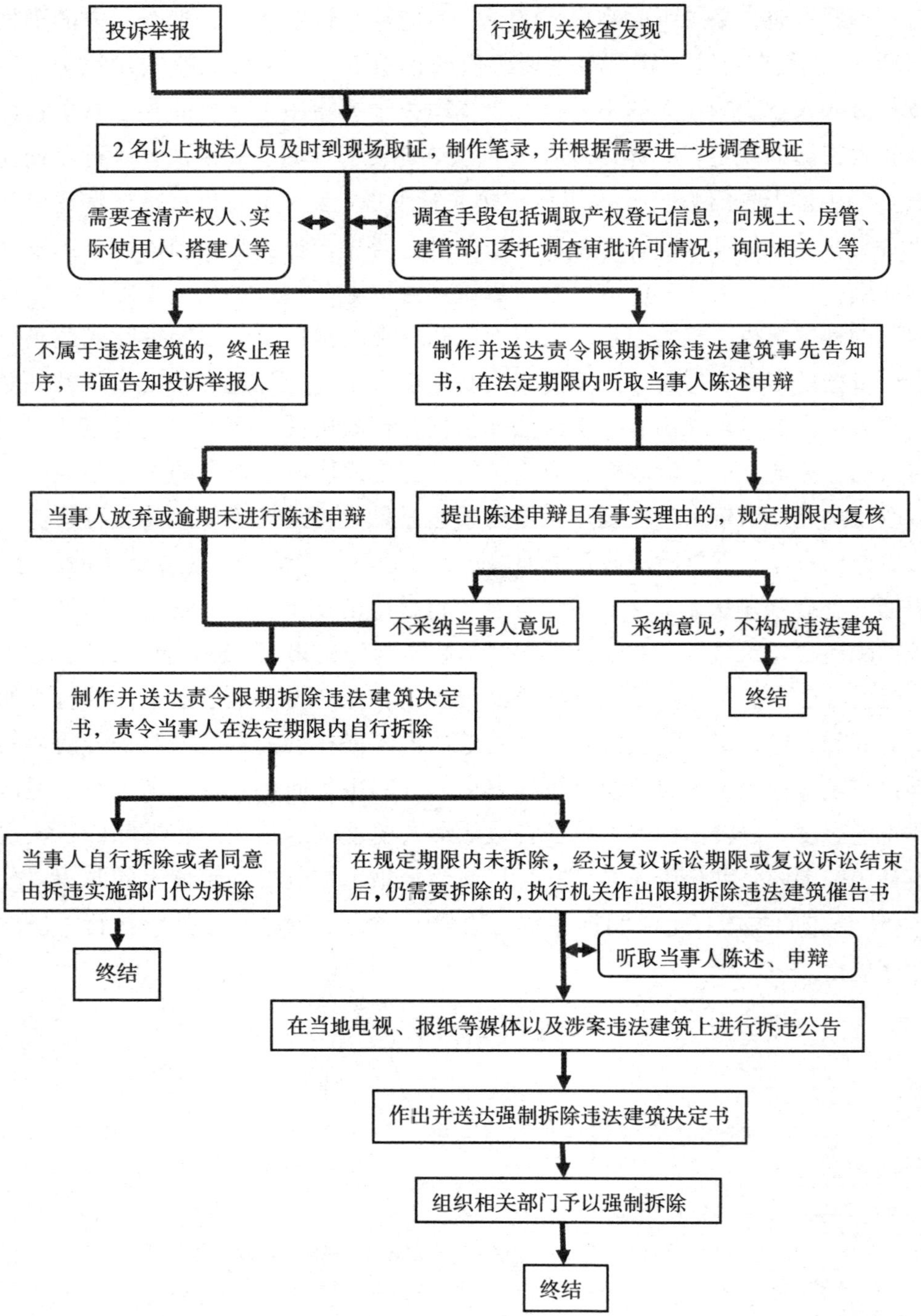

图9　拆除已经建成的违法建筑程序示意图（不包括立即代履行情形）

五、适法统一：准确把握拆违整治类案件司法审查标准

整治违法建设行为是城市综合治理的一项有力举措，法院需要稳妥处理这一重点领域的行政案件，以创造良好法治环境，确保本市重大战略顺利实施。但监督行政机关依法行政、维护行政相对人合法权益是行政诉讼法规定的行政诉讼目的所在，法院进行司法审查应依法进行，统一裁判标准。

（一）以保障相对人合法权益为原则认定主体资格

1. 关于实际使用人原告资格的认定

一般情况下，违法建筑的使用人是通过租赁等实际使用违法建筑的，其对拆除实施行为并不具有原告诉讼主体资格，因为拆违行为是针对实施违法建设对象作出的。但几种例外情况要注意区别：一是如果违法建筑是使用人（承租人）在承租后自行搭建的，那么他对拆除其所搭建的违法建筑的实施行为具有原告主体资格；二是如果使用人将违法建筑用于经营等活动，且对建筑物改建、添加附着物等，则其对拆除违法建筑的事实行为具有原告主体资格；三是如果有证据证明行政机关在拆除违法建筑过程中对使用人的合法财产、人身权益造成损害的，则使用权人也具有原告主体资格。

2. 关于适格被告的确定

一是关于委托村委会拆违问题。在部分拆违案件中，地方政府辩称其是委托村委会进行拆违，拆除行为是由村委会实施，所以其不具有被告主体资格的问题，从最高人民法院相关拆违案例①的审理思路分析，这类案件不能将拆违的责任推给民事主体，把它归为“私权救济”，不仅有违政府依法行政的基本要求，也不符合我国法治社会建设的精神。在拆违实践中，如果有证据证明乡镇政府相关职能部门的人员在拆违现场，那么无论是乡镇政府所谓的委托拆违，还是组织实施的拆违，都应该认定乡镇政府是责任主体，对拆违行为所造成的法律后果承担责任。《最高人民法院关于适用〈中华人民共和国行政诉讼法〉的解释》（以下简称新司法解释）虽然也明确了村委会、居委会的诉讼主体地位，但村委会、居委会成为行政诉讼被告是有条件的。

---

① 参见马桥酒店诉闵行区政府土地房屋行政强制案，案号为（2017）最高法行再102号，载最高人民法院第三巡回法庭编著：《最高人民法院典型行政案件裁判观点与文书指导》，中国法制出版社2018年版，第121页。

新司法解释第24条第1款、第2款规定，只有对村委会或居委会依据法律、法规、规章的授权履行行政管理职责的行为不服提起诉讼的，才以村委会或居委会为被告，而对村委会、居委会受行政机关委托实施的行为不服的，仍以委托的行政机关为被告。二是适格被告举证责任的分配。在起诉拆除行为案件中，原告应对适格被告承担初步证明责任。但如果行政机关已经发布关于拆违的告知书或决定的，原则上推定作出告知书或决定的行政机关是强制拆除机关，除非作出决定机关有证据证明强制拆除行为属其他部门或者组织所为。[①]

（二）以坚持合法性审查为原则统一实体审理标准

1. 拆除正在搭建违法建筑不受《行政强制法》第44条限制

亚里士多德在其名著《政治学》一书中提出法治的双重含义：已成立的法律获得普遍的服从，而大家所服从的法律又应该本身是制定得良好的法律。不可否认《行政强制法》第44条关于强制拆除违法建筑的规定对于保护违法建筑行为人的权益确实具有积极意义，但将违法建筑完全涵盖，不分情形地一概适用烦琐的强制拆除程序，在实践中不可行，在理论上过于武断。应将该条规定仅适用于已经建成的违法建筑，而不适用于正在搭建的违法建筑，原因在于：一是从对社会秩序以及公共利益的维护来说，全部违法建筑均按照第44条规定强制拆除是有效行使行政权的阻力。如果仅仅考虑违法行为人的权利，而忽视其他相关人乃至公众的权利，其结果对社会秩序或他人权利可能造成更加严重的损害，甚至还会牺牲另一些公民的个体利益，个人利益有赖于公共利益的维护与发展。[②] 二是从法律解释角度看，该条规定的“违法建筑”宜采取限缩解释。限缩解释也称缩小解释，法律条文使用的文字文义太宽泛，超过了该法律条文、法律制度的立法本意，将本来不应当适用的情形包含在内，应该把文义范围缩小到符合立法本意。[③] 第44条规定的立法本意在于维护当事人合法权益，促进行政机关强制拆除违法建筑的规范运行。考虑到建筑物、构筑物和设施的重要性和特殊性，且一旦拆除很难恢复，因

---

① 参见（2015）行监字第70号案件裁判观点，载最高人民法院第三巡回法庭编著：《最高人民法院典型行政案件裁判观点与文书指导》，中国法制出版社2018年版，第115页。

② 参见沈福俊：《法律应当如何保障行政权的有效行使——以〈行政强制法〉第44条和上海市拆除违法建筑规定为分析起点》，载《东方法学》2016年第1期。

③ 参见梁慧星：《裁判的方法》，法律出版社2003年版，第109页。

此实施强制拆除必须谨慎。[①]“迄今为止，紧迫的现时困难始终避开连贯一致的一般理论。”[②] 强制拆除广泛的适用对象即违法建筑现实中有明显的区分：一种是已经建造完成的，即通常意义上所称的“存量”违法建筑。另一种是正在搭建的。对正在搭建的违法建筑而言，因尚未完成及使用，其拆除造成的损失并不大，相反，若不及时拆除，相对人会利用此法律规定进行抢建，待建成后再予以强制拆除的话，反而会带来成本加大、矛盾激化的问题，对相对人利益、公共管理秩序及他人权利均加大损害，违背立法本意。三是从强制拆除的现实基础看，正在搭建的违法建筑违法行为人较容易找到，未取得许可的违法事实较容易查清，具备及时强制拆除的前提条件。因此，对正在进行的违法搭建采取强制拆除手段，可不受第 44 条的限制，但仍应遵守《城乡规划法》及《行政强制法》关于强制拆除执行程序的规定。存量违法建筑大多已存在一定时间，甚至有的还属历史遗留问题，故不存在立即执行的迫切需要。对已经完工的存量违法建筑的拆除，应根据第 44 条规定严格审查。

2. 非诉强制执行探索适用裁执分离模式

除了城乡规划法规定的行政机关具有强制执行权的案件外，其余案件可探索适用裁执分离模式，即行政机关就行政行为的执行向法院提出执行申请，法院经审查作出准予强制执行裁定，由行政机关实施强制执行行为。一是法律规定给予法院改革和探索空间。新行政诉讼法及新司法解释对于非诉行政执行体制的规定并不明确，也正因如此，才会有《行政强制法》给法院预留探索空间。从立法过程看，《行政强制法》已经为人民法院探索裁执分离工作新机制留下空间。2011 年 6 月，第十一届全国人大常委会第二十一次会议审议行政强制法，五次审议稿删除了草案（四）第 60 条“行政机关向人民法院申请强制执行的案件，裁定执行的，由人民法院执行”的相关内容，并明确给人民法院的探索和改革留有空间。[③] 二是裁执分离在其他领域已经有先期成功经验可资借鉴。2014 年 7 月，《最高人民法院关于在征收拆迁案件

① 参见应松年、刘莘主编：《行政强制法条文释义与案例适用》，中国市场出版社 2011 年版，第 168 页。

② ［美］理查德·B. 斯图尔特：《美国行政法的重构》，沈岿译，商务印书馆 2011 年版，第 221 页。

③ 参见全国人大法制工作委员会行政法室编写：《〈中华人民共和国行政强制法〉释义与案例》，中国民主法制出版社 2011 年版，第 301—302 页。

中进一步严格规范司法行为积极推进“裁执分离”的通知》中提出，要积极推进“裁执分离”，逐步拓宽适用范围，以践行立法机关提出给相关改革探索“留有空间”的意见和中央有关部门对法院工作的相关建议。该通知中也重点介绍了浙江法院的做法，并称“该做法值得推广和借鉴”。浙江高院于2014年1月印发了《关于推进和规范全省非诉行政执行案件“裁执分离”工作的纪要（试行）》，规定可适用“裁执分离”的非诉行政执行案件包括：（1）国有土地上房屋征收补偿案件及拆迁裁决案件；（2）集体土地征收中责令交出土地及房屋拆迁裁决案件；（3）根据《土地管理法》作出的责令限期拆除违法建筑、恢复原状等行为罚案件；（4）人民法院与相关行政机关协商一致后同意实施“裁执分离”的案件。三是在拆违类案件中适用裁执分离具有现实必要性和可行性。如前所述，由法院实施非诉强制执行不具有可执行性，查处行为的强制执行问题已经陷入困境。行政机关基于行政管理指标和行政效率的要求，能够协调各方资源，有动力和能力进行强制拆除，故而裁执分离具有必要性和可行性。因此，对于违法建筑领域的行为罚非诉执行案件，行政机关不具有强制执行权的，经法院与行政机关协商一致后，可实施“裁执分离”，法院对行政决定中的行为义务部分是否符合强制执行条件进行审查，对符合强制执行条件的裁定准予执行并由有关行政机关负责组织实施；组织实施主体在实施强制执行前，参照行政强制法的有关程序进行执行；对于可能引发矛盾冲突的案件，公安机关应派员到场；对于裁执分离案件所引发的信访事宜，也由申请机关负责。

（三）以赔偿扩大损失为原则确定程序违法赔偿标准

从法院行政诉讼案件类型来看，拆除违法建筑案件相较于其他行政案件，败诉率较高，且多为执法程序不合法导致法院确认违法，基于程序公正的考量，行政机关仍要承担赔偿责任。

1. 赔偿范围应是违法拆除较于合法或自行拆除所扩大的损失

必须确定赔偿的损失到底是什么损失：是违法拆除所拆除的建筑物、构筑物以及其他财物的价值，还是行政机关未依法定程序拆除上述财物无端扩大的损失？一是从国家赔偿法的整个立法设计精神上看，其赔偿范围是限缩性的，其赔偿的仅是直接损失，对于因被诉行政行为所产生的间接损失亦不赔偿；二是从基本法理而言，任何人不得从其违法行为中获利[①]，当事人违法搭建已然违反了《城乡规划法》《土地管理法》等法律规范，理应予以拆除，即使拆违职能部门未依法定程序拆除，当事人亦不能因此获得违法建筑物及由此产生的价值；三是从现实执法角度看，在违法搭建不断蔓延的现实背景下，在要求行政机关履行拆违职能的同时，必然会对违法搭建人的财物造成一定损失，一定程度内的损失是执法过程不可避免的，这属于“必要的恶”[②]。基于上述三点，在行为人违法搭建建筑物、构筑物的前提下，行政机关未依法定程序予以拆除的，行政赔偿的范围应是违法拆违相较于合法拆违或自行拆除所扩大的损失。

2. 损失的具体判定标准与举证责任分配

如何具体确定违法拆违相较于合法拆违或自行拆除扩大的损失是目前面临的主要问题和困难。从行政诉讼程序中查明的事实环节来看，行政机关未依法定程序拆除所产生的损失可以分为两类，一类是可以查清的损失，一类是无法直接查清的损失。

一是无法直接查清损失的情况下举证责任视情况由被告承担。在当事人既无证据举证，又无可供量化的票证、拆违现场的情况下，如何确定具体损失最为困难。这时，应从举证责任的角度进行考虑。新行政诉讼法第 38 条第 2 款规定，在行政赔偿、补偿的案件中，原告应当对行政行为造成的损害提供证据，因被告的原因导致原告无法举证的，由被告承担举证责任。新司法解释第 47 条第 1 款进一步予以明确。如果将造成损失的证明责任简单地认定由原告承担，而原告囿于种种原因，无法提供充分的事实证据，那么原告的损失将因举证责任承担不利而无法获得任何赔偿。因此，在一定情况下，对这种原告承担举证责任的举证责任倒置分配模式，有必要进行再倒置，由被告承担因被诉行政行为侵害而造成原告的损失的具体组成和数额的举证责任。

---

① 参见［美］本杰明·卡多佐：《司法过程的本质》，苏力译，商务印书馆 1998 年版，第 24 页。即如果允许人们从其违法行为中获利，将严重损害公共利益。

② 约翰·洛克在其重要著述《政府论》中，把政府看作“必要的恶”，明确提出“有限政府”的概念，强调以基本人权来为政府行为设置底线，以法治来抗击政府强权。近代以来的许多思想家认为政府在社会公共生活中是必要的，没有政府，社会可能面临政治秩序崩溃、市场机制失灵和公共事业衰败等一系列风险。笔者采取“必要的恶”这一说法是要说明，政府存在本身有其必要性，受执法人员、理念、环境等各方面主客观因素影响，其在执法中造成一定损失也是无法避免的，无法因此“因噎废食”，不让政府去履行拆违职能。

二是可查清损失的量化。在当事人有证据能够证明客观上存在除建筑物、构筑物外的其他财物的，相应的发票、购物凭证等都可作为能够确定价值的标准。无论是应申请还是依职权，只要存在拆违后的现场或存在相关建筑物、构筑物的资料，法院都应尽量启动鉴定程序，对违法拆除所导致的扩大部分的损失进行量化。对此，新司法解释第 47 条第 2 款规定，应由负有举证责任的一方当事人申请鉴定，但法律、法规、规章规定行政机关在作出行政行为时应当评估或鉴定的除外（在该种情形下应由行政机关申请鉴定）；行政机关拒绝的，承担不利法律后果。当然鉴定并非适用于所有情形，客观原因无法鉴定的，法院应结合当事人主张和在案证据，遵循法官职业道德，运用逻辑推理和生活经验、生活常识等，酌情确定赔偿数额。另外，在损失价值比较小，甚至低于鉴定费用的情形下，考虑到成本和效益的比例关系，也可不予鉴定。具体而言，可以根据市场价格行情来进行损失量化，比如某传播公司诉某区城管局赔偿案①中，即采取的是市场价格行情方式，以有利于相对人的原则，确定了赔偿标准。

（作者单位：上海铁路运输法院）

① 案号：（2016）沪 7101 行赔初 9 号。

关于行政诉讼政府信息公开判决案件的调研报告

——以2017年陕西省法院政府信息公开二审判决行政案件为对象

杨成会

在中国裁判文书网上，笔者以“政府信息公开”为关键词，采用全文检索的方式，获取与政府信息公开有关的二审行政案件62件。① 通过进一步审查，排除有关案件中虽然涉及政府信息公开一词，但并非政府信息公开的案件，实际属于政府信息公开的案件共11件。案件数量虽然不多，但基本反映了政府信息公开类案件的审判状况。笔者试着对其中存在的问题进行梳理并提出了解决建议。

一、政府信息公开案件审理中所反映的问题

（一）案由高度不一致

这11件案件的案由基本分为政府信息公开、政府信息公开告知、不履行政府信息公开职责、不履行法定职责、政府信息公开告知及行政复议、行政复议等，表现出较大的差异性、随意性。

表1　案由状况表

案件	文书显示案由
570号、127号	信息部分公开告知
313号、434号、661号	政府信息公开

① 检索内容是：全文检索：政府信息公开，法院名称：陕西省高级人民法院，案件类型：行政案件，审判程序：二审，文书类型：判决书，裁判日期：2017－01－01 TO 2017－12－31，裁判文书案号均为（2017）陕行终×号，为行文方便，后引用案号均只简用为×号判决，比如，（2017）陕行终661号判决，简称为661号判决。

续表

案件	文书显示案由
362 号、385 号	不履行政府信息公开职责
8 号	市政复决字（2016）163 号《行政复议决定书》
122 号、452 号	政府信息公开回复及行政复议决定
594 号	不予受理行政复议决定

政府信息公开案件主要有对答复不服、对未作出答复不服以及对答复申请复议不服而引起的诉讼，实践中，同类案件的案由几乎没有相同的。上表中的 313 号、434 号、661 号案由均为“政府信息公开”，只是为了统计方便，将基本相同的作为一种，实际上，313 号、434 号案件的案由是“信息公开”，661 号案件的案由是“政府信息公开”；362 号、385 号统计案由为“不履行政府信息公开职责”，文书显示的案由为“不履行政府信息公开法定职责”。但如 8 号案件，如此确定案由并不多见。

（二）对政府信息公开答复是否可诉有分歧

122 号判决反映，行政机关认为申请人要求公开的信息不明确从而“回复”要求申请人明确，申请人对该回复不服提起诉讼。一审认为：该回复于法有据，且对申请人的权利义务并未产生实际影响，判决驳回要求撤销回复及行政复议（维持回复）的诉讼请求。二审回避了一审认为对申请人权利义务未产生实际影响的表述，认为该回复于法有据，复议决定维持回复并无不当，判决驳回上诉，维持原判。

本案中，行政机关的回复，实际上是要求申请人明确政府信息公开内容的补正通知。一审认为：该回复未对申请人的权利义务产生影响，按照行政诉讼法司法解释的规定，对当事人权利义务不产生实际影响的行政行为为不可诉的行政行为。按照一审的逻辑，本案的回复是否可诉值得讨论。本案的处理结果是驳回起诉还是驳回诉讼请求，同样值得商榷。

（三）何谓政府信息有歧义

313 号判决反映，政府作出告知称，费某申请公开的信息并非行政机关制作或保存，根据《政府信息公开条例》第 2 条的规定，费某申请的信息不属于政府信息。一审认为：政府表示未制作或未保存信息，也无其他有效证据证明存在申请公开的信息，故要求公开该信息的依据不足，驳回了费某的诉讼请求。二审认为：政府在法定期限内作出告知，说明其并非涉案信息制作或未保存机关并送达，该行政行为并无不当，判决维持一审判决。

本案有两个问题值得讨论，一是行政机关未制作或保存的信息，是否不属于政府信息；二是行政机关否认其制作或者保存申请公开的信息，此类案件的审查重点是什么。按照本案审理的情况，对于政府否认其制作或者保存所申请公开的信息，无其他证据证明该信息存在，这里存在举证责任由谁承担的问题。如果类似本案处理，可能存在应当公开的信息，政府都可以以此理由拒绝公开的现象，某种意义上，可能使政府信息公开制度形同虚设。

（四）政府认为信息不存在案件的审理重点不统一

385 号判决反映，政府认为申请公开的信息不存在，不能单纯以有告知就认为政府尽到了履行职责的义务。二审认为：人民法院审理因行政机关认为其查找不到政府信息引发的行政案件，应重点审查行政机关是否已经尽到合理的查找、检索义务。本案中，县政府虽然通过告知书的形式进行了告知，但并未提供其已尽到合理的查找和检索义务的证据材料，无法证明其已尽到法定职责，遂判决撤销一审判决、撤销告知、由县政府依法对政府信息公开申请重新处理。313 号案件涉及的事实与 385 号案件类似，但一审认为政府表示未制作或未保存所申请公开的信息，本案尚未有其他有效证据可以证明该信息存在，故认为公开该信息的依据不足，驳回了原告的请求，二审维持了一审判决。显然两案案情相似，但审查的重点不相一致。因此，在政府信息公开案件中，政府如果认为所申请公开的信息不存在，如何把握此类案件的审查重点、如何分配该信息不存在的证明责任问题，值得探讨。

（五）对是否要求申请公开的信息与当事人有利害关系做法各异

661 号案件中，原告申请公开的是区政府与管委会的委托征地协议，协议所征收的土地涉及原告所在村及其承包土地。一审认为：委托征地协议是政府与管委会在征地过程中形成的内部管理信息，该协议并不对外发生法律关系，该委托征地协议不属于政府信息，且原告不能合理说明申请获取该协议系自身生产、生活、科研等特殊需要，区政府以该协议与原告生产、生活、科研等特殊需要无关为由不予公开并作出答复，符合法律规定，判决驳回原告的诉讼请求。二审认为：该协议对原告的权利不产生影响，区政府以该协议与其生产、生活、科研等特殊需要无关为由不予公开，符合法律规定，判决驳回上诉，维持原判。

本案反映出的信息量非常丰富，一是什么是内部管理信息？内部管理信息是否属于政府信息？二是内部管理信息是否应当公开？三是行政机关能否以所申请的信息不符合“三需要”为由不予公开？或者“三需要”是否是依申请公开案件的实体条件？四是申请公开的信息对当事人的权利不产生影响的含义是什么？申请公开的信息对申请人权利不产生影响是否能够成为政府不公开该信息的理由，即能否以此为由作出裁判？该信息对申请人的权利不产生影响，与政府不公开该信息对申请人的权利不产生影响是否为同一概念？如果是，是否应当裁定驳回当事人的起诉？

（六）如何理解完整的信息

452 号案件涉及的是，要求公开城中村改造项目拆迁补偿款的发放及使用情况信息，因有部分补偿款未发放到位，政府因此认为该信息不存在而不予公开。一审认为，政府已经履行了政府信息暂时不存在的说明理由义务并作出告知，符合法律规定，判决驳回原告的诉讼请求。二审认为，因补偿款未全部发放，区政府告知该信息不存在，已经尽到了法定告知及理由说明义务，遂判决维持原判。二审评议中，有观点认为，补偿款涉及个人隐私，只能公开整体情况，因此，该信息不存在。相反观点认为，补偿款系应当重点公开的信息，而且可区分，即使还有部分补偿款未发放到位，但对于已经发放的款项，包括每个人、每户情况都应当公开，这些款项不涉及个人隐私。也有观点认为，政府以未形成该信息为理由而未涉及个人隐私问题，法院不能为行政机关找不公开的理由。因此，对于此类信息是否只应当公开整体信息，还是在可区分情况下，可以公开已经形成的分户信息，以及是否涉及个人隐私，对这些问题的不同认识，都会直接影响案件的处理。

二、解决政府信息公开案件存在问题的建议

上述文书基本上反映了目前政府信息公开案件审理中存在的若干重要问题，有些是程序方面的，有些涉及基本实体问题。厘清这些问题，特别是基本问题，准确把握政府信息公开条例的立法目的及精神，能够统一裁判尺度，有利于更好地开展政府信息公开案件行政审判工作。

（一）正确把握政府信息的概念

《政府信息公开条例》第2条规定，“本条例所称政府信息，是指行政机关在履行行政管理职能过程中制作或者获取的，以一定形式记录、保存的信息。”该规定中的“履行行政管理职能过程中”“制作或者获取”“记录、保存”构成了政府信息概念的几个关键词，这几个关键词看起来通俗易懂、明白清楚，但针对具体情况，就会发现这些概念具有极大的模糊性，实践中更是存在不少意见分歧，何谓“履行行政管理职能”“制作或者获取”，并不十分明确。[①] 按照313号判决反映的情况，行政机关的逻辑是，该信息并非行政机关制作或保存的信息，因此，不属于政府信息。661号判决反映，一审认为：委托征地协议是政府与管委会在征地过程中形成的内部管理信息，并不对外发生法律关系，因此，委托征地协议不属于政府信息；二审回避了该信息是否为政府信息的问题。换言之，从上述判决中可以看到，《政府信息公开条例》所确定的“政府信息”概念，实践中已经被作了新的阐释：313号判决中，行政机关认为该信息非其制作或者保存，因此该信息不是政府信息，理解明显错误，政府信息并非以其是否制作或者保存为标准，“制作或者保存”是该信息是否为本行政机关信息的判断标准，并非政府信息的判断标准，一、二审法院虽然对此认识未作正面评价，但似乎是以回避的态度未予认可。661号案件中，二审判决显然并不认可一审判决对该委托征地协议属于内部管理信息、不对外发生法律效力而非政府信息的认识。

准确理解和把握政府信息的概念是处理好政府信息公开案件的前提和基础，必须厘清政府信息的准确含义。

正如学者所言，在司法审查中，甄别各种各样的政府信息是一个令人头疼的问题，要通过定义说明白什么是政府信息。确实不太现实，特别是用定义来判断某一信息是否为政府信息时就会发现定义的苍白，更有许多概念从文本意义上看似乎非常明确，但从实践中不同的认识看，字面上看起来非常明确的概念，其实具有极大的不明确性。因此，从几个方面来把握政府信息的概念，可能是比较管用的方法。

要把握政府信息的概念，首先，要清楚政府信息与政府信息是否存在或

---

① 余凌云：《政府信息的若干问题》，载《中外法学》2014年第4期。

者由本机关保存制作、是否应当公开是不同的概念。其次，把握政府信息的概念要准确理解三个关键词，即“行政职权行使”“制作或者获取”“记录、保存”。

1. 行政职权行使。即，政府信息必须是行政机关行使行政职权过程中形成的信息。《宪法》第 89 条规定了行政机关 18 项职权，一般可以对照该 18 项职权来判断行政机关的行为是否为行使行政职权的行为。但是，当事人申请公开的信息内容庞杂，对某一具体信息是否为行使行政职权过程中形成的非常难以判断，而且条例第 2 条的规定往往成为行政机关及法院认定某一信息不是政府信息的依据，所以有建议将履职限定删除，采用例外规定和排除适用条款予以补充。[①] 实践中，对于公安机关从事刑事侦查、行政机关从事民事活动均不认为是行使行政职权行为。但是，对于法律法规授权从事公共事业的企事业单位在工作中形成的信息，按照《政府信息公开条例》第 55 条的规定，也应当属于政府信息。行政机关内部为确保机关正常运行所产生的内部、不涉及公共利益的信息，比如，行政机关的值班制度、卫生制度、食堂管理制度等，一般不认定为政府信息。但是，机关内部车辆修理等花费信息、机关食堂支出情况信息等，涉及公共资金的使用的，是否属于政府信息，不无讨论价值。

2. 制作或者获取。制作或者获取也是政府信息形成的主要方式，政府信息公开条例要求“谁制作谁公开”，主要是保障信息的真实性、权威性。制作，一般是指创制拟定，也就是该信息的拟定。获取，就是获得。前者较容易理解，后者往往会产生争议。比如，土地部门制作的征地补偿方案，报县政府批准以县政府名义实施，该规范性文件并非县政府制作，但是以政府名义实施，公开的主体应当是县政府，而不应当是土地部门。还有，下级单位制作的文件，需要经上级单位批准方能实施，制作该文件的是下级单位，而批准是上级单位，这时上级单位是否获取了该文件，上级单位是否为公开该信息的行政机关，值得讨论。

3. 记录、保存。保存有保持存放之意，“使事物、性质、意义、作风等

---

① 肖卫兵：《政府信息概念：基于 874 件诉讼案例的实证分析》，载《中国法律评论》2016 年第 4 期。

继续存在，不受损失或不发生变化”[①]，即该信息在某一单位保持存档。记录，是保存的方式。

当然，对于政府信息的概念，还可以从信息产生的主体、产生的过程、产生的方式以及存在的形式等方面来把握。[②] 同时，还要区分政府信息与行政行为的概念，司法审查的是行政机关公开信息的行为是否合法，而非审查政府信息的内容，也就是要清楚政府信息公开案件的审理标的，否则，可能出现文不对题的现象。

（二）准确把握所申请公开的信息与申请人的利害关系或者对申请人权利义务的实际影响

审查行政行为与原告是否有利害关系或者是否对原告的权利义务产生实际影响，是一般行政案件的受理条件，这一条件能否适用于政府信息公开案件，不无争议。即，当事人申请公开的政府信息与其有无利害关系或者对其权利义务是否产生影响，是否为政府信息公开案件受理的条件。

利害关系，来源于《行政诉讼法》第25条对于原告起诉条件的规定，即原告是行政行为相对人或者与被诉行政行为有利害关系。实际影响则来源于《最高人民法院关于适用〈中华人民共和国行政诉讼法〉的解释》第69条第1款第（8）项的规定，即“行政行为对其合法权益明显不产生实际影响的”，应当不予立案或者驳回起诉。实践中，认为政府信息公开案件应当适用该条件的观点比较普遍，但往往出现概念不一致或者含糊的情况。因为政府信息公开案件起诉前必须先向政府申请公开，政府会作出答复或者不答复。多数起诉的是答复或者不答复行为违法，这时存在的是答复或者不答复与其有无利害关系，还是该信息与其有无利害关系的问题。122号判决反映，行政机关认为，申请人要求公开的信息不明确从而“回复”申请人明确，申请人对该回复不服提起诉讼，一审认为该回复于法有据，且对申请人的权利义务并未产生实际影响，明显论述的是回复的行为对当事人的权利有无影响问题。但在多数情况下，所申请的信息是否应当公开，考虑的是该信息与当事人有无利害关系问题。笔者认为，当事人虽然起诉的是答复行为，但实际上是对

---

① 中国社会科学院语言研究所词典编辑室编：《现代汉语词典》第5版，商务印书馆2005年版，第47页。

② 李广宇：《政府信息公开诉讼理念、方法与案例》，法律出版社2009年版，第71—75页。

行政机关不予公开信息的行为的起诉，司法需要审查的是该不予公开的行为是否合法问题。如果纯粹从回复行为来说，一般意义上的回复或者答复，并不影响当事人的权利义务，应当不予受理或者驳回起诉。如122号判决反映的情况，笔者认为该案审查可能剑走偏锋，并不清楚审理的标的为何，应当审查的是行政机关不予公开的行为的合法性问题，当然必须与所申请公开的信息是否应当公开有必然的联系。换而言之，即，在审查行政机关不予公开政府信息的合法性时，首先要判断的是该信息是否应当公开，如果应当公开，则行政机关不予公开的行为违法；如果不应当公开，则行政机关不予公开的行为合法。

这里还涉及对“三需要”的理解问题，即2007年《政府信息公开条例》第13条[①]的规定。对该条理解有两种观点，一是应当主动公开的信息不受“三需要”的限制；依申请公开的信息则必须符合“三需要”的要求，不符合的，一种处理方法是不予受理，另一种处理方法是受理但驳回诉讼请求；二是无论是主动公开的信息还是依申请公开的信息，均不必符合“三需要”的条件。实践中，“三需要”经常与实际影响纠缠在一起，即认为符合“三需要”则有实际影响，反之则无。[②] 661号案件中，一、二审法院的判决理由，正是上述观点在裁判文书中的体现。[③]

笔者认为，正确认识该问题，把握政府信息公开条例的立法宗旨是关键。《政府信息公开条例》第1条规定，“为了保障……依法获取政府信息，提高政府工作的透明度，建设法治政府……”，制定本条例，比较清楚地明确了实行政府信息公开的目的是保障获取政府信息，建设阳光政府，“以公开为原则，不公开为例外”。政府信息公开，源于现代公民社会的知情权，知情权的理念源于社会契约论或人民主权论，公民通过知情权监督管理者，从而参与社会管理。[④] 因此，政府信息公开案件审理中，是否要求申请公开的信息必须满足“三需要”或者对当事人有实际影响，不应成为问题，更不能成为人

---

① 该条规定，“除本条例第九条、第十条、第十一条、第十二条规定的行政机关主动公开的政府信息外，公民、法人或者其他组织还可以根据自身生产、生活、科研等特殊需要，向国务院部门、地方各级人民政府及县级以上地方人民政府部门申请获取相关政府信息”。

② 有关不同观点，参见蔡小雪、郭修江：《房屋征收案件审理指引》，人民法院出版社2015年版，第28—30页。

③ 具体内容见（2017）陕行终661号行政判决书。

④ 王勇：《政府信息公开制度的法理基础》，载《中共中央党校学报》2005年第9卷第3期。

民法院不受理或者驳回当事人起诉的理由。2017 年，在《政府信息公开条例》施行 9 年后进行修订再无“特殊需要”内容，说明实践中对“三需要”或者实际影响存在不当理解。[①]

同时，根据《行政诉讼法》第 2 条及第 25 条的规定，在确定原告资格上，采用的是主客观相一致的标准。前者为主观标准，后者为客观标准，只有将两者结合考虑，才能正确认定原告资格。在政府信息公开案件中，对于利害关系或者原告认为行政行为对其合法权益造成损害，就是认为行政机关对所申请的答复（或者不答复）不服，只要不服就建立起了申请与答复之间的利害关系，对答复不服，就可以提起诉讼。

可以肯定地说，“三需要”等特殊需要或者实际影响说，不是判断人民法院应否受理政府信息公开案件的条件，更不能成为判断当事人申请公开理由能否成立的标准。无论是依职权主动公开的信息，还是依申请公开的信息，正确的判断标准应当是：当事人申请的信息是否属于公开范围，如果是，则予以支持；否则，则应当驳回请求。

（三）行政机关认为信息不存在案件的审查重点

因行政机关以所申请公开的信息不存在为由进行答复而引起诉讼的案件占相当比例，如何把握此类案件的审查重点值得研究。

313 号判决反映，政府告知所申请公开的信息并非行政机关制作或保存，该信息不属于政府信息。一审认为，政府表示未制作或保存信息，也无有效证据证明该信息存在，故要求公开该信息的依据不足，驳回了当事人的诉讼请求。二审认为，政府的告知说明其并非该信息的制作或保存机关，告知已送达，该告知并无不当，判决维持一审判决。同样是政府认为所申请公开的信息不存在，385 号判决反映，此类案件应重点审查行政机关是否已经尽到合理的查找和检索义务，政府虽然进行了告知，但并未提供其已尽到合理的查找和检索义务的证据材料，无法证明其已履行法定职责，遂判决政府重新处理政府信息公开申请。

笔者赞同 385 号案件二审判决的观点。按照 313 号判决二审的理由，可能导致即使应当公开的信息，政府也可以以该信息不存在为由规避政府信息

---

① 聂辉：《〈政府信息公开条例〉施行 9 年首次修订申请政府信息公开，再无“特殊需要”》，载《南方周末》2017 年 7 月 6 日。

公开的情况，其结果会使政府信息公开制度成为水中月、镜里花。只有重点审查政府是否进行了充分的检索、查找义务，才能表明政府是否尽到职责，履行了公开义务。当然，在此类案件审查中，原告必须承担初步证明责任，证明存在所申请公开的信息。

（四）所申请公开的信息可区分、可分开情况下的案件处理

当事人申请公开的信息，如果可以区分、分开，经区分、分开后，能够公开的信息应当予以公开。

452 号案件涉及申请公开的信息是，城中村改造项目拆迁补偿款的发放及使用情况。因部分补偿款未发放到位，政府因此认为该信息不存在而不予公开。有观点（以下简称整体信息说）认为，所申请公开的信息应当是整体信息而不应当是分户信息，补偿款未全部发放，该信息未最终形成，应当不予公开。有观点（以下简称个人隐私说）认为，分户信息涉及个人隐私不能公开，或者须征求第三方意见并经同意方能公开。笔者认为，整个项目拆迁补偿款涉及多户，虽有部分补偿款未发放，但每户的补偿款项相对独立，且有部分户已经发放，已发放的信息与未发放的信息能够分开，且已经形成，该信息应当依法公开。

整体信息说存在的问题是，如果政府不想公开该信息，可以对其中一户不发放补偿款，该信息可能多年后才能形成。更为重要的是，政府信息公开条例之所以明确将拆迁补偿款的发放及使用情况作为应当重点公开的信息，除了满足知情权外，更在于通过公开，形成监督，实现公平，防止腐败。根据《国有土地上房屋征收与补偿条例》第 29 条规定，应当将分户补偿情况在房屋征收范围内向被征收人公布。该规定明确分户补偿情况应当公开。因此，在已经发放部分补偿款情况下，已经发放的补偿款信息相对独立，且能够与未发放的补偿款信息相分离，各分户情况各自独立，可以公开。同时，对于个人来说，拆迁补偿款的整体情况对其并无意义，其之所以要求公开分户情况，主要是考虑是否平等公平对待，只有了解分户补偿款情况，才能对补偿款的发放情况形成监督，也才能够了解是否得到了公平对待。

个人隐私说的关键在于，判断已经发放的补偿款信息是否构成个人隐私。个人隐私，又称个人秘密，它是专属于个人且不愿意为他人知悉的事项。现行法律没有个人隐私的定义，从法律的角度解释个人隐私，即“公民与公共

利益无关的个人私生活秘密，是公民不愿公开或不愿为他人所知悉的个人身体或私生活方面的秘密信息”，包括私人信息、私人活动和私人空间三个方面。私人信息，是指有关个人的一切情报资料和资讯；私人活动，是指一切个人的、与公共利益无关的活动；私人空间，是指个人的隐私范围。个人隐私的主要特征为：由自然人享有，法人或其他组织不享有；属于权利人个人生活领域，一般与公共利益无关；权利人主观上不愿向公众公开、客观上也不为公众所知悉；由行政机关持有并可基于公共利益的需要而强制公开。本案所申请公开的拆迁补偿款信息是因拆迁对个人的补偿，该资金来源于财政，与公共利益紧密相关，即使拆迁户不愿意公开，但在客观上不存在不能为公众所知悉的情况。因此，拆迁补偿款不属于个人隐私，即使拆迁户不愿意公开，因其涉及公共利益，也应当依法公开。本案中，政府是以该信息不存在为由不予公开，在政府未提出涉及个人隐私理由的情况下，法院能否以该信息涉及个人隐私为由（为政府找了个不能成立的理由）不予公开，意见分歧比较大，值得进一步研究。

因此，对可区分的信息，不涉及国家秘密、商业秘密以及个人隐私的，应当予以公开。

（五）一种答复（回复）的可诉性

122 号判决反映，原告起诉的是行政机关的“回复”，这种回复是告知原告明确所要公开的信息的内容，如果不明确，行政机关无法公开，告知不是对申请公开的信息的答复，且对原告的权利不产生影响，因此，该告知不可诉。同理，原告对该告知申请复议，同样不符合复议条件，应当不予受理该复议申请。

其中，可能存在行政机关认定申请不明确，但经司法审查认为原告的申请明确的情况。在此情况下，司法机关能否判决行政机关受理并依法做出处理？对复议决定如何处理？笔者认为，在此情况下，因为行政机关的告知侵犯了原告的合法权益，该告知可以起诉，并可以认定该答复违法、复议决定违法，判决予以撤销，由行政机关受理该政府信息公开申请并依法处理。

（六）内部信息、过程性信息应否公开问题

政府信息公开条例中并没有内部信息的概念。在 2010 年国务院办公厅《关于做好政府信息依申请公开工作的意见》（以下简称《意见》）中，将

“行政机关在日常工作中制作或者获取的内部管理信息”明确为“一般不属于《条例》所指应公开的政府信息”，但对内部信息的概念及内涵并未有进一步解释。661号案件涉及内部管理信息问题，原告申请公开的是政府与管委会之间的委托征地协议，一审认为：委托征地协议是政府与管委会在征地过程中形成的内部管理信息，该协议并不对外发生法律关系，该委托征地协议不属于政府信息。

笔者认为，内部管理信息究竟是否应当公开，首先应当明确内部管理信息的内涵，实践中对此有不同的理解，对其是否应当公开，有“不具有外部效力”和“内部事务性”两种标准。[①]“不具有外部效力标准”是行政行为的标准，对政府信息公开案件未必适用，笔者更倾向于“内部事务性标准”。但是，“内部事务性标准”并非判断该信息是否公开的唯一标准，对于该信息应否公开，主要应当考虑公开的必要性，特殊情况下也应当公开，因此，《意见》规定的是“一般”，并未规定一律不应当公开。该案一审判决认定委托征地协议不属于政府信息的理由值得商榷。

过程性信息在《政府信息公开条例》及《最高人民法院关于审理政府信息公开行政案件若干问题的规定》中未作规定，《意见》中规定，处于讨论、研究或者审查中的过程性信息，一般不属于《条例》所指应公开的政府信息。因此，许多裁判认定过程性信息不应公开，同时以“社会稳定”为审查路径。但是，司法裁判中也未一律将过程性信息全部认定为不应当公开的信息。[②] 笔者认为，对于过程性信息可以区分为决策过程中的信息与决策出台后的信息两种，简而言之，即决策尚未形成时的过程性信息，考虑不影响决策的顺利形成，这时的过程性信息不适合公开；一旦决策形成，原来的过程性信息成为历史资料，应当公开。笔者有理由相信，随着依法行政的深入发展，事实上许多决策过程都会向公众开放，过程性信息的公开也就不会成为讨论的问题，或者不会像当前采取“一般不予公开”的做法。

（七）政府信息公开案件案由的统一

案由是对争议的法律关系的确定，准确确定案由能够确定本案适用的法律规范。规范、简洁、准确的案由是司法规范化要求的必然之义，也能够树

---

① 参见梁艺：《政府信息公开中“内部管理信息”的判定》，载《行政法学研究》2015年第1期。

② 王军：《过程性信息是否公开的司法判断》，载《甘肃行政学院学报》2015年第4期。

立司法权威。审判实践中政府信息公开案件案由高度不统一，一定程度上反映了裁判者对案由确定的分歧或者不够重视，表现出极大的任意性，不符合规范司法的要求。

笔者认为，对政府信息公开的答复不服起诉的，案由一般应确定为政府信息公开，表述为：××诉××政府信息公开一案；复议机关为共同被告的，表述为：××诉××政府信息公开及××政府行政复议一案。如此表述，能够清楚反映此类案件的特征及法律关系，不必如前述那样，出现各种各样的案由。

政府信息公开源于知情权，知情权源于现代社会公民参与社会管理的需要，是民主政治的应有之义。随着依法治国理念的深入，现代化国家的发展，政府信息公开的重要性必将更加为人所认识，政府信息公开的春天将更加明媚。“以公开为原则、以不公开为例外”的理念将得到切实执行，政府信息公开将成为常态，不公开的信息将严格限定在涉及国家秘密、商业秘密及个人隐私方面。未来的立法，将采用列举出不应当公开的信息、其他信息均应公开的方式，确定政府信息公开的范围。

（作者单位：陕西省高级人民法院）

关于正当程序原则具体化问题的调研*

唐　文

【摘要】正当程序原则的内涵见仁见智，但有“最大公约数”，即“中立、参与和时序”三标准。正当程序原则的具体化，是立法与司法适用的重点与难点；在争论尚未平息之背景下，我国立法与司法携手共进，走出了该原则中国化的独特之路。前途固然光明，但仍有适用依据和适用条件等困惑。在正当程序原则具体化道路上，尽管立法已先行，然难解燃眉之急，司法遂成生力军。在司法进路中，最高司法机关负有不可或缺的指导义务，当为顶层设计，厘清正当程序原则与法定程序的关系，明确谦抑适用的司法政策。当务之急是，在正在制定的《最高人民法院关于审理行政案件庭审若干问题的规定》中，临门一脚将“正当程序原则”升格为一般性的司法审查标准。

【关键词】正当程序　程序立法　司法审查　司法解释

正当程序原则是常议常新的舶来品。① 研究正当法律程序历史的美国约翰·V. 奥尔特教授鲜明地指出了该短语的不确定性：“这个短语本身，虽然具有提示性，但它不可能是不解自明的。法官和律师们已经从字面上努力了几百年，试图在具体的案例中赋予其内容。但是，他们努力的结果始终并未被普遍接受，即使取得共识，也极少能够持续很长时间。”② 如果说法治建设

---

* 本文系在整合作者书稿《正当程序原则在中国——原则裁判理论与实践》（尚未出版）部分章节内容基础上而成。

① “正当法律程序，是英美法的核心概念，它使诸如法治、经济自由、个人自治以及免于政府专断行为的侵害等价值观念具体化，因而是法学领域一个永恒的主题，数百年以来一直是法学家、法官及律师关注的重点。”［美］约翰·V. 奥尔特：《正当法律程序简史》，杨明成、陈霜玲译，商务印书馆 2006 年版，译者前言第 1 页。

② ［美］约翰·V. 奥尔特：《正当法律程序简史》，杨明成、陈霜玲译，商务印书馆 2006 年版，序言第 4 页。

中有一个原则具有普世价值，那么，正当程序原则不会落选；如果说世界法治语境下有一种共同语言，那么，正当程序原则就是“普通话”；如果说有一种正义确定又不确定，而且歧见多多，那么，正当程序及其内涵当列其中。正因为正当程序原则是见仁见智的价值判断，所以其具体化常常是立法与司法的重点与难点。经实证发现，当人们在争论正当程序原则的核心内涵是什么以及我国法律中“是否有”时，我国立法与司法关于具体化该原则走出了一条独特的路径。

一、正当程序原则的核心内涵是什么

有学者通过归纳国内外八种学说，发现关于正当程序原则内涵尽管在数量上有较大差异，但其核心内涵大致确定，可以合并“同类项”，并找到“最大公约数”，即“中立标准、参与标准和时序标准”。[①]

（一）中立标准

中立标准，台湾学者称为“公正作为义务”，也称为“禁止偏颇原则”。[②]该标准更直白的说法——“自己不做自己的法官”似乎成了中立标准的替身，此意用近义词表达就是“避嫌”。中立标准，字面上理解并无多大分歧，但是在立法与司法实践中常常遭遇具体化的疑难。中立标准之下位要求包括回避制度、禁止片面接触和组织适法要求；而回避进而可分为“利益冲突之回避”和“预设立场之回避”。[③] 不过，关于“预设立场”的认定仍然难以取得高度的共识，如身份歧视问题更为复杂，不便通过立法予以详尽界定，故需要通过权威案例统一认知。

（二）参与标准

参与标准，基本要求是赋予相对人或利害关系人程序自治权，从公权行使角度而言，是通知参与和听取申辩，用中文表达就是“兼听”。美国法学家罗伯特·萨默斯指出，参与标准具有作为过程价值的理由和品质：它能最大限度地实现自主、自治。[④]

---

① 唐文：《正当程序原则的核心内涵与属性》，载《“一国两制”研究》2016 年第 4 期（总第 30 期）。
② 参见翁岳生编：《行政法》，中国法制出版社 2002 年版，第 1092 页。
③ 参见翁岳生编：《行政法》，中国法制出版社 2002 年版，第 1092—1096 页、第 1033 页。
④ 转引自邓继好：《程序正义理论在西方的历史演进》，法律出版社 2012 年版，第 143 页。

最典型的参与是听证，而听证有正式和非正式听证之别[①]。目前，世界上许多国家的行政程序法中都明确规定了听证制度。学者应松年根据各国的做法，归纳听证活动一般包括公开、及时而有效通知并兼听陈述、决定以听证记录为依据等具体要求[②]；也有学者认为，行政机关作出任何行政行为，特别是作出对行政相对人不利的行政行为，必须听取相对人的陈述和申辩。行政机关作出严重影响行政相对人的合法权益的行政行为，还应依相对人的申请或依法主动举行听证。[③] 不过，还有学者研究表明："非正式与正式听证同样重要。就是在像美国和日本等极其推崇听证制度的国家，有关的实证研究也表明，行政机关大部分走的都是非正式的听证程序，是简易的听证程序，很少走像法院那样的正式程序。"[④] 总之，参与标准的要求因行政行为之情境不同而呈现出层次性的差异，最严格的当属司法性质的正式听证。

（三）时序标准

时序标准，包括时限和步骤两方面的要求，前者是时间概念，容易达成共识。后者与时间有关联，但是笔者专指程序步骤或顺序的合理性，其中包括说明理由的义务。笔者这里所指的说明理由之义务，是就顺序要求而言的，指"先兼听后立法"与"先说理后裁决"之顺序不容颠倒。有学者就此阐释："程序展开过程在时间上应当遵循合理的顺序，因为人们日常生活的经验就足以表明，一个理性的决定的产生必须经过一定的步骤，这些步骤在时间上应当有一个合理的先后顺序。合理的步骤一方面可以促进结果在实体方面的合理化；另一方面它们还是对决定产生过程公正合理的形式上的要求。"[⑤] 时序标准的重要意义还在于：避免公权"走程序"或"秀程序"，让程序虚置，以致所走的程序不正当。

时序标准与参与标准有直接的关联，亦即时序标准的要求是为了保障相对人的有效参与。时序标准之价值追求无非是保障相对人的权利和促进行政

---

① 我国台湾地区"行政程序法"将"听证权"分为正式程序的"听证"及非正式程序的"陈述意见之机会"两种。参见翁岳生编：《行政法》，中国法制出版社 2002 年版，第 1090—1092 页。

② 转引自周佑勇：《行政法的正当程序原则》，载《中国社会科学》2004 年第 4 期。

③ 姜明安主编：《行政法与行政诉讼法》，北京大学出版社、高等教育出版社 2005 年版，第 73 页。

④ 余凌云：《听证理论的本土化实践》，载《清华法学》2010 年第 1 期。

⑤ 王锡梓：《程序正义之基本要求解释：以行政程序为例》，载罗豪才主编：《行政法论丛》（第 3 卷），法律出版社 2000 年版，第 318 页。

效率，就时限要求而言，则是追求双重价值，既确保相对人有合理的时间准备申辩或行使听证权、救济权，也规制行政行为作出的时间，防止因拖延而损害相对人的权益；就步骤要求而言，主要是追求行政的合理性。

（四）“三标准”成为核心内涵之法理

“三标准”富含自然正义。正当程序原则源于自然正义，“几百年来发展并提炼出了自然正义规则。在这些原则的精确内容上不时出现难题，但它对政府行为的普遍适用性却从未受到怀疑”。英国行政法开山鼻祖威廉·韦德如是阐释：“在行政法上自然正义是一个界定完好的概念，它包括公正程序的两项根本规则：一个人不能在自己案件中作法官；人们的抗辩必须公正地听取。”[①] 再简要地说，自然正义就是无偏私地听取当事人的陈述与申辩。二者甚至可简述为“中立标准与参与标准”，如此替换，应无大的分歧。有学者从司法程序历史角度阐释了自然正义作为最低限度程序保障之表现：自然正义的两项要求被英国司法制度全面吸收，并用来作为法官解决争端时所要遵循的最低程序准则和公正标准。由此，自然正义也就成为正当程序原则在英国的独特表现形式，成为英国司法制度的一项最基本的法则。如果在审判过程中违反了这一原则，整个司法审判活动及其审判结果均无法律效力。[②] 威廉·韦德也明确指出：“违反自然正义就使行政决定无效。”[③] 若问自然正义从何而来，学者们通常会指向自然法。自然正义的历史源流更为复杂，早期的自然正义与自然法和自然权利等交互使用。[④]“自然正义作为自然法的起源以及尊严进路的论证，是自然正义精神穿透力的坚实基础。”[⑤] 中立标准和参与标准直接源于自然正义自不待言，而时序标准的要求不仅是程序内在的善，还是程序有效合理运行的基本保障，因而富含自然法所要求的程序品性。

“三标准”具有普适性。无论是一般性的正当程序原则，还是前后核心内涵“三标准”，都是每一法律制度都应予以承认并加以保护的。有学者明确指出：“正当程序不仅是具有普通法特色的地方性知识，而且是具有普适性

---

① ［英］威廉·韦德：《行政法》，徐炳等译，中国大百科全书出版社 1997 年版，第 95—96 页。

② 转引自邓继好：《程序正义理论在西方的历史演进》，法律出版社 2012 年版，第 66 页。

③ ［英］威廉·韦德：《行政法》，徐炳等译，中国大百科全书出版社 1997 年版，第 96 页。

④ 毕洪海：《普通法国家的行政程序正义进路》，载《政治与法律》2015 年第 6 期。

⑤ 毕洪海：《普通法国家的行政程序正义进路》，载《政治与法律》2015 年第 6 期。

的宪政制度，是人类法治文明的重要成果。”① 沈岿博士很直白地指出：我们一不小心落进了“地球村”时代，东西方在政治、经济、文化等领域内的对话与相互影响就像发生在比邻而居的人们之间；大陆学者关于行政程序基本原则和规则的共识相当程度上来自他们对西方国家行政法治经验和学说的认同。沈岿还称，学理共识中未加公开表白但毫无疑问存在的一个理念是：“听取对方意见”这一规则具有普适性，可以超越地界、疆域、民族、种群、阶层差异而广行天下；在中国，尽管还没有充分的研究显示古代存在一种制度化的类似规则，但“兼听则明，偏听则暗”的古训似乎作为一种朴素信念可以在一定程度上证明“听取对方意见”可能的确是也应当是人类普遍遵循的行为习惯或规范。② 20世纪末，美国学者斯图尔得等提出了全球行政法的概念；随着法的全球化进程及全球治理的需要，全球行政法正逐渐形成，正当行政程序恰恰是全球行政法形成的主要表现，也是处于初步形成状态的全球行政法出现的主要原则。③ 该文的论证也是“三标准”具有普适价值的阐释。

总之，“三标准”因其富含自然正义属性而具有普适性，这是指限制公权、保障人权的立法与司法实践背景下，可不分法域（成文法与判例法）、不分调整领域（立法、司法与行政）、不分种族（民族、种群、阶层等）的广泛适用。不过，这种普适性不是不分立法与司法实践的复杂性与流变性，而是必须注重一般原则的实践性。

二、我国践行正当程序原则典型样本分析

（一）从根本大法到软法

《中华人民共和国宪法》第5条第1款规定：“中华人民共和国实行依法治国，建设社会主义法治国家。”第2条第3款规定：“人民依照法律规定，通过各种途径和形式，管理国家事务，管理经济和文化事业，管理社会事

① 丁玮：《美国宪法上的正当法律程序：一个历史的视角》，黑龙江人民出版社2007年版，第201页。

② 沈岿：《制度变迁与法官的规则选择——立足刘燕文案的初步探索》，载《北大法律评论》（第3卷第2辑），法律出版社2001年版，第192—193页。

③ 罗智敏：《论正当行政程序与行政法的全球化》，载《比较法学研究》2014年第1期。

务。”有学者称这两条宪法基础性规范包含行政程序正当性。[①] 虽然“宪法作为一种像圣经一样无可置疑的权威，在法律议论中具有最高的效力”，然而，在我国，“宪法名尊而实卑，法院适用宪法成了一个禁区”[②]，其原因大致如下：宪法因解释机制极不发达，仍处于植物人式的“睡眠状态”。[③]

自“软法”一词面世以来，对其定义的理解可谓见仁见智，可大致表述为：由国家机构或者非国家机构制定或者形成的、不具有法律约束力或者司法执法力的行为规范，法律中的宣示条文也属于“软法”。[④] 从法律拘束力角度而言，党的政策和政府倡导是典型的“软法”。国务院于 2004 年 3 月发布的《全面推进依法行政实施纲要》（以下简称《纲要》）是典型的“软法”。该《纲要》对依法行政提出了基本要求，即“合法行政、合理行政、程序正当、高效便民、诚实守信和权责统一”。关于“程序正当”的具体表述如下：“行政机关实施行政管理，除涉及国家秘密和依法受到保护的商业秘密、个人隐私的外，应当公开，注意听取公民、法人和其他组织的意见；要严格遵循法定程序，依法保障行政管理相对人、利害关系人的知情权、参与权和救济权。行政机关工作人员履行职责，与行政管理相对人存在利害关系时，应当回避。”该表述的要旨是公开标准、参与标准和中立标准，与本文所提炼正当程序原则之核心内涵大同小异。还值得关注的是，该表述将“法定程序”作为“程序正当”之下位概念，传达的理念让人眼前一亮。“至此，可以说正当程序问题从行政法学者的书斋，向行政执法的实践迈进了大大的一步。因为《纲要》被认为是我国依法行政的纲领性文件。但是，限于该文件的位阶以及该文件对程序正当的具体规定，虽然从理论上来讲其效力涵盖所有行政行为，然而其实际效力是非常有限的。”[⑤] 6 年后，时任国务院总理温家宝总结分析依法行政工作面临的新情况新问题时强调：“所有行政行为都要于法有

---

① 参见江必新：《论行政程序正当性的司法审查》，载《行政执法与行政审判》2012 年第 6 期，中国法制出版社 2012 年版，第 8 页。

② 何海波：《实质法治：寻求行政判决的合法性》，法律出版社 2009 年版，第 237—238 页。

③ 参见章剑生：《对违反法定程序的司法审查——以最高人民法院公布的典型案例（1985—2008）为例》，载《法学研究》2009 年第 2 期。

④ 何海波：《实质法治：寻求行政判决的合法性》，法律出版社 2009 年版，第 172 页。

⑤ 黄学贤：《正当程序有效运作的行政法保障——对中国正当程序理论研究与实践发展的学术梳理》，载《学习与探索》2013 年第 9 期。

据、程序正当。”[①] 党的十八大报告首提建设“法治中国”，中共中央、国务院印发的《法治政府建设实施纲要（2015—2020 年）》即要求在 2020 年基本建成法治政府。党的十九大报告将全面依法治国上升为新时代中国特色社会主义的基本方略，为此设定的战略布局是：在 2020 年“全面建成小康社会”中“法治政府”得到“基本”建成的基础上，从 2020 年到 2035 年的“基本实现社会主义现代化”的第一阶段，“法治国家、法治政府、法治社会”要“基本建成”，“国家治理体系和治理能力现代化”也要“基本实现”。这些“软法”步步深入地推崇法治，而“法治是程序之治”，并且这是关于程序法治重要价值之共识。

在中国，“软法”类似顶层设计之蓝图，其宣示与号召作用不可小视。“‘软法’作为一个杂糅多方面现象的概念，弥补了传统概念的不足，对现实有相当的解释能力。”[②] 前述“软法”关于法治的表述，毫无疑问包括程序法治之义。但是，“软法”尽管是立法与修法的指南，但不能径行作为审判依据，甚至不能光明正大地作为裁判说理的论据。正因如此，我们在案例分析中只可见“软法”的影子。

（二）从国家立法到地方政府立法

我国刑事、民事和行政三大诉讼法的立法与修订，集中体现了我国对程序正义的追求，民众广为知悉，此自不待言。不过，我国程序与实体合一、以规制公权保障人权为主旨的行政立法更值得述评。

1. 正当程序原则法律化之轮廓。近年来，我国行政立法在正当程序原则具体化方面做了不少努力。比如，1996 年颁布的《中华人民共和国行政处罚法》（以下简称《行政处罚法》）除规定简易程序和一般程序外，引入了听证制度，有多个条款规定了当事人的参与权及保障措施，如在第 32 条第 1 款中规定：“当事人有权进行陈述和申辩，行政机关必须充分听取当事人的意见，对当事人提出的事实、理由和证据，应当进行复核；当事人提出的事实、理由或者证据成立的，行政机关应当采纳。”该条款规定还获得了境外学者褒扬：考虑到中国的政治文化历史背景，第 32 条提出了自然公正的概念，实在

---

① 温家宝：《在全国依法行政工作会议上的讲话》，2010 年 8 月 27 日。

② 何海波：《实质法治：寻求行政判决的合法性》，法律出版社 2009 年版，第 175 页。

是很了不起。[①] 2004 年 7 月施行的《中华人民共和国行政许可法》（以下简称《行政许可法》）在总结《行政处罚法》实施的经验与不足的基础上，规定了利害关系人的参与权。2011 年 1 月实施的《国有土地上房屋征收与补偿条例》在第 3 条出现了"程序正当"字眼，在征收补偿主体的确定和补偿程序中体现了中立标准[②]，还具体规定了事前告知和听取被征收人意见程序[③]。2012 年 1 月实施的《中华人民共和国行政强制法》（以下简称《行政强制法》）在参与标准方面规定了相对人的陈述权和申辩权[④]，在时序标准方面规定了强制措施"先审批后实施"的原则[⑤]、强制执行"先催告后决定"的原则[⑥]和诸多具体而又硬性的要求。有学者称，这种采取阶段式的执行程序是一大亮点：借鉴德国联邦行政强制执行法将强制执行分为告诫、决定和采取强制方法三个阶段，规定催告、听取意见、作出决定和执行等步骤；这种阶段式的"渐进加温"的执行程序敦促被执行人主动履行义务，符合国家权力节制的原则。[⑦] 总之，前述四部专门立法相关条款分别体现了正当程序原则之中立标准、参与标准和时序标准，其重要意义如下：渗透着正当程序原则核心内涵之单项行政程序立法具有突破与引领效应。首先，正当程序原则理念得以传播。我国虽然无统一的行政程序法典，但是四部法律（条例）抓住了对公民、法人和其他组织影响深刻的行政处罚、行政许可、房屋征收和行政强制分别予以规制，随着宣传的扩大和施行的深入，公民和行政执法人员对程序法治的认识和实践与时俱进，从而使得行政行为不仅要实体合法还要程序合法之观念得以实践。《国有土地上房屋征收与补偿条例》秉承《纲要》所提"程序正当"倡导，将其写入总则，顺应了民心。尽管此"程序正当"与"正当程序原则"尚存差异，但是带有标志性意义。这是程序法治由"政

---

① 何意志：《德国现代行政法学的奠基者奥托·迈耶与行政法学的发展》（代中文版序），载［德］奥托·迈耶：《德国行政法》，刘飞译，商务印书馆 2015 年版。

② 参见张步峰：《正当行政程序研究》，清华大学出版社 2014 年版，第 156—157 页。

③ 见该《条例》第 10 条规定。

④ 总则部分的第 8 条规定："公民、法人或者其他组织对行政机关实施行政强制，享有陈述权、申辩权；……"

⑤ 如第 18 条第（1）项规定，"实施前须向行政机关负责人报告并经批准"。不过，第 19 条还规定，情况紧急，需要当场实施行政强制措施的，行政执法人员应当在 24 小时内向行政机关负责人报告，并补办批准手续。

⑥ 详见第 35 条和第 54 条。

⑦ 参见曾娜：《行政程序的正当性判断标准研究》，知识产权出版社 2014 年版，第 160 页。

府纲要”向“政府立法”的突破，它为司法对行政行为程序的审查提供了审判依据。其次，正当程序原则向格式化、精细化和严谨化发展。格式化方面，主要体现在行政机关告知参与权与兼听之义务、当事人对听证主持人的回避权、“先取证后处理”等规定。三部法律关于行政机关的告知参与权与兼听义务并无实质区别；在《行政处罚法》和《行政许可法》中，回避规定大同小异。精细化方面，主要体现在规制当场执法和紧急执法、明确程序违反的法律后果[①]等规定。严谨化方面，主要体现在单行立法一部比一部严谨，如《行政许可法》第4章“行政许可的实施程序”共计29条，占整部法律83条的1/3还多，“正当程序的基本内容几乎都在该法中得到体现”；[②] 此外，《行政许可法》还弥补了《行政处罚法》只保障相对人参与权的不足，特别规定了利害关系人的参与权[③]；《行政强制法》把行政强制的程序作为“重中之重”，“充分体现了正当法律程序的要求”[④]，除详细规制时序标准外，第43条还有禁止夜间和法定节假日施行强制执行等文明执法内容。

最近修法尤为醒目的是，我国《行政诉讼法》已有“准正当程序原则条款”。[⑤] 根据2015年5月实施的《中华人民共和国行政诉讼法》（以下简称《行政诉讼法》）第74条第1款第（2）项规定，行政程序轻微违法但不对原告权利产生实际影响，人民法院可判决确认行政行为违法。该判决方式的出台与践行，可谓“中国准正当程序原则”，在法治政府建设中具有里程碑意义。“74条款”可作为司法审查行政程序的坚实基础与有力杠杆，填补了行政程序轻微违法的规制漏洞。但是，何为行政程序轻微违法，司法实践歧见不少。针对“74条款”的适用，2018年2月8日施行的《最高人民法院关于适用〈中华人民共和国行政诉讼法〉的解释》（以下简称《行诉解释》）有专门对应的条款，该《行诉解释》第96条规定：“有下列情形之一，且对原告依法享有的听证、陈述、申辩等重要程序性权利不产生实质损害的，属于行政诉讼法第七十四条第

---

① 如《行政处罚法》第41条的规定。

② 参见曾娜：《行政程序的正当性判断标准研究》，知识产权出版社2014年版，第158页。

③ 如《行政许可法》第36条和第47条第1款的规定。

④ 《行政强制法》第3章“行政强制措施实施程序”和第4章“行政机关强制执行程序”十分详尽完备，条文达37条，占整部法律的52%左右，其目的就在于为行政强制确立正当和严格的法律程序。参见曾娜：《行政程序的正当性判断标准研究》，知识产权出版社2014年版，第160—161页。

⑤ 参见唐文：《我国新行政诉讼法“准正当程序原则”条款的适用》，载《东南司法评论》（2017年卷），厦门大学出版社2017年版。

一款第二项规定的'程序轻微违法'：（一）处理期限轻微违法；（二）通知、送达等程序轻微违法；（三）其他程序轻微违法的情形。"显然，该司法解释对统一适用行政程序轻微违法之确认尺度，具有重大指导意义。

2. 正当程序原则地方立法之实践。早在2003年，被列入第十届全国人大常委会的五年立法规划的中国《行政程序法》至今尚未启动立法程序。但是，随着《全面推进依法行政实施纲要》关于"程序正当"和"加快行政程序建设"等要求的贯彻，地方立法以湖南省人民政府颁布的《湖南省行政程序规定》为先河，掀起了关于行政程序的立法小热潮，故以代表性立法例予以分析。

表1　地方立法体现正当程序原则核心内涵之条文举例

地方立法	中立标准	参与标准	时序标准
湖南省行政程序规定（2008.4）	第131条第2款规定了听证的回避权	第71条规定了认证参与权、第73条规定了行政机关的告知与兼听义务、第6章规定了听证程序	第64条第2款规定了行政执法程序"先审批后启动"的原则、第176条规定了选择送达方式的顺序
山东省行政程序规定（2011.6）	第79条第4款规定了禁止单方接触原则	第9条规定了行政机关告知当事人参与权义务、第74条系保障当事人的参与权之规定	第66条第2款规定了行政执法"先审批后启动"的原则
汕头市行政程序规定（2011.4）	第138条第2款规定了听证的回避权	第56条规定了行政机关告知当事人参与权义务、第66条关于认证参与权的规定、第7章行政执法听证程序	第59条规定了行政执法程序"先审批后启动"的原则、第146条第4款是依据听证笔录作决定的规定
西安市行政程序规定（2013.3）	第21条和第22条规定了范围较广的回避对象、申请回避的情形与时限	第6条规定了行政机关告知当事人参与权义务、第8条第2款规定了参与权的保障原则	第38条规定了行政处理程序"先审批后启动"的原则，第49条规定了"先取证后决定"的原则
海口市行政程序规定（2013.6）	第6条规定了回避事宜，第66条第2款规定了禁止单方接触原则	第3条和第46条规定了行政机关的告知与兼听义务	第53条第2款规定了行政处理程序"先审批后启动"的原则

分析表1信息即可发现：相对国家立法而言，地方立法贯彻正当程序原则更加务实与深入，推进程序法治之功卓著。首先，地方立法先行先试，具有“行政程序特区效应”。有学者指出，各地程序立法“在地方局部形成了较为完备的程序法规范体系”，“从立法文本上建立了我国正当程序法典化的雏形，为将来的统一行政程序立法提供了先进经验”①。其次，体现正当程序原则基本内涵的技术规则颇具先进性、可操作性。中立标准方面更为进步，如《西安市行政程序规定》中关于回避，有自行回避和申请回避的分类，且规定“适用于行政机关负责人、行政执法人员、案件听证人员、记录人员以及对案件专门问题进行鉴定、勘验、审计、翻译人员”。此模仿审判程序回避规则颇具宣示效应，尽管实施效果难以判断。参与标准方面更为实在，如《山东省行政程序规定》和《西安市行政程序规定》有保障当事人的参与权之规定，《湖南省行政程序规定》和《汕头市行政程序规定》有关于当事人认证参与权的规定。时序标准方面更为严格，所列样本地方立法都规定了“先审批后启动”或“先取证后决定”的原则，《汕头市行政程序规定》为防止听证走过场，还特别规定认证必须听证和根据听证笔录作出决定的严格规定②。

此外，地方行政程序立法关于程序违反法律后果，相对国家立法而言，行政行为被规制的范围明显扩展，程序违反的法律后果更为清晰。地方立法不仅调整表内所列典型行政行为，也规制特别行为，使正当程序原则的效力不仅渗透到典型行政行为程序当中，还波及国家立法难以统一规制的特别行政领域。地方立法大都予以规范的特别行为有重大行政决策、行政合同、行政裁决、行政指导；个别地方立法还触及了十分复杂的行政领域，如《汕头市行政程序规定》有“非行政许可类审批程序”，《海口市行政程序规定》有“非行政许可审批和登记”。

更值得关注的是，地方立法对典型的行政行为之程序违反大都规定了瑕疵补正、可撤销或确认违法等法律后果。相对《行政处罚法》第3条关于不遵守法定程序的行政处罚无效之规定，地方立法对于程序违反的法律后果更合情理，也更具有可操作性。

---

① 张步峰：《正当行政程序研究》，清华大学出版社2014年版，第208页。

② 见《汕头市行政程序规定》第146条第4款。

（三）从司法解释到《行政审判办案指南（一）》

2012 年 4 月 10 日起施行的《最高人民法院关于办理申请人民法院强制执行国有土地上房屋征收补偿决定案件若干问题的规定》（以下简称《办理房屋征收补偿决定案件若干规定》），在第 6 条将“严重违反法定程序或者正当程序”作为人民法院应当裁定不准予执行的法定情形之一。在多个适用正当程序原则权威案例公布后，司法解释才于 2012 年初首次名正言顺地表述“正当程序”一词。“正当程序原则”登堂入室，似乎姗姗来迟。更感意味深长的是，该司法解释是根据《国有土地上房屋征收与补偿条例》等有关法律、行政法规规定而制定，但并没有照用《国有土地上房屋征收与补偿条例》“程序正当”的表述，而是调整词序，采用了与法治国家接轨而又通用的“正当程序”之称呼。正如学者评价所说：该司法解释的出台标志着在我国“正当程序已经真正从幕后走向了台前”，是“正当程序”已成为普遍公认的宪法和行政法基本原则的必然趋势使然。[①] 然而，“正当程序”与“程序正当”是否有区别，正当程序与法定程序究竟是何关系，该司法解释有意将二者并列，其意蕴值得探究与解读。

所谓办案指南，书店并不罕见，人们习以为常，但以红头文件形式发布的却十分罕见。2014 年 2 月 24 日，最高人民法院办公厅《关于印发〈行政审判办案指南（一）〉的通知》[②] 下发全国，该指南在“法律原则的运用”部分根据《中国行政审判指导案例》（第 1 卷）所载的行政审判第 20 号案例[③]，就“正当程序原则的运用问题”表达了新意，故就此列表阐释。

---

① 黄学贤：《正当程序有效运作的行政法保障——对中国正当程序理论研究与实践发展的学术梳理》，载《学习与探索》2013 年第 9 期。

② 该通知指出：“为统一司法裁判尺度，明确法律适用标准，让人民群众在每一个司法案件中都感受到公平正义，我们将对各地行政审判实践中具有前沿性、普遍性、典型性的案例及问题进行归纳研究，定期编发《行政审判办案指南》，现将《行政审判办案指南（一）》印发给你们，请转发至各级法院，供各地在行政案件审理中参考运用。”该指南涉及受案范围、诉讼参加人、证据、起诉和受理、审理和判决、法律原则的运用、行政赔偿等 8 大问题和 29 个小问题。

③ 即彭某华诉浙江省宁波市北仑区人民政府工伤行政复议案，载中华人民共和国最高人民法院行政审判庭编：《中国行政审判指导案例》（第 1 卷），中国法制出版社 2010 年版，第 99—104 页。

表2　彭某华诉宁波市北仑区政府工伤行政复议案司法观点比较

比较	原案例	办案指南
司法观点	行政复议机关拟作出对利害关系人产生不利影响行政复议决定的，应当按照正当程序原则的要求，采取适当方式通知利害关系人参加行政复议。行政复议机关未通知利害关系人参加行政复议，直接作出对利害关系人不利影响的行政复议决定的，构成违反法定程序，依法应当撤销	行政机关作出对利害关系人产生不利影响的行政决定前，未给予该利害关系人申辩机会的，不符合正当程序原则；由此可能影响利害关系人合法权益的，人民法院可以认定被诉行政行为违反法定程序
正当程序适用要件与法律后果	主体：行政复议机关 行政行为：行政复议 适用必要条件：对利害关系人产生不利影响 法律后果：违反法定程序 裁判方式指引：撤销	主体：行政机关 行政行为：行政决定 适用必要条件：对利害关系人产生不利影响 法律后果：违反法定程序 裁判方式指引：无
发布主体	最高人民法院行政审判庭	最高司法机关①
发布主体自评	全国范围内具有规则意义	前沿性、普遍性、典型性
司法观点之影响力	示范和指导	参考运用

尽管《行政审判办案指南（一）》的载体还是权威案例，但是它以构建制度的积极姿态出现，故该案例不应孤立看待，当视为诸多适用正当程序的权威案例之代表，不仅要与“行政审判106号案例”② 相比较，尤其要与2014年12月25日发布的“指导案例38号”相勾连。“行政审判106号案例”裁判要旨十分引人注目：“在法律、法规没有明确规定的情况下，人民法院可以把正当程序原则作为判断行政行为合法性的依据。”其拓展适用范围的意图与大胆，虽然让行政审判法官为之一振，但是毕竟学理性有余而官方意志不足，故于几年后以红头文件形式推出关于正当程序原则适用的《行政审判办案指南（一）》。与其说《行政审判办案指南（一）》是最高司法机关为实施案例指导制度而背书与力推，不如说是司法高层为正当程序的适用大

① 根据办文通常流程，办案指南自然是最高人民法院行政审判庭推动而出，但是内设机构的构想提升为机关意图，其影响力随之大增。

② 即陈刚诉句容市规划局句容市城市管理局城建行政命令案，载中华人民共和国最高人民法院行政审判庭编：《中国行政审判案例》（第3卷），中国法制出版社2013年版，第128—132页。

力开路。办案指南充其量是“软法”，虽然不如司法解释，但是最高司法机关在尚未发布适用正当程序指导性案例时，以改头换面的要旨、以红头文件的形式隆重推出关于正当程序原则运用问题的司法观点，也让行政审判法官解渴，看似轻描淡写的“参考运用”几字，还会让遭遇正当程序适用困惑的法官有底气勇往直前。首先，办案指南十分明确地体现了最高司法机关拓展正当程序原则适用范围的意图，前述司法解释关于“正当程序”的规定适用对象仅仅限于国有土地上房屋强制拆迁领域，办案指南有将其适用于所有行政决定之大胆突破；其次，对裁判要旨所指引撤销之裁判方式做了修正，这是对原裁判要旨偏颇的矫正，符合违反法定程序的应当分别采取瑕疵补正、确认违法和撤销三种方式之法理。

（四）田某案从《最高人民法院公报》案例升格为指导性案例

著名的田某诉北京科技大学拒绝颁发毕业证、学位证案①，是隐性适用正当程序原则的典型案例，早就发布于《最高人民法院公报》（以下简称《公报》）1999 年第 4 期，该案例的“裁判摘要”或“裁判理由”均未提及“正当程序原则”字眼。从该案例的公告文本而言，正当程序原则的适用在当时尚处于“犹抱琵琶半遮面”之状。2014 年 12 月 25 日，应当载入我国正当程序原则适用史册。这一天最高人民法院发布了第九批指导性案例②，将田某案作为第 38 号指导案例予以公开发布；自发布指导性案例以来，案例“关键词”首次出现“正当程序”字眼。自此，“正当程序”以醒目的方式面世。最高人民法院于 2010 年 11 月 26 日印发了《关于案例指导工作的规定》（以下简称《案例指导规定》），根据《案例指导规定》，对全国法院审判、执行工作具有指导作用的案例名称为“指导性案例”，最高人民法院垄断发布的“指导性案例”，“各级人民法院在审判类似案件时应当参照”。据此，“指导性案例”是中国最权威的案例，即便是《公报》案例如要取得“应当参照”的资格，仍然需按《案例指导规定》所规定的程序才能升格。因此，确

① 当时北京的两级法院，在没有任何法条依据的情况下，以被告作出退学处理决定没有听取原告田某申辩，也没有向原告本人宣布和送达为由，认定被告构成程序上的违法。判案理由为：按退学处理，涉及被处理者的受教育权利，从充分保障当事人权益的原则出发，作出处理决定的单位应当将该处理决定直接向被处理者本人宣布、送达，允许被处理者本人提出申辩意见。北京科技大学没有按照此原则办理，忽视当事人的申辩权，这样的行政管理行为不具有合法性。

② 见 2014 年 12 月 24 日《最高人民法院关于发布第九批指导性案例的通知》（法〔2014〕337 号）。

有必要对田某案升格信息加以分析。

表 3　田某案从《公报》案例到指导性案例比较

文本	《公报》案例	指导性案例
案例载体	《公报》1999 年第 4 期	第九批指导性案例
发布时间	1999 年 4 月	2014 年 12 月 25 日
发布机关及程序	最高人民法院审判委员会讨论通过，在《公报》上发布	最高人民法院审判委员会讨论通过，以通知形式下发，首先在《人民法院报》发布，其后在《公报》上刊登
关键词	无	行政诉讼、正当程序等
关于程序问题的裁判要点	无	高等学校对因违反校规、校纪的受教育者作出影响其基本权利的决定时，应当允许其申辩并在决定作出后及时送达，否则视为违反法定程序
关于程序审查之裁判理由	按退学处理，涉及被处理者的受教育权利，从充分保障当事人权益的原则出发，作出处理决定的单位应当将该处理决定直接向被处理者本人宣布、送达，允许被处理者本人提出申辩意见。北京科技大学没有按照此原则办理，忽视当事人的申辩权，这样的行政管理行为不具有合法性	退学处理决定涉及原告的受教育权利，为充分保障当事人权益，从正当程序原则出发，被告应将此决定向当事人送达、宣布，允许当事人提出申辩意见。而被告既未依此原则处理，也未实际给原告办理注销学籍、迁移户籍、档案手续
正当程序原则之适用	隐性适用	公开适用

案还是那案，发布者还是原发布者，如果将关键词看作案例之眉目，那么，同一案例为何改头换面，最高司法机关为何遴选田某案？

先看早先学界对该案的高度评价：“田某诉北京科技大学案是一个在中国行政法学理论与实践发展过程中颇具里程碑的案件。因为在这个案件中，法院不仅拓展了行政诉讼的收案范围（以此为契机，将教育管理权作为司法审查的对象），而且创造性地运用了行政法基本原则，即在法律没有明文规定的情况下，以正当程序原则作为法官作出判决的依据。”“在田某案中，法官大胆引入‘正当程序’法律原则——这个舶来的尚未在我国实定法中明确规定的原则，既实现了个案公正，又真正阐发了法律的精神，显示了中国法官创造的勇气和法律的智慧。”① 也许最高司法机关选择田某案体现了稳中求进的考量：其一，该案较早地发生在首都，不仅媒体关注度高，而且被学界热议，显然是适用正当程序原则的案例中知名度最高、时间较早的案例；其二，该案中“正当程序原则”并非是核心判案理由，该案裁判要点提炼了3个，其中表达正当程序原则内涵的裁判要点排第三，且没出现“正当程序原则”字眼，展示了保守姿态；其三，升格后的田某案关键词有5个，“正当程序”作为关键词排在最后，可能是有意缓解于法无据的“正当程序原则”之冲击力。当下，应当关注最高司法机关有意升格案例的实效。在笔者看来，最高人民法院将正当程序案例升格为指导性案例，对正当程序原则在中国的适用具有如下破冰意义：

1. 标志着正当程序原则的适用从“静悄悄的革命”发展到“大张旗鼓地动员”。如前所述，最高人民法院行政审判庭将正当程序原则适用推向高峰的“行政审判106号案例”之裁判要旨出台是“静悄悄的革命”，那么，最高人民法院将正当程序案例升格为指导性案例就是“大张旗鼓地动员”②。如果说参照《公报》案例所用正当程序原则来判案，有“羞羞答答”之窘态，有“名不正言不顺”之局限，那么，自最高人民法院将正当程序案例升格为指导性案例后，法官们参照“指导案例38号”就打消了尚存的顾虑，有底气直面外界“恣意造法”的质疑。

2. 标志着适用正当程序原则的权威案例从“说理可选论据”发展为具有“事实上的拘束力”。根据“审判类似案例应当参照”的案例指导制度之要求，在条件成就的情况下，正当程序原则的适用已经成为法官适法义务。最高人民法院权威人士就指导性案例的拘束力做了如下解读：“从人民法院组织体系角度分析，司法系统内部协调统一的原则要求：各级法院的法官在审理

① 刘育吉：《田某诉北京科技大学拒绝颁发毕业证、学位证行政诉讼案——专家评述》，载朱江主编：《法官的逻辑·海淀法院典型案例判解》，法律出版社2003年版，第202—204页。

② 指导性案例的发布都以最高人民法院通知形式下发，并在《人民法院报》上配发答记者问，其后指导性案例再在《公报》上发布。最高人民法院在发布第一批指导性案例的通知中明确提出如下要求：“各级人民法院对于上述指导性案例，要动员组织广大法官认真学习研究，深刻领会和正确把握指导性案例的精神实质和指导意义；要增强运用指导性案例的自觉性，以先进的司法理念、公平的裁判尺度、科学的裁判方法，严格参照指导性案例审理好类似案件……要充分发挥舆论引导作用，宣传案例指导制度的意义和成效，营造社会各界理解、关心和支持人民法院审判工作的良好氛围。”见法〔2011〕354号通知。

同类或类似案件时，必须充分注意经最高人民法院审判委员会讨论通过的指导性案例：如果没有充分理由而背离指导规则，那么法官将有可能面对来自上级法院审判监督与本院审判管理的双重约束。因此，指导性案例具有事实上的拘束力，法官在处理同类或类似案件时，应当充分注意、参照指导性案例。"①

三、我国正当程序原则具体化的主要障碍

前述实证表明，正当程序原则在中国适用已现良好的成长性，并"逐渐获得自信心和合法性"②：国家立法"单兵突进"弘扬正当程序理念，地方立法先行先试将正当程序原则具体化，司法解释找到突破口顺势推出"法源性"规则，《行政审判办案指南（一）》适时倡导审判"参照适用"，"指导案例38号"闪亮登台要求法官"应当参照"，为正当程序原则的司法适用打下了基础。然而，由于前述"规范性文件"不够用，正当程序原则之践行遇到了一系列具体化的障碍，主要是"能否用"和"如何用"之疑难。

（一）适用依据的困惑

正当程序原则的适用已扩张，当然有其合理性。然而，在遭遇程序法空白或模糊的情形下，当追问适用依据何在时，法理上如何证成，就成为无法回避的首要问题。"法律原则不是从天而降，它必须为自己的存在而证明，乃至辩护。那么，在什么情况下，即使没有法律条文规定，我们仍可以称'这是一条应当遵循的法律原则'？"③ 在我国，法官造法不是"水土不服"，而是缺乏或没有土壤，于是，"法律发现理论"似乎可以为司法能动主义包装。境外的"原则法理学"是否拿来解燃眉之急？在立法优位的中国，司法严格依法之义务被强化。"在行政法领域，传统的教条仍然像幽灵一般地统治着我们的法律思维；法院离开法律条文判案常常遭到强烈抵抗，法官造法更被视为僭越之举。"④ 至今，司法裁判适用正当程序原则已习以为常，但是仍然遭

---

① 胡云腾、罗东川等：《〈关于案例指导工作的规定〉的理解与适用》，载苏泽林主编：《中国案例指导制度的构建和应用》，法律出版社2012年版，第14页。

② 何海波：《实质法治：寻求行政判决的合法性》，法律出版社2009年版，第105页。

③ 何海波：《实质法治：寻求行政判决的合法性》，法律出版社2009年版，第247页。

④ 何海波：《实质法治：寻求行政判决的合法性》，法律出版社2009年版，第104页。

遇自身行为的“正当性”与“合法性”的质疑①。学者如下顾虑更是切合中国司法实际：“唯有行政程序法律制度明确规定了正当程序原则及其适用范围，行政诉讼中法官方能依此对被诉行政行为进行相应的审查。唯有如此，正当法律程序才能真正从理念到实践，从个案的运用到普遍的要求，从行政行为的主动遵循到行政诉讼的依法审查，由间接适用到直接适用。”②

（二）法定程序与正当程序关系的困惑

“在法律、法规没有明确规定的情况下，人民法院可以把正当程序原则作为判断行政行为合法性的依据。”从这个早些时候发布的“行政审判 106 号案例”裁判要旨可推出，法定程序不包括正当程序。其后不久的司法解释将“法定程序”与“正当程序”并列表述，二者似乎亲如兄弟，是否属于孪生兄弟关系？司法实践中，裁判都将违反正当程序原则之性质归入违反法定程序。“指导案例 38 号”将违反正当程序原则的“视为违反法定程序”。因此，最高人民法院关于正当程序原则的表述或态度有些“暧昧”：一则，“视为”二字意味着“正当程序”不等于“法定程序”；二则，“法定程序”外延不得而知，其“法”是否除了法律规则之外还包括法律原则乃至实定法之外的“软法”？如果正当程序原则之地位属于自然法性质的，那么，是否可以用它评判实定法呢？如果可用，那么，评价标准如何确定，“最低限度程序公正”之技术标准，应当来自立法还是司法？新《行政诉讼法》有人民法院关于规范性文件附带审查的制度，那么，司法审查时如何运用正当程序原则予以审查？

（三）适用条件的困惑

不管法理基础问题争议如何，我国司法实践对正当程序原则的适用大有扩张之势。然而，该原则毕竟不是法律规则，具有抽象性，必须经过具体化并转化为裁判规则，才能适用于程序疑难案件。因此，与其他抽象原则适用面临的问题一样，正当程序原则的司法适用会遭遇如下实务难题：其一，正当程序原则是否与其他法律原则存在冲突。它与公益原则、行政效益原则、

---

① 关于正当性的讨论参见何海波：《正当程序原则的正当性：一场模拟法庭辩论》，载《政法论坛》2009 年第 5 期。

② 黄学贤：《正当程序有效运作的行政法保障——对中国正当程序理论研究与实践发展的学术梳理》，载《学习与探索》2013 年第 9 期。

行政自由裁量原则和司法审查有限原则是何种关系；如果它们之间有竞合，那么如何作出选择？其二，正当程序原则如何适用于不同类型的程序疑案。根据共识性的疑难案件分类，程序疑案有程序规则模糊、程序规则冲突、程序规则空白等类型，那么法官遭遇如此不同类型的疑案时，如何具体适用正当程序原则呢？其三，所审查的行政行为如何类型化。换言之，正当程序原则尽管具有普适性，但是，是否可以适用于所有被诉行政行为，诸如损益行政行为与授益行政行为是否一视同仁？《行政诉讼法》有关于“程序轻微违法，但是对原告权利不产生实质影响的，判决确认被诉行政行为违法”之规定，对这条“最容易让被告败诉条款”如何理解与适用？尽管就此有了最新的《行诉解释》第 96 条，但该条中的“重要程序性权利”和“其他程序轻微违法”等抽象概念仍有适用方面的分歧，需在适用中统一尺度。

四、司法进路中最高人民法院业务指导义务

正当程序原则的适用必须具体化，而具体化在成文法国家当然首选立法。然而，立法往往难解“燃眉之急”，故及时解决该原则的具体适用问题，仍然离不开一线法官的司法智慧。鉴于此，最高司法机关担负不可或缺的指导义务，当为顶层设计，当务之急是厘清正当程序原则与法定程序的关系，明确谦抑适用的司法政策，亦即明确正当程序原则具体化的性质，并在具体适用时加以规制。

（一）厘清相互关系

法定程序与正当程序之关系是错综复杂的互动关系。正当程序原则具有“自然正义”的属性，于是就有了高于实在法（人定法）的品格，既可用作评判法定程序的价值标准，还可用作填补程序法漏洞的价值导向。第一，作为高级法的正当程序与法定程序相互依存。无正当程序理念与原则作为程序立法的价值指引，法定程序将成为无根基的空中楼阁；无法定程序将正当程序原则具体化、法定化，正当程序必将行之不远甚至无疾而终。第二，法定程序应受正当程序原则规制。正当程序原则具有“补充法定程序的疏漏”和

“判别法定程序的善恶”功能。[①] 因此，程序立法应当将正当程序原则具体化，其修改还应自觉回应与接纳“正当性”的渗透。从司法实践角度看，有的法定程序很可能是“正当性”的不充分表达，还要接受正当程序原则的修补。第三，正当程序原则的法定化或司法（具体）化永远在路上。正当程序原则因具有“内在之善”的品质，它不以既有法定程序为满足，按照正义的指引，伴随立法，需要不断拓展“势力范围”。

（二）明确适用性质

正当程序原则具体化而生的行政程序规则，不是法官造法，而是法律发现。何为法律发现，说法不一。因为法律发现与法律解释、法官造法有交集，它们在法律渊源外延、法律是否有漏洞、法官职权界定等方面表述分歧较大。在中国内地法学界，学者大多从司法适用的角度来论述法律发现，其意大致指司法过程中法官通过检索法律、识别法律、解释法律或论证法律等路径确定适用个案的裁判规则之法律适用方法或技术。法律发现理论源自西方法学理论，中国学者的转述或阐释的根本出发点与西方一些法学家之论述大同小异，大都为了反对或抑制法官造法，以实现法治的目标。[②] 总之，中国内地通过法律发现理论的研究大致形成如下共识：法律发现是中国司法裁判疑案的提法，明显区别于敏感的法官造法；在立法优位的体制中，法官应当是“法律的喉舌”或“法律的奴仆”。司法实践中，虽然不能经常以此角色司法，但是法官应当警醒，应当严防僭越权限的风险，即便在遭遇法律空白或法条竞合时，也应通过解释的路径与技巧来表达对立法权的忠诚，只有这样，才能使司法权的生存环境得以维系、发展条件逐渐改善、司法裁判获得公信。立法优位的语境下，疑案裁判无法可依（即无现成的法律规则作为审判的大前提），更需要法律发现理论来解释司法能动，这是因为法律发现不仅符合司法谦抑的基本定位，而且是对立法应有的尊重。司法审查中，法官即便遭遇程序规则漏洞，须适用正当程序原则判案，也不宜称之为法官造法。这类疑难的裁判规则虽然涉嫌法官造法，如德国法学家拉伦茨称之为“法律内的续

---

① 参见章剑生：《现代行政法总论》，法律出版社 2014 年版，第 233—234 页。

② 如陈金钊：《法治与法律方律法》，山东人民出版社 2003 年版，第 208 页；王水明：《创造法律还是发现法律——两大法系法官“适法”之比较》，载《人民法院报》2010 年 10 月 29 日；董书萍：《论法律识别——限定在同一部宪法之下》，载《法学杂志》2011 第 3 期。

造”，但是，依照正当程序原则填补程序规则漏洞，也不能称之为法官造法。因为这类司法方法是在法律原则之内寻找裁判规则，既然如此，当然不能称寻找到的新程序规则为法官所造之法，准确地说是正当程序原则的具体化。

（三）明确适用条件

通过办案指南予以指引。正当程序原则并非可以“通杀”的“正义之剑”，践行中如果不予规制，必然引发司法擅断之危险。通常启用正当程序原则这“锐利武器”的情形是，相对人或利害关系人的基本权利，如人身自由、宗教信仰和财产权（较大数额的财产）等法律保护边界明确的权利，在缺乏程序规则保障情形下被行政行为可能侵害时。那么，审慎运用该原则是必需的。最高司法机关可通过“办案指南”至少就如下视角作出限制或指引。

1. 厘清时机：正当程序原则的适用与行政应急无冲突之时。《中华人民共和国突发事件应对法》对突发事件的应急处置与救援等作了规定，在非常情况下可依法特事特办，因此作出的行政行为很可能违背法定程序或正当程序。于是，实体与程序兼备的行政应急原则与正当程序原则很可能发生冲突。行政应急原则是调整政府处置突发事件或紧急状态的特别原则，是赋予行政机关特权的原则，具有明显的裁量性；依据该原则的特事特办、打破常规的行政应急行为，当然可不受正当程序原则限制。

2. 穷尽规则：禁止向正当程序原则逃逸。这是法律适用时“禁止向一般条款逃逸”的应有之义。“禁止向一般条款逃逸”，指关于某一案例，法律如果有具体明确的规则规定，法官就不能适用法律原则。[①] 专门研究“原则裁判理论”的学者明确指出：原则裁判只是一种迫不得已的选择；作为一个法律人，无论喜欢或不喜欢，都必须严格遵循法源的效力等级次序，而在该次序中首先要考虑的就是制定法规则的优先效力。[②] 没有哪个国家自认程序立法是不正当的；穷尽法定程序规则并优先适用，这是对立法权应有的尊重。通常，法定程序已经体现了正当程序原则，司法依照既定程序规则判案即可。只有在遭遇程序疑难案件如程序规则不明、竞合、存在漏洞或悖反时，才可

---

① 梁慧星：《民法解释学》，中国政法大学出版社 1995 年版，第 311 页。

② 参见胡君：《原则裁判论——基于当代中国司法实践的理论反思》，中国政法大学出版社 2012 年版，第 174 页。

能启动正当程序原则。

3. 厘定对象：程序疑难案件。通常而言，程序疑难案件有五种类型，即规则模糊、规则竞合、裁量审查、规则漏洞和规则悖反五种程序疑案。倘若无前述程序疑难问题存在，就意味着既有法定程序的正当性已经满足裁判需要，也就没必要启用正当程序原则。

（四）在关于行政诉讼的司法解释中明确正当程序原则可作为司法审查标准

现行《行政诉讼法》实施前，由于旧法第 54 条关于程序违反只有“违反法定程序”一说，司法审查行政行为违反正当程序原则的法条依附已经遭遇困境，但是，新法仍然未采纳学界建言在相应的条文（即第 70 条）添附“正当程序”字眼。[①] 参加《行政诉讼法》修改及其司法解释起草工作的最高人民法院行政审判庭法官认为，新法所说的“法定程序”就包括“正当程序”[②]。如此说法依然令人迷惑，化解此“老问题”的当务之急与有效之举，就是在新的关于行政诉讼法的司法解释中直接写上“正当程序”短语，与“法定程序”并列。

1. 将正当程序原则写入法律暂不现实。在中国，统一的行政程序法虽然已经列入立法计划，但是在短期内难以出台；即便能够面世，是否能将正当程序原则堂而皇之写上，仍然是未知数。正当程序原则的适用固然需要立法明确规定，该原则如果能够入宪入法（即统一的行政程序法），其推广效果就会立竿见影。然而，司法期盼立法明确写上“正当程序原则”，会在等待中坐失良机，有如守株待兔、临渊羡鱼。在正当程序原则适用的坚冰已经打破的情况下，拓展适用有赖司法顺势而为。

2. 中国行政诉讼适用正当程序原则积累了诸多经验。域内外正当程序原则的实践表明，司法不仅是原则具体化的主力军，也是填补程序漏洞的生力军。前述实证分析已揭示，以基层法院为先锋、以最高人民法院行政审判庭为龙头的正当程序原则的适用，是一场“静悄悄的革命”，有权威案例、办

---

① 鉴于法定程序不便容纳正当程序原则，不少学者期盼在《行政诉讼法》修改时以正当程序直接取代法定程序。然而，新修订的《行政诉讼法》第 70 条仍然将“违反法定程序”作为撤销判决条件之一，其中所用法律术语是“法定程序”而非“正当程序”。

② 参见梁凤云：《行政诉讼法讲义》，人民法院出版社 2015 年版，第 421—422 页。

案指南和司法解释等多种形式。它们之间相互印证、补充，已成为法律成长的“一道风景”。可以说，将正当程序原则作为司法审查标准并上升为一般性的司法解释之时机已经成熟。

3.《行政诉讼法》理应是规制行政程序的“总控台”。中国一些行政立法实体与程序兼备，如《行政处罚法》《行政许可法》《行政强制法》，众多地方立法更是举不胜举，它们之间除了互补之外还存在冲突，在当下欲确保程序正义的兑现，非依《行政诉讼法》实施不可。

4. 即将出台的关于行政案件庭审之司法解释写上“正当程序”犹未晚。在笔者看来，既然《行政诉讼法》第 70 条中的“违反法定程序”的立法本意包括“违反正当程序”之情形，那么，司法解释就可以理直气壮地写上“正当程序原则”。2015 年 4 月出台的《最高人民法院关于适用〈中华人民共和国行政诉讼法〉若干问题的解释》（已失效）因为时间紧迫，未趁热打铁明确写入“正当程序”，情有可原。可是，2018 年 2 月的《行诉解释》，仍不见“正当程序”字眼，就有“亡羊”之憾。可喜的是，《最高人民法院关于审理行政案件庭审若干问题的规定（草案第六稿）》第 16 条对被诉行政行为法定程序的审查就明确提出正当程序原则，即“庭审中应当审查被诉行政行为是否符合法定程序。对于法律法规没有明确规定的，应当审查是否符合正当程序。”虽然该解释目前尚处于最后征求意见阶段，但是最高人民法院对正当程序原则应当适用的态度可谓坚定明确。前几年的司法解释《办理房屋征收补偿决定案件若干规定》已经将“正当程序”与“法定程序”并列，但该解释适用的对象局限于非诉行政执行案件的司法审查。基于前述三方面的理由，将其广泛适用于行政诉讼中，应是水到渠成。因此，《最高人民法院关于审理行政案件庭审若干问题的规定》最终制定时应临门一脚将“正当程序原则”升格为一般性的司法审查标准。

结　语

“潮平两岸阔，风正一帆悬。”从“法治国家”方略提出到法治成为党的十九大报告关于国家治理的强音，不仅符合治国常规，而且更接地气；从“尊重与保障人权”的入宪到“正当程序原则”的实践，不仅远大目标日益亲切，而且抽象理念得以传播。于是，我们喜见一个不争的事实，这就是，中国法治建设在提速，持续已久的中国司改已破冰，诸多公平与正义的愿景寄望于中国的“具体法治”。我们有充分理由说，在中国正当程序原则“可以用”“正在用”；其不同形式的存在、多姿多彩的践行，正是能够引起广泛共鸣而又取得最大公约数的“具体法治”。但是，毋庸讳言，中国正当程序原则的具体化或言践行效果不能高估，甚至可谓有重大适用漏洞。直面问题，除了立法必须作为外，司法审查必须敢于担当。“在建设法治社会中，行政审判担任着重大责任。从根本意义上讲，行政审判的深度，标志着我们法治社会建设的进度，也标志着共和国前进的高度。”① 鉴于此，将如下“博观而约取”的原则指引赋予具体内容，法官义不容辞：“努力让人民群众在每一个司法案件中感受到公平与正义。”这是因为，“法治是程序之治”，程序正义是看得见的正义！

（作者单位：广东省珠海市中级人民法院）

① 胡岩：《共铸法治力量》，载《人民法院报》2017 年 4 月 13 日。

互联网+审判：当事人管辖选择权最大化实现进路

——以P市行政案件相对集中管辖实施情况与50例电话访问为分析样本

张海艳

【摘要】行政案件相对集中管辖制度是深化司法体制改革的一项重要举措，在保障人民法院依法公开独立行使行政审判权上发挥了积极作用，但不可否认的是，这一旨在实现“公正”的举措，与“便民”原则产生了一定冲突，为了弥合两者，各地在开展行政案件相对集中管辖工作时，纷纷赋予当事人管辖选择权。笔者以江西省P市行政案件集中管辖工作情况为样本，全面梳理该制度运行中存在的问题及当事人管辖选择权的实现情况，就最大化实现当事人管辖选择权提出行政案件互联网+审判的思路，以期对完善行政案件相对集中管辖制度有所裨益，为司法体制改革提供些许管见。

【关键词】相对集中管辖　管辖选择权　互联网+审判

地方行政干预一直是行政诉讼领域让人诟病的标签，为有效解决这一突出问题，从2013年起部分省市就开展了行政案件相对集中管辖试点，到如今全国范围内如火如荼实施行政案件集中管辖，应该说这一制度在保障人民法院依法独立行使行政审判权上发挥了积极作用，但不可否认这一旨在实现“公正”的举措，在一定程度上与“便民”“诉讼经济”的原则有悖，为了弥合两者之间的冲突，各地在开展行政案件相对集中管辖工作时，纷纷赋予当事人管辖选择权，即集中管辖实施后，当事人坚持选择当地法院管辖的，当地法院仍应受理。笔者以江西省P市实行行政案件集中管辖工作情况为样本，全面梳理剖析该制度运行中存在的问题及当事人管辖选择权的实现情况。

一、考察：行政案件相对集中管辖制度实施现状

笔者以P市2017年7月1日至2018年5月23日开展行政案件集中管辖工作的情况样本，梳理了这一制度在实践运行中存在的问题。2017年7月1日P市根据《江西省高级人民法院关于开展行政案件相对集中管辖的通知》开展行政案件相对集中管辖工作，确定由A区法院和X区法院作为行政案件相对集中管辖法院，A区人民法院管辖原X区、L1县、S县、L2县人民法院管辖的行政诉讼案件，X区人民法院管辖原A区人民法院管辖的行政诉讼案件（含以市直机关为被告的一审行政案件）。以集中管辖的A区为中心，X区、L1县、S县、L2县与A区法院的相对距离分别为18公里、18公里、45公里、71公里，具体位置见图1：

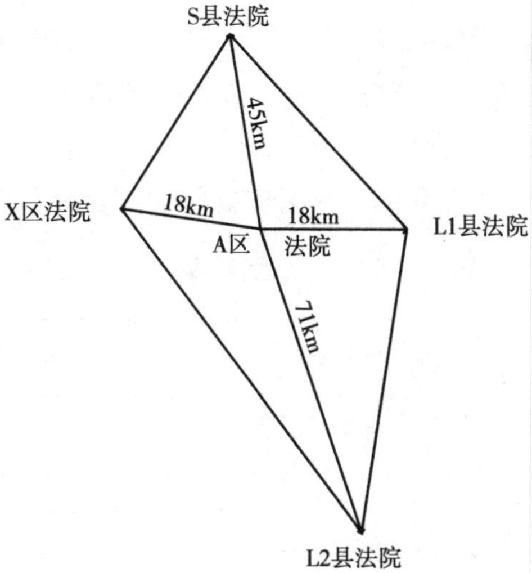

图1　各法院相对位置示意图

（一）现状之梳理

1. 集中管辖法院间行政案件收案数悬殊较大

截至2018年5月23日，P市受理行政案件的X区法院收案数为43件，其中3件为原X区法院管辖，40件为集中后原A区法院管辖；A区法院收案数为85件，其中原A区管辖的41件，原L1县管辖的18件，原X区管辖的12件，原S县管辖的14件，未收离A区法院最远的原L2县法院管辖的案件。从图2可以看出，两家集中管辖的法院收案数悬殊较大，收案比例近1∶2。

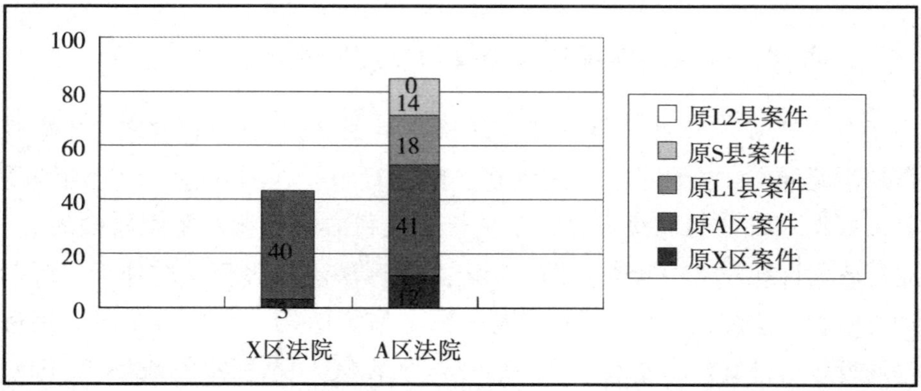

图2 集中管辖法院收案数对比图

2. 非集中法院收案数受集中法院的距离影响

自2017年7月1日开展行政案件相对集中管辖以来，仍有部分当事人选择到非集中法院提起行政诉讼，下表以与A区法院的距离由近到远排列，L1县法院集中管辖后受理行政案件2件，与集中管辖前相比下降60%；S县法院集中管辖后受理行政案件2件，与集中管辖前相比下降85%；而距离最远的L2县法院受理行政案件6件，与集中管辖前相比增长100%。

表1 非集中法院收案数对比表

地区	集中管辖前	集中管辖后
L1县法院	5	2（均系2017年所收）
S县法院	14	2（2017年、2018年各收1件）
L2县法院	3	6（2017年1件、2018年5件）

3. 集中管辖法院行政案件上诉率整体呈下降趋势

据统计，P市集中管辖的X区法院集中管辖前的上诉率为50%，集中管辖后为52.4%；A区法院集中管辖前的上诉率为53.2%，集中管辖后为52.1%；从整体看，集中管辖后行政案件的上诉率由集中管辖前的53.1%下降为52.1%。

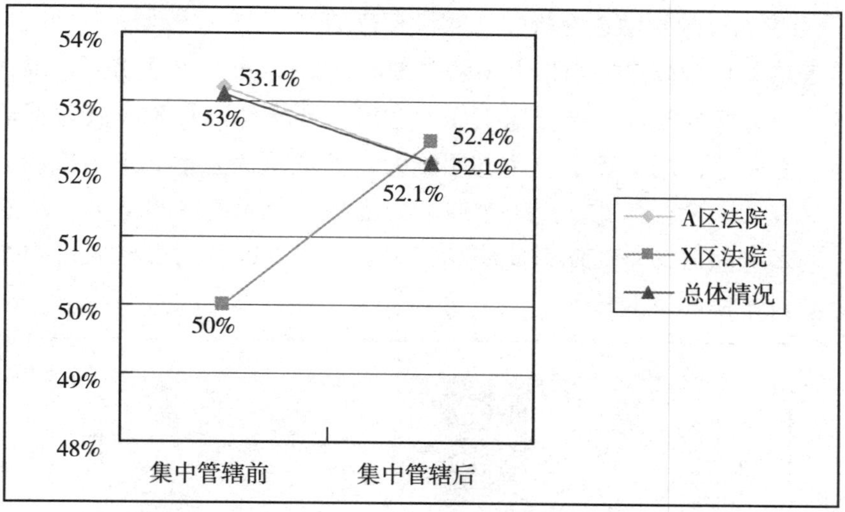

图 3　行政机关上诉率对比图

4. 集中管辖法院行政机关败诉率整体呈上升趋势

据统计，P 市集中管辖的 X 区法院集中管辖前的行政机关败诉率为 20%，集中管辖后为 44.4%；A 区法院集中管辖前的行政机关败诉率为 44%，集中管辖后为 50%；P 市整体行政机关败诉率由集中管辖前的 42.3% 上升为 48.4%，上诉率有小幅上升。

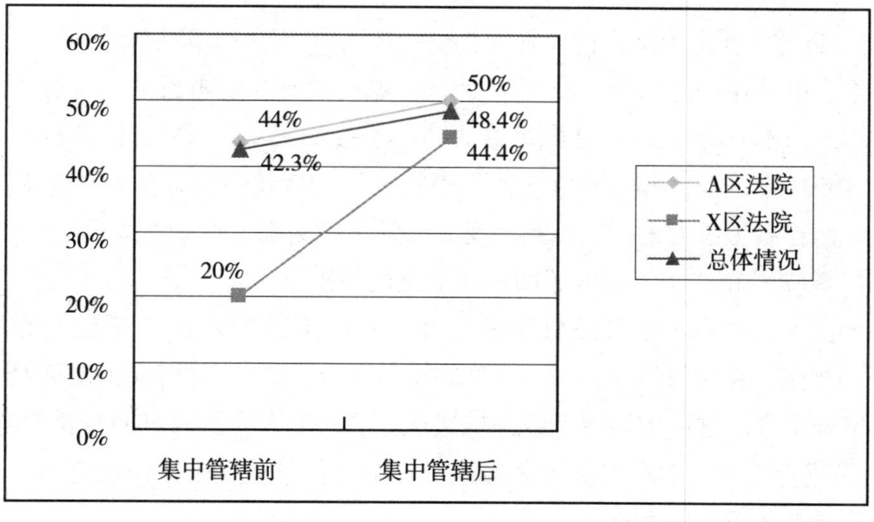

图 4　行政机关败诉率对比图

5. 当事人反映管辖选择权设立效果有待加强

笔者从P市行政案件当事人中随机抽取了50人进行电话访问，调查当事人对开展行政案件相对集中管辖工作的态度，据统计，有8人认为管辖选择权的设立有一定作用，25人认为作用不大，10人认为是形式上的权利，趋于摆设，另有7人没有意见。认为作用不大或是摆设而已的当事人，均反映因距离等成本考虑还是会选择当地法院管辖，由此可以看出当事人对管辖选择权设立的效果持保留态度。

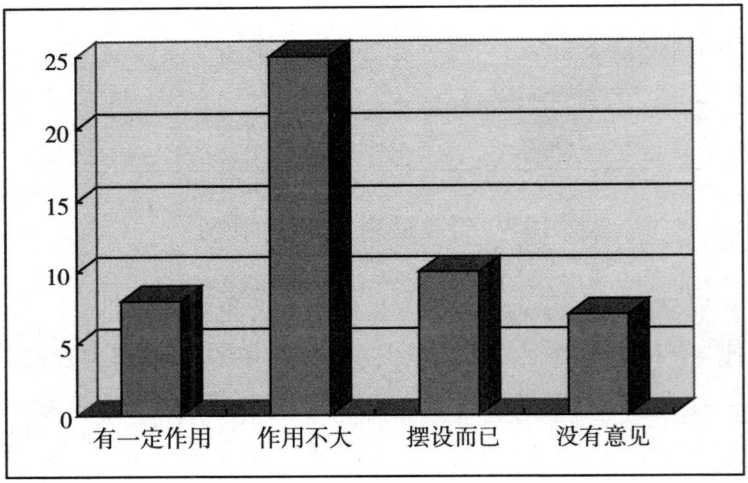

图5　当事人态度统计图

6. 交通便利是当事人选择管辖首要考虑因素

根据电话访问的结果，有23位当事人选择管辖法院考虑的首要因素为交通便利，17位当事人首要考虑因素为审判公正，另有10位当事人认为两者一样重要。应该说大部分当事人在集中管辖后仍然认为交通便利是选择管辖法院时的首要考虑因素，表示到距离太远的集中法院起诉成本太大。

7. 集中管辖法院未采取巡回审理等便民举措

根据《江西省高级人民法院关于开展行政案件相对集中管辖的指导意见》的规定，集中管辖法院可以采取巡回审判的方式，定期或不定期赴各县市区审理案件。这一举措旨在便利偏远地区的当事人诉讼，但据笔者了解，P市自2017年7月1日行政案件相对集中管辖工作开展以来，还没有采取过巡回审理或异地审理的案件。

（二）存在的问题

1. 集中管辖法院案件分布不均衡影响审判质效

从上文的统计数据可以看到，截至2018年5月23日，P市集中管辖行政案件的X区法院和A区法院的收案比为1∶2，在两家集中管辖法院行政审判庭均只配备一名专职审理行政案件的员额法官的情况下，人均案件负担明显不均衡，极大影响了案件审判质效，这一点从笔者统计的相关数据中可以得到印证：截至2018年5月23日，X区法院行政案件平均审理周期为35天，超3个月审结的行政案件仅有9%，而A区法院行政案件平均审理周期达89天，超3个月审结的行政案件达42.2%。另外，由于集中管辖后行政案件分布不均衡造成部分案件审理的周期过长，这势必影响行政案件当事人对集中管辖工作的评价。

2. 当事人行政诉讼成本相对增加影响管辖选择

行政案件相对集中管辖之后，非集中法院所辖地区的当事人必须到异地的集中法院提起行政诉讼，其时间、经济成本势必相应增加。以P市L2县为例，其与集中管辖的A区法院相距71公里，当事人如果选择A区管辖，一次单程就需要近2个小时，一个行政案件从立案、开庭审理到宣判，当事人肯定需多次往返，时间和其他经济成本相对于选择本地诉讼而言显著增加。虽然理论上很多学者认为，相对于当事人追求的“公平、公正”这一终极结果而言，集中管辖带来的时间、经济成本的增加可以忽略，[①] 但根据笔者所作的电话访问，有46%的当事人出于交通便利等因素选择了本地法院管辖。同时根据P市行政案件集中管辖后收案数据显示，当事人选择本地法院受理的案件达39.1%，这充分说明了诉讼成本对当事人管辖选择权的影响。特别是对于交通极为不便的偏远山区及经济困难的当事人，诉讼成本乃至后续的执行成本的增加都将会直接影响其选择集中法院管辖的积极性。

3. 集中管辖后去行政干扰不彻底影响改革效果

行政案件相对集中管辖制度设立的初衷在于排除地方对司法的干预，保证人民法院依法独立行使审判权，让人民群众在每一起行政案件中感受到公平正义。根据P市目前开展行政案件相对集中管辖工作的情况来看，行政案

① 石愚：《行政诉讼异地管辖制度困境及出路》，西南政法大学2011年硕士学位论文。

件的整体上诉率稍有下降，行政机关败诉率亦有小幅上升，应该说集中管辖确实发挥了一定效果。但不可否认的是，还有相当一部分行政案件，因为当事人选择本地法院管辖而没有彻底去除地方行政干扰。当然，选择本地法院管辖并不必然会导致行政干预和司法不公，只是实行相对集中管辖的初衷即希望从源头防止地方行政对司法的不当干预，只有这项制度得到最充分的贯彻实施才能最大限度发挥这一司法改革举措的效果。

4. 非集中管辖法院行政审判功能弱化影响审判布局

根据《江西省高级人民法院关于开展行政案件相对集中管辖的通知》的规定，非集中管辖法院行政审判庭仍然保留，主要负责非诉行政执行案件等有关工作，同时协助、配合集中管辖法院做好本地区行政案件的协调、处理工作。但在实践操作中，非集中管辖法院与集中管辖法院之间的协同配合工作几乎没有，且据笔者了解，P 市 S 县法院行政审判庭已经并入借贷法庭，行政审判工作被边缘化，行政审判功能已然弱化，这将导致基层法院整体审判功能出现残缺。

二、探源：行政案件相对集中管辖实施效果反思

笔者所在 P 市法院开展行政案件实行相对集中管辖以来，行政案件的整体上诉率稍有下降，行政机关败诉率亦有小幅上升，应该说集中管辖确实发挥了一定效果。但正如笔者在上文谈到的，仍然存在大部分当事人迫于诉讼成本的考虑，没有选择在集中法院立案，集中管辖法院之间收案严重失衡，影响整体案件质效等问题，而这些问题的根源其实都在于当事人管辖选择权没有得到最大化实现。

（一）客观限制：管辖选择权的实现缺乏良好的平台

一是客观距离产生的诉讼成本增加。行政案件相对集中管辖之后，非集中法院所辖地区的当事人必须到异地的集中法院提起行政诉讼，其时间、经济成本势必相应增加，即使当事人主观上想选择更为公正的集中法院管辖，也会客观上因距离制约而选择本地法院管辖，使当事人管辖选择权得不到充分实现。二是便民诉讼举措运用不充分。根据《江西省高级人民法院关于开展行政案件相对集中管辖的指导意见》的规定，集中管辖法院可以采取巡回审判的方式，定期或不定期赴各县市区审理案件，此举旨在便利偏远地区的

当事人诉讼，但正如笔者上文中所说，自2017年7月1日P市行政案件相对集中管辖工作开展以来，还没有采取巡回审理或异地审理的案件，当事人管辖选择权的实现缺少良好的平台。

（二）主观误判：低估了诉讼经济对管辖选择的影响

著名法经济学家波斯纳认为，效率即正义，法律对正义的诉求不应以损害效率最大化和财富最大化为代价。“无论审判能够怎样完善地实现正义，如果付出的代价过于昂贵，则人们往往只能放弃通过审判来实现正义的希望。”[①] 过高的诉讼成本，包括时间、经济成本等会挫伤人们参与诉讼的积极性。因此，司法也应注重诉讼经济与效率，行政案件相对集中管辖制度的开展，必须要充分考虑到诉讼经济对当事人的影响。应该说目前大部分省市开展相对集中管辖工作，都意识到了将案件交由异地集中管辖，在一定程度上与“便民”“诉讼经济”的原则有悖，但许多学者坚定地认为，追求公正比路的远近更为重要。[②] 应该说这是低估了现阶段诉讼经济原则对当事人的影响。根据P市行政案件集中管辖后的收案数据显示，当事人选择本地法院受理的案件达39.1%，这充分印证了笔者上述观点，特别是对于交通极为不便的偏远山区及经济困难的当事人，诉讼成本乃至后续的执行成本的增加将会直接影响其选择集中法院管辖的积极性。所以，行政案件相对集中管辖制度的完善应从方便群众诉讼入手，尽可能通过多种方式减轻当事人的诉讼负担。

三、正本：当事人管辖选择权最大化实现的必要性

在行政案件相对集中管辖中赋予当事人管辖选择权是为了弥合公正原则与方便当事人诉讼原则之间的冲突，只有当事人管辖选择权得到最大化实现，才能使基层法院的行政案件质效、司法公信力得到提升，司法资源得到优化配置，行政诉讼形成良性循环。

（一）回应群众司法需求的需要

积极回应人民群众的司法需求，一直都是人民法院司法改革的重要目标。长期以来，地方行政干预一直是行政诉讼领域难以摆脱的标签，民告官难，

---

① 参见［日］棚濑孝雄：《纠纷的解决与审判制度》，中国政法大学出版社1994年版。

② 石愚：《行政诉讼异地管辖制度困境及出路》，西南政法大学2011年硕士学位论文。

告赢官更是难上加难，为有效缓解行政诉讼告状难，最高人民法院一直在不断探索，行政案件相对集中管辖制度即是消除行政干预，缓解行政诉讼难的有益尝试，而评估任何一项改革是否取得成效，关键要看人民群众是否有获得感，是否更加有利于司法公正的实现、有利于司法效率的提高、有利于司法为民的落实。[①] 建立跨行政区域管辖必定伴随当事人诉讼成本的增加，所以具体制度设计时要尽量予以弥补，坚持便民原则，将当事人的诉讼成本降到最小。《最高人民法院关于开展行政案件相对集中管辖试点工作的通知》中明确要求遵守司法便民原则，要求“坚持和体现以人为本、便民利民原则”。让当事人管辖选择权得到最大化实现，让当事人选择集中法院管辖无后顾之忧，使当事人不因为诉讼成本而放弃集中管辖，这是我们从根本上落实司法为民的宗旨，回应人民群众的司法新需求、新期待的现实需要。

（二）优化司法资源配置的需要

受经济发展不平衡的影响，各地法院行政审判庭忙闲不均，以笔者所在P市为例，行政案件集中管辖之前，经济发展较快的A区行政案件年均百件，其他几个县区年均只有不到20件。为有效解决司法资源配置失衡的情况，从最高人民法院到各省市均开始着手行政案件相对集中管辖工作，按各地集中管辖制度的设计初衷，各集中法院之间预计的收案数大致是均衡的。笔者所在P市法院从2017年7月1日起实行行政案件相对集中管辖，由于管辖选择权受客观条件制约，大部分当事人迫于诉讼成本的考虑，没有选择在集中法院立案，导致P市集中管辖行政案件的X区、A区法院之间收案严重失衡，影响人民法院整体案件质效，同时非集中法院的行政审判庭被撤销，行政审判功能弱化，实际上阻碍了集中法院与非集中法院之间的配合协调。上述问题都是优化人民法院司法资源配置的桎梏。只有为当事人管辖选择权的实现创造出更为完善的客观条件，才能最大限度地发挥出集中管辖制度在优化司法资源配置上应有的作用。

（三）提升司法公信力的需要

长期以来，民告官难、告赢官更是难上加难的状态，致使行政相对人对通过司法途径解决行政争议丧失信心，陷入“信访不信法”的怪圈，据统计

---

① 陈增宝：《构建网络法治时代的司法新形态》，载《中国法律评论》2018年第2期。

全国每年有数百万件行政纠纷流入信访渠道，行政诉讼领域的司法公信力已经受到了严重质疑。① 为了使人民群众看到行政诉讼监督依法行政，不受地方行政干预而秉公办案、公正裁判的决心，我国积极推动行政案件集中管辖改革。应该说，行政案件相对集中管辖使行政区划与司法管辖适当分离，异地审理行政案件有相对独立的审判环境，更容易让当事人在每一起行政案件中感受到公平正义。如果当事人主观上想选择异地法院管辖，迫于交通、经济成本等客观现实因素而选择了当地法院管辖，这种选择不是其真实意愿，万一败诉则很可能怀疑案件背后是否有猫腻，质疑司法公信力。这种情况下，给当事人创造一个平台让其管辖选择得到最大化实现，才能充分发挥出集中管辖在提升司法公信力上的优势。

四、优化：当事人管辖选择权最大化实现的进路

最高人民法院院长周强同志早在不同场合多次强调，“信息化建设和司法改革是人民法院工作的车之两轮、鸟之双翼”②，互联网 + 的发展浪潮无可避免，因此笔者建议行政案件相对集中管辖改革也应紧跟互联网 + 的发展步伐，通过互联网 + 审判方式，让当事人既可以选择集中管辖的法院审理行政案件，又可以不走出当地法院就能进行诉讼，使当事人的管辖选择权得到最大化实现，使相对集中管辖制度发挥其最大的意义与价值。

（一）开展行政案件互联网 + 审判的基础

1. 理论支撑

目前支持行政案件开展互联网 + 审判思路的制度基础主要是：《中华人民共和国行政诉讼法》第 101 条规定，人民法院审理行政案件，关于期间、送达、财产保全、开庭审理、调解、中止诉讼、终结诉讼、简易程序、执行等，以及人民检察院对行政案件受理、审理、裁判、执行的监督，本法没有规定的，适用《中华人民共和国民事诉讼法》的相关规定。《最高人民法院关于适用〈中华人民共和国民事诉讼法〉的解释》第 259 条规定，经当事人双方同意，可以采用视听传输技术等方式开庭。《中华人民共和国电子签名法》

---

① 童卫东：《行政诉讼法修改的几个问题》，载《中国法律评论》2014 年第 4 期。

② 徐骏：《智慧法院的法理审思》，载《法学》2017 年第 3 期。

则为庭审模式创新，数据传输、网络庭审建设提供法律保障，解决了司法程序中的电子签名认证问题。

2. 现实基础

最高人民法院于2015年7月首次提出“智慧法院”的概念，其实质就是要积极主动应用现代科技，推进司法审判和现代科技深度融合，充分运用司法大数据、云计算、人工智能等现代先进技术，支持透明便民的司法服务、公正高效的审判与执行、全面科学的司法管理。客观地讲，近年来在最高人民法院的积极推动下，各基层法院不论是硬件设施的信息化改造还是各种软件工程的建设都已初步完成，全国四级法院的局域网以及全国各地的法院专网是开展行政案件相对集中管辖工作的有力硬件基础。另外，各地陆续探索的“远程审判”“微信庭审”和杭州“互联网法院”等的运行探索，都充分说明了开展行政案件互联网+审判方式是具备现实基础的，我们需要思考的是如何实现并规范好行政案件互联网+审判，使其发挥出促进当事人管辖选择权最大化的作用。

（二）开展行政案件互联网+审判的思路

笔者认为，开展行政案件互联网+审判，创建相应的技术平台是前提，完善相关制度、制定相应规则是核心，同时集中法院与非集中法院之间相互配合是关键。

1. 创建互联网+审判平台

开展行政案件互联网+审判，创建一个安全、高效的平台是前提。目前全国各地开展的一些互联网+审判实践，如“微信庭审”等引发了诸多质疑，包括认为违背诉讼直接言词原则，丧失审判现场感和审判威严，法官、当事人及证人不能在法庭上直接接触，法官不能亲历当事人陈述辩论和证人证言，不利于查明案件事实等。[①] 因此，行政案件互联网+审判平台终端需要设立在法院，保证当事人参与行政案件互联网庭审是亲历法院，而不是通过手机终端，这是对审判威严及相关庭审程序的保障。笔者建议行政案件互联网+审判可以有两种操作方案，一是在基层法院诉讼服务中心设立专门的互联网审判室，二是依靠人民法院科技法庭视讯开展行政案件互联网+审判，

① 宋伟锋：《“互联网+审判”的实证研究——以“微信庭审”PK“电子商务法庭”为视角》，载《中国版权》2016年第4期。

只需创建一套由音频、视频等数据整合形成的互联网审判系统平台，集中法院与非集中法院之间即通过该平台，将开庭安排、笔录、庭审录像等共享于同一个系统中。

2. 完善互联网+审判制度

审判权是一种公权力，法无授权即为非法，这是公权力行使的法治化原则。[①] 但我国目前行政诉讼法中没有规定互联网+审判这种庭审方式，现有支持此项互联网+审判方式的法律规定仅有《最高人民法院关于适用〈中华人民共和国民事诉讼法〉的解释》第259条的规定，但从效力层级上看，该规定属于司法解释的性质。因此，开展行政案件互联网+审判的核心是解决这一审判方式的合法性问题。笔者建议在《行政诉讼法》第7章审理和判决的第1节一般规定中增加通过视听传输技术开展审判的规定，以提供行政案件互联网+审判的法律依据。

3. 制定互联网+审判规则

互联网+审判是一种全新的审理方式，需要制定详细的规则来引领其有序发展，从庭审准备工作中对当事人身份的核对，诉讼过程中的举证、质证，庭审过程中诉讼秩序的维持，庭审笔录电子签名登记，整个审判过程都需要制定一套详细可行的规则，既要方便当事人诉讼，又要保障审判公正公开，此外，还需整合已有的信息化资源，实现庭审过程中产生的视频影像、电子证据、庭审笔录等数字化信息与已有的审判业务流程管理系统、档案管理系统的整合，建立庭审资料统一存储、统一管理的机制。

4. 加强法院间的协作配合

为更好地实现当事人集中管辖选择权，当事人在非集中管辖法院通过互联网+审判方式参与行政案件的庭审，离不开非集中法院与集中法院之间的协作与配合。就目前行政案件相对集中管辖工作开展情况看，集中法院与非集中法院之间的配合不具有强制性，实际效果亦差强人意，因此，应当设立相关制度，要求集中法院与非集中法院之间做好相互配合，使行政案件互联网+审判协作由原来仅仅是提供帮助和支持上升为一种必须承担的责任和任务，使法院间行政案件集中管辖工作内部协作规范化、制度化。

---

① 方斌：《远程审判及其法律规制》，载《河南警察学院学报》2016年第1期。

五、结语

行政案件相对集中管辖是深化司法体制改革重要的试探性举措，任何改革都是在推进中日趋完善。为了更好地推进行政案件相对集中管辖制度，达到改革预期，我们应该顺应互联网+的时代潮流，大刀阔斧，完善我国行政诉讼管辖制度，真正让人民群众在每一起行政案件中感受到公平与正义。

（作者单位：江西省萍乡市湘东区人民法院）

优秀文书

高等院校对不符合录取条件学生的电子学籍注册信息予以清除的行为性质及其救济

张辅伦

【案例索引】

湖北省高级人民法院（2017）鄂行再27号。

项俊诉武汉大学清除电子学籍信息一案，因不服湖北省武汉市中级人民法院（2016）鄂01行终242号行政判决，向湖北省高级人民法院申请再审。

【裁判要旨】

学生本身不符合研究生录取条件，由于学校在招生及学籍管理方面存在漏洞，违规操作，导致网上生成相关录取信息、学校收取学费、学生取得学分。学校发现错误后，及时纠正，对该学生的电子学籍注册信息予以清除，该行为并非行政处罚，不适用行政处罚的程序，也不适用信赖利益保护原则。

【裁判文书】

湖北省高级人民法院
行政判决书

（2017）鄂行再27号

再审申请人（一审原告、二审被上诉人）：项俊，男，1979年1月15日出生，汉族，华中师范大学第一附属中学教师，住湖北省武汉市东湖高新技术开发区汤逊湖北路特1号。

委托诉讼代理人：杨会明，湖北喻家律师事务所律师。

被申请人（一审被告、二审上诉人）：武汉大学，住所地湖北省武汉市武昌区珞珈山16号。

法定代表人：窦贤康，校长。

委托诉讼代理人：刘德君，湖北楚韬律师事务所律师。

委托诉讼代理人：袁逢曼，湖北楚韬律师事务所律师。

再审申请人项俊因诉武汉大学教育行政处理一案，不服湖北省武汉市中级人民法院（2016）鄂01行终242号行政判决，向本院申请再审。2017年4月21日，本院作出（2017）鄂行申179号行政裁定，提审本案。本院依法组成合议庭审理了本案，经过阅卷、调查和询问，当事人没有提出新的事实、证据或者理由，合议庭认为不需要开庭审理。本案现已审理终结。

湖北省武汉市武昌区人民法院（2015）鄂武昌行重字第2号行政判决（以下简称武昌区法院2号一审行政判决）认定，2010年9月，武汉大学拟招收2011年博士研究生并发布《武汉大学2011年招收攻读博士学位研究生简章》，该简章第九部分告知考生，报考普通培养类别的研究生为非在职全日制研究生，录取时需将档案及工资关系转入武汉大学，请考生报考时慎重选择。项俊报名参加了武汉大学2011年招收攻读马克思主义哲学专业博士研究生考试，报考类别为普通培养。项俊参加考试后，武汉大学拟录取其为武汉大学哲学学院马克思主义哲学专业普通博士研究生，并于2011年6月30日制作了《研究生录取通知书》和《研究生入学纪念卡》拟发给项俊，因项俊未将其档案转入，武汉大学未向项俊发放《研究生录取通知书》和《研究生入学纪念卡》。因项俊承诺会将其档案转入，武汉大学允许项俊先入学，后转入档案。项俊入学时，未在武汉大学哲学学院《武汉大学2011级研究生报到注册表》上签到。项俊入学后，武汉大学向其发放了《武汉大学研究生证》，该证载明项俊系2011级哲学学院马克思主义哲学专业博士研究生，2011年9月入学，学号2011101130006。武汉大学还为项俊办理了电子学籍注册并将该信息导入研究生管理系统网和教育部学生信息网。2011年10月，武汉大学对2011年研究生新生入学资格进行了复查，未认定项俊属于不合格者。项俊取得了2011学年学分6分。2014年3月28日，项俊所在单位向湖北省人才交流中心出具《关于同意项俊同志档案调离省人才中心的函》，但项俊仍未将其档案调入武汉大学。2014年4月15日，武汉大学在其研究生管理系统网站上，将项俊的学籍状态标注为"取消入学资格"。同日，武汉大学在中国高等教育学生信息网上将项俊的学籍信息清除。项俊对武汉大学"取消入学资格"的行政行为不服诉至法院，请求撤销该行政行为并判决武汉大学恢复其学籍、允许继续博士学业。另查明，项俊于2011年9月13日缴纳了2011－2012学年住宿费、代收费共计1150元；于2014年4月1日缴纳了2012－2013学年住宿费1000元、2013－2014学年住宿费1240元；于2014年4月4日缴纳了2013－2014学年学费16000元；于2014年4月9日缴纳了2011－2012学年学费16000元、2012－2013学年学费16000元。

武昌区法院2号一审行政判决认为，根据《普通高等学校学生管理规定》第八条和《武汉大学研究生学籍管理实施细则》第四条的规定，武汉大学应对入学新生在三个月内进行复查，对复查不合格者或弄虚作假、徇私舞弊而取得入学资格者有权取消其入学资格。根据武汉大学陈述，对于拟录取的新生于2011年6月30日前将其信息录入学信网，根据录取情况、入学情况、复查情况相关信息进行变更或者清除。针对项俊的入学资格的理解，是指项俊进入武汉大学应具备的条件，对新生入学资格的审查属于高校招生自主权的范畴，高校有权认定新生是否具备入学资格。项俊在未取得录取通知书的情况下，武汉大学允许其先入学再转档。项俊入学后，武汉大学对其发放了《武汉大学研究生证》，办理了电子学籍注册并将该信息导入研究生管理系统，中国高等教育学生信息网中有项俊的电子学籍注册信息。2011年10月，武汉大学对2011年研究生新生入学资格进行了复查，亦未认定项俊属于不合格者，项俊取得武汉大学2011年研究生学籍。综上，项俊已于2011年9月取得武汉大学的入学资格，同年10月取得学籍。武汉大学认为项俊的电子注册信息是武汉大学错登错录的答辩意见与事实不符。根据《普通高等学校学生管理规定》和《武汉大学研究生学籍管理实施细则》的规定，取消入学资格，应该在以下情形作出：1. 新生报到后，在三个月复查期内复查不合格者；2. 入学后无论何时发现弄虚作假、徇私舞弊取得入学资格或学籍者。从武汉大学提交的证据来看：1. 在2011年10月进行复查时明知项俊没有录取通知书亦没有办理报到手续，仍未认定其为不合格者；2. 不能证明项俊的入学资格是其弄虚作假、徇私舞弊而取得的。故武汉大学提交的证据不能证明项俊属于符合“取消入学资格”的情形。武汉大学在取消项俊入学资格的同时，在中国高等教育学生信息网上还清除了项俊的学籍信息，取消了项俊的学籍。本案纠纷的实质是武汉大学取消项俊学籍的问题，但项俊没有请求撤销武汉大学作出的取消学籍的行为，而是要求法院判令武汉大学恢复学籍，从解决行政争议，监督武汉大学依法行使职权考虑，项俊的这一诉讼请求包含要求撤销武汉大学在作出的取消学籍的行为。武汉大学作出取消项俊入学资格及取消学籍的行为使项俊丧失了武汉大学博士研究生身份，对项俊的权利义务有重大影响。即使武汉大学认为项俊取得学籍的方式不合法，武汉大学对项俊的处理也应遵循正当程序。本案中，武汉大学在作出取消项俊入学资格及取消学籍的行为时没有以书面形式作出，也没有听取项俊的陈述和申辩，不符合正当程序的要求，属程序违法。至于项俊要求继续完成学业的请求，不属于人民法院合法性审查的范围。经审判委员会讨论决定，依照《中华人民共和国行政诉讼法》第七十条第（三）项、《最高人民法院关于执行〈中华人民共和国行政诉讼法〉若干问题的解释》第五十六条第（四）项之规定，判决：一、撤销武汉大学于2014年4月15日对项俊作出的取消入学资格的处理决定；二、撤销武汉大学于2014年4月15日对项俊作出的取消学籍的处理决定；三、驳回项俊的其他诉讼请求。

武汉大学不服，向湖北省武汉市中级人民法院提起上诉。

湖北省武汉市中级人民法院（2016）鄂01行终242号行政判决（以下简称武汉中院242号二审行政判决）在确认武昌区法院2号一审行政判决认定事实的基础上另查明，武汉大学拟录取项俊到该校攻读武汉大学哲学学院马克思主义哲学专业普通培养类博士研究生，便按程序向项俊所在单位华中师范大学第一附属中学发出对项俊的“政审通知”和“调档函”，然而项俊及其所在单位迟迟不提交政审材料和个人档案。鉴于项俊未能完成录取程序，不具备录取的条件，武汉大学未向其发放《研究生录取通知书》《研究生入学纪念卡》。项俊因此在新生报到时未填写“入学登记表”，在其“2011级博士研究生人事档案入学材料登记表”档案来源一栏注明“未报到”、在中学、大学和硕士、博士入学、工作、党员等档案栏目中均为空白、其亦未在“2011级研究生报到注册表”上签到，哲学学院向研究生院档案室报送录取材料时，标注为“未录取”。武汉大学负责招生的工作人员未向该校研究生院及时报告这一情况，未将项俊从上报名单中删除，致使在拟招录准备阶段预录的项俊电子学籍等相关信息自动生成。

武汉中院242号二审行政判决还补充认定了以下事实：2014年12月12日，武昌区法院作出（2014）鄂武昌行初字第31号《行政判决书》，以武汉大学对项俊作出取消入学资格的处理决定前，没有听取其陈述和申辩，也没有向其出具相应的决定书，程序违法，判决：1. 撤销武汉大学于2014年4月15日对项俊作出的取消入学资格的处理决定；2. 责令武汉大学恢复项俊的学籍电子注册信息。武汉大学不服提起上诉，武汉中院2015年6月22日作出（2015）鄂武汉中行终字第159号《行政裁定书》，认为一审法院未查明项俊是否取得入学资格和学籍，认定事实不清，遂裁定：撤销（2014）鄂武昌行初字第31号行政判决，发回重审。武昌区法院作出2号一审行政判决后，武汉大学仍不服，提起上诉。

武汉中院242号二审行政判决认为，武汉大学对项俊的电子学籍注册信息予以清除是纠错行为，不是行政处分。一审判决认定事实及适用法律错误，武汉大学的上诉理由成立，应予支持。据此，依照《中华人民共和国行政诉讼法》第八十九条第一款第（一）项、第（二）项的规定，判决：一、撤销湖北省武汉市武昌区人民法院（2015）鄂武昌行重字第2号行政判决的第一项、第二项，即“一、撤销被告武汉大学于2014年4月15日对原告项俊作出的取消入学资格的处理决定；二、撤销被告武汉大学于2014年4月15日对原告项俊作出的取消学籍的处理决定”；二、维持湖北省武汉市武昌区人民法院（2015）鄂武昌行重字第2号行政判决的第三项，即“驳回原告项俊的其他诉讼请求”；三、驳回项俊要求“撤销被告武汉大学作出的取消原告入学资格的具体行政行为”的诉讼请求。一、二审案件受理费人民币各50元，均由项俊负担。

项俊申请再审称，武汉大学规定的自主招生条件违反国家法律法规的规定，二审判决认定“武汉大学未完成录取程序、不具备录取条件、清除再审申请人电子学籍注册信息系纠错行为而非行政处分、不符合信赖利益保护条件”等事实错误，导致适用法律错误。请求撤销二审判决、维持一审判决。

武汉大学答辩称，项俊因拒绝转入人事档案，没有取得录取通知书，故而没有取得武汉大学入学资格和学籍；武汉大学对项俊电子学籍注册信息的清除是一种内部纠错行为，对项俊的权利义务不产生实际影响。请求驳回再审申请。

本院再审查明的事实与武汉中院 242 号二审行政判决认定的事实一致，本院予以确认。

本院认为，根据我国高等教育法律法规及规章的规定，研究生教育属于国民教育序列中的高等教育，其中，博士研究生处于高等教育中最高等级。在我国国民教育序列中，严格控制博士研究生教育的规模，只有经国家教育部授权具有博士学位授予权的少数学校才有资格招生，且招生的数量有限。2011 年教育部为做好招收攻读博士学位研究生工作下发通知，并制定相应的管理办法。通知和管理办法对招生报名考试与评价、录取等各环节均作了具体规定。其中普通招考方式的考试与评价过程包括：（一）申请材料审查和科研创新能力评价；（二）初试；（三）复试。还有“招生单位要向考生所在单位函调（或派人外调）考生人事档案和本人现实表现等材料（需加盖人事档案所在单位人事或政工部门公章）……”程序，即俗称的“政审”和“调档”，用以全面审查考生的思想政治素质和道德品质，招生单位则根据招生计划对考生在上述环节中形成的材料作出综合判断，决定是否录取。本案即是因项俊未调入档案，武汉大学对其作出清除电子学籍注册信息而引起的教育行政争议，主要焦点问题如下：

（一）关于依法招生与“大学自治”问题。武汉大学在上述通知和管理办法的框架下制定的《2011 年招收攻读博士学位研究生简章》对录取类别进行了明确规定：博士生录取分为普通培养、委托培养、定向培养三种类别，其中普通培养为非在职全日制研究生，录取时须将档案及工资关系转入学校，并可参加基本、普通、优秀等奖学金及其他奖励性项目的评定，毕业时按照市场引导、政府调控、学校推荐、学生和用人单位双向选择的原则落实就业单位。而委托培养和定向培养系在职学习，在奖学金、培养费和毕业后回到委托或定向单位等方面均有别于普通培养。该招生简章中有关自主招生的规定，既不违反高等教育相关法律法规规章的强制性规定，又结合了学校博士研究生培养的实际情况，且与当前“大学自治”的办学理念和精神相契合，应当严格遵守与执行。本案中，项俊报考武汉大学哲学学院马克思主义哲学专业普通培养类博士研究生，在其初试与复试成绩和体检合格后，武汉大学拟录取其到该校攻读其所报考的专业。然而项俊及其所在单位在武汉大学向其发放“政审通知”和“调档函”后，迟迟未予提交相关政审材料，也未转入档案，故武汉大学未向其发放《研究生录取通知书》和《研究生入学纪念卡》。

根据教育部《普通高等学校学生管理规定》第七条和《武汉大学研究生学籍管理实施细则》第三条、第四条规定，考生收到招生学校的《研究生录取通知书》，才能成为学校录取的新生，才初步具备了攻读博士研究生的条件。上述管理规定和实施细则明文规定：新生入学时，持录取通知书和学校规定的有关证件，按规定的日期到校办理入学手续。新生报到后，学校在三个月内根据规定，进行政治业务和健康复查，复查合格，予以注册，取得学籍。所以录取通知书也是新生报到办理入学手续的依据。正因为项俊未通过政审，未取得《研究生录取通知书》，故在新生报到时未办理报到和注册等入学手续，各项须填写的表格均没有记载。因此，在武汉大学研究生院中既没有项俊的人事档案，也没有项俊被录取的纸质个人原始档案，表明其因不具备入学的法定条件，未取得入学资格；也因其不是“已录取的新生”，故而也不在《普通高等学校学生管理规定》“三个月”的复查范围内。武汉大学根据该校招生简章和实施细则的规定，认定项俊未注册、未取得学籍，并无不当。项俊申请再审认为武汉大学自主招生条件违反法律法规规定的理由不能成立。

（二）关于武汉大学对项俊电子学籍注册信息予以清除的行为性质。自2007年以来，国家在普通高等学校开始陆续实行新生学籍电子注册制度，对取得学籍的学生实行学籍电子注册，各高校和教育行政部门分别在各自指定的网站上公布已注册新生学籍信息，学生可进入相应的网站查询本人的学籍注册情况。电子注册信息应与客观事实相符，与原始纸质档案信息一致，对不相符或不一致的信息，应当予以更正。电子学籍注册信息只是一种学籍信息化的辅助管理手段，为学生、学校和社会提供方便查询的途径。本案中，武汉大学研究生电子管理系统虽显示有项俊个人信息资料，包括照片、学号、注册学籍等基本情况，项俊还领取了校园卡、公费医疗证、研究生证等，并缴纳了第一学年的住宿费，取得2011学年三门课的学分。但以上事实是基于项俊承诺延迟调档，致使武汉大学负责招生的工作人员未向该校研究生院及时报告这一学籍异常情况，未将项俊从上报名单中删除，使得在拟招录准备阶段预录的项俊电子学籍相关信息自动生成，最终导致反映项俊学籍的网络电子管理信息与实际纸质个人档案登记内容不相符。由于项俊在武汉大学研究生管理系统所显示的“注册学籍”与原始纸质档案不一致，与客观事实不相符，故不能认定项俊已经取得学籍。武汉大学在清查中发现上述问题后，因受电子管理系统设计的局限，只能选取最相近的“取消入学资格”选项，并清除项俊相关电子学籍注册信息，其实质是取消原本就不应该存在的电子学籍注册信息，并非对项俊的行政处分。故武汉大学关于“对项俊电子学籍信息的清除是一种内部纠错行为”的答辩意见成立，本院予以采纳。

《普通高等学校学生管理规定》第八条规定，新生入学后，学校在三个月内按照国家招生规定对其进行复查。复查合格予以注册，取得学籍。复查不合格者，由学校区别情况，予以处理，直至取消入学资格。该条款规定在第三章第一节“入学与注册”中，主要是针对已录取但还未取得学籍的新生，故而该章节没有关于程序方面的规定。该规定第五章“奖励与处分”中，仅在“开除学籍”等五类需进行纪律处分的事项中，规定有陈述和申辩、校长会议研究决定、出具处分决定书等程序性要求。因此，项俊申请再审认为，武汉大学作出“取消入学资格”程序违法，没有法律依据。众所周知，“取消入学资格”必须是以新生已经入学，取得入学资格为前提。但本案的实际情况是，项俊并未取得入学资格，因此，虽然武汉大学采取“取消入学资格”的形式不当，但对项俊的“入学资格与学籍”并无实质性影响。也由于项俊的个人纸质原始档案中并没有其入学记录，如对未正式入学的学生，按照已取得入学资格和学籍的学生的标准，依照《普通高等学校学生管理规定》第五章规定的程序进行，直至作出书面处理决定，则又与武汉大学纸质原始档案所反映的事实不相符，不仅不具备适用该项程序的前提，还会使书面处理决定同样缺乏事实根据和法律依据。因此，武汉大学在进行电子管理系统清查时，对电子管理系统登记的错误，从有限的选项中选取与清除电子学籍注册信息最相近的一项“取消入学资格”，以达到清除和纠错的目的，是更为合理和恰当的选择。

（三）关于信赖利益保护问题。信赖保护原则是指行政相对人基于对行政行为的信赖而作出的行为所产生的正当利益应当予以保护，行政机关不得擅自撤销、变更已生效的行政行为，确需撤销或者变更的，对无过错的行政相对人应给予合理的赔偿或补偿。由此可见，正当利益是信赖保护原则的基础和前提。结合本案，项俊系华中师范大学第一附属中学教师，其因符合武汉大学2011年招收攻读博士学位研究生报考条件，报考了武汉大学哲学学院马克思主义哲学专业普通博士研究生。如前所述，该校的招生简章对三个不同培养类别的各自性质与要求均予载明，其报考与录取、学费与奖学金、全日制与在职攻读、档案及工资关系及毕业后的工作去向，等等，普通培养与委托培养、定向培养有明显区别。即普通培养类博士研究生，要脱离原单位，为非在职全日制，其档案、工资等关系均应全部转入在读学校，享受相应的奖学金和生活费，毕业后重新择业。招生简章同时强调“录取类别即为考生报考时的报考类别，请考生在报考时慎重选择”。项俊在报考时选择了普通培养类攻读博士研究生，理应知道一旦录取后所要面临的上述变化，影响最大的就是脱离原单位转调档案及工资关系进武汉大学。而本案的事实是从2011年6月武汉大学向项俊及其所在单位寄出调档函和政审表，到同年9月新生报到和之后的学校正常学习期间，直至2014年4月，项俊始终未将档案调入武汉大学，亦未完成学校要求的每学期的注册事宜，故没有获得相应的奖学金，也未及时缴纳当年的学费和其他费用。虽然武汉大学于2014年4月误收了项俊补缴的所有学费，但该行为并不表明项俊因此就取得了2011级攻读马克思哲学专业普通培养类博士研究生的入学资格和学籍。项俊既想保留原单位的工作和工资关系，又想攻读普通培养类博士研究生，如同鱼和熊掌的关系，如果想要兼得，应当符合相应的法律法规规章的规定，还要遵守教育部门和学校制定的相应规定，否则就有违诚信原则和教育公平，更会对今后博士研究生的招生带来不良影响。

项俊认为基于对武汉大学的电子学籍注册行为的信赖所产生的利益应当予以保护，但是项俊在近三年的时间里，始终没有完成普通培养类博士研究生政审程序和转档手续，不具备普通培养类博士研究生的录取条件，导致其电子学籍注册信息被清除，项俊本人也无法完成学业，对此，项俊应承担全部责任，不具备正当利益的基础和前提。也由于武汉大学相信项俊“及时调入人事档案”的反复承诺，从而导致项俊电子学籍注册信息的错误，对此，项俊亦应当承担主要责任。法谚有云："任何人不得因其不法行为而获益。"因此，项俊主张信赖利益保护，没有事实根据和法律依据。

（四）关于武汉大学招生及学籍管理问题。武汉大学是国家教育部直属的重点综合性大学，每年均承担国家下达的博士研究生招生计划，培养不同类别不同高级学科的专门人才。而本案纠纷却反映出该校在招生过程中工作不严谨，管理失序的问题。本案中，项俊的电子学籍注册信息和实际情况不一致的情况存在多年，表明武汉大学未依照规定对拟录取新生的所有报考材料逐一进行复核，未对新生注册情况以及电子学籍注册信息进行逐一比对查验，同时在新生报到各环节的衔接上存在疏漏，特别是本案中对项俊的电子学籍注册信息错误问题，武汉大学在2011年博士研究生的学程进行过半而迟迟未予纠正，以致对当事人产生误导。学校招生虽然有一定的自主权，但不能违反相关法律法规规章及学校规章制度的明文规定。由于电子管理系统的错误，导致在新生入校及之后的学习等各项环节出现如发放证件、收缴学费，没有学籍的学生取得学分等错误，最终导致了本案纠纷，武汉大学负有管理不善的责任。因此，武汉大学应进一步规范招生工作和学生学籍管理，严格依照规定和期限完成各项程序的审查，同时完善电子管理系统的各种选项，以避免引发不必要的纠纷。

（五）关于项俊的诉权问题。虽然项俊实质上并未取得入学资格，未取得学籍，从法律层面而言，武汉大学在电子管理系统上的纠错行为，对项俊的入学资格和学籍并不产生实际影响。然而由于项俊自2011年至2014年近三年时间里，在其所在单位工作的同时，还在武汉大学攻读普通培养类博士研究生，并取得学分，武汉大学的研究生电子管理系统显示有项俊注册学籍的信息，且其具有一定的公示性，故项俊的诉权应予保护。

（六）关于本案的案由问题。由于项俊事实上并未取得武汉大学入学资格，也未取得学籍。因此，武汉大学对其电子学籍注册信息的清除并非取消入学资格，本案的案由应当确定为"教育行政处理"，原一、二审判决将案由确定为"取消入学资格"不当，本院予以纠正。

综上所述，项俊未取得武汉大学入学资格，也未取得学籍，武汉大学对项俊的电子学籍注册信息予以清除是纠错行为，并非行政处分。湖北省武汉市中级人民法院（2016）鄂01行终242号行政判决认定事实清楚，适用法律正确，审判程序合法。项俊申请再审的理由不能成立，依照《中华人民共和国行政诉讼法》第八十九条第一款第（一）项规定，判决如下：

维持湖北省武汉市中级人民法院（2016）鄂01行终242号行政判决。

本判决为终审判决。

审　判　长　张辅伦
审　判　员　徐　飞
审　判　员　龚荣华
二〇一七年十二月二十二日
书　记　员　王　营

【评析】

本案属于新类型案件（不同于开除学籍、授予学历学位），教育部对武汉大学督办，之前经过武汉两级法院审理，一、二审法院作出截然相反判决，湖北高院提审后维持二审判决，双方服判息诉。大学自治，但大学的招录工作及学籍管理行为并不能游离于司法审查之外。

1. 关于大学自治与项俊的诉权问题。武汉大学根据高等教育法律法规及教育部规章授权，有权制定研究生自主招生相关规定。其所制定的招生简章对录取类别进行了明确规定：博士生录取分为普通培养、委托培养、定向培养三种类别，其中普通培养为非在职全日制研究生，录取时须将档案及工资关系转入学校；其有关自主招生的规定，既不违反高等教育相关法律法规规章的强制性规定，又结合了学校博士研究生培养的实际情况，且与当前“大学自治”的办学理念和精神相契合，应当严格遵守与执行。项俊认为武汉大学自主招生条件违反法律法规规定的理由不能成立。大学自治，但是大学学生招录及学籍管理行为对学生的教育权直接产生影响，不能游离于司法审查之外。三年中，项俊在其所在单位工作的同时，还在武汉大学“攻读”普通培养类博士研究生，并取得学分，武汉大学的研究生电子管理系统显示有项俊注册学籍的信息，故项俊对武汉大学清除电子学籍信息的行为不服的诉权应当予以保护。

2. 关于武汉大学对项俊电子学籍注册信息予以清除的行为性质。由于项俊承诺延迟调档（项俊报考的是普通培养类博士研究生，录取时必须将档案转入学校），武汉大学出于善意（避免浪费当年博士研究生招生指标），致使负责招生的工作人员未向该校研究生院及时报告这一学籍异常情况，使得在拟招录准备阶段预录的项俊电子学籍相关信息自动生成，最终导致反映项俊学籍的网络电子管理信息与实际纸质个人档案登记内容不相符，故不能认定项俊已经取得学籍。武汉大学在清查中发现上述问题后，及时清除项俊相关电子学籍注册信息，其实质是取消原本就不应该存在的电子学籍注册信息，并非对项俊的行政处罚。正因为项俊本身不符合博士研究生录取条件，事后也未能补正，故武汉大学发现错误后作出清除项俊电子学籍注册信息的行为系纠错行为而非行政处罚，不适用《中华人民共和国行政处罚法》的相关程序规定。

3. 关于依赖利益保护问题。项俊虽然反复承诺及时调入人事档案，但直到纠纷产生，始终没有完成普通培养类博士研究生政审程序和转档手续，因而不具备普通培养类博士研究生的录取条件，导致其电子学籍注册信息被清除，项俊本人也无法完成学业，对此，项俊应承担全部责任，不具备正当利益的基础和前提。也由于武汉大学相信项俊的承诺而违规操作，从而导致网上错误生成项俊电子学籍注册信息、学校收取学费、项俊取得学分，对此，项俊亦应当承担主要责任。法谚有云：“任何人不得因其不法行为而获益。”因此，项俊主张信赖利益保护，没有事实根据和法律依据。

（作者单位：湖北省高级人民法院）

城乡规划主管部门作出行政处罚所应遵循的法定程序

林　静

【案例索引】

福建省龙岩市中级人民法院（2017）闽08行终118号。

龙岩市天鑫房地产开发有限公司不服龙岩市永定区住房和城乡规划建设局行政处罚决定一案，因不服永定区人民法院行政判决，向龙岩市中级人民法院提起上诉。

【裁判要旨】

对未按照建设工程规划许可证的规定进行建设的，依据《中华人民共和国城乡规划法》第六十四条规定，城市、县人民政府城乡规划主管部门应先行履行责令停建、限期改正等改正措施的法定程序后，在确实无法消除违建对规划实施影响时，才可采取行政处罚措施。城乡规划主管部门未能提供证据证明其在作出行政处罚前，已履行责令限期改正且存在从技术层面上确实无法通过“采取改正措施消除影响的”之情形的，属违反法定程序。

【裁判文书】

福建省龙岩市中级人民法院
行政判决书

（2017）闽08行终118号

上诉人（原审原告）：龙岩市天鑫房地产开发有限公司，住所地龙岩市永定区凤城镇沿河西路186号，组织机构代码913508225532212768。

法定代表人：刘年芳，董事长。

委托代理人：林惠玲，福建津都律师事务所律师。

委托代理人：莫延辉，福建博益律师事务所律师。

上诉人（原审被告）：龙岩市永定区住房和城乡规划建设局，住所地龙岩市永定区凤城镇金凤路25号，组织机构代码00410708－3。

法定代表人：简尚彬，局长。

委托代理人：张城富，广东卓建律师事务所律师。

上诉人龙岩市天鑫房地产开发有限公司（以下简称天鑫公司）与上诉人龙岩市永定区住房和城乡规划建设局（以下简称永定区住建局）行政处罚一案，不服龙岩市永定区人民法院（2016）闽0803行初25号行政判决，向本院提起上诉，本院依法组成合议庭进行了审理。本案现已审理终结。

被诉行政行为：永定区住建局于2015年12月30日作出永建罚决字［2015］10号《行政处罚决定书》，认定坐落于龙岩市永定区凤城街道沿河北路天鑫财富广场项目国有建设土地出让合同规定的总用地面积为4839㎡，容积率≤3.85，总建筑面积≤18630.2㎡（不含地下部分），其中住宅面积≤13041.1㎡、商业建筑面积≤5589.1㎡。2011年9月30日永定县城乡规划委员会同意将农行南侧约236㎡地块（用途为商业）一并纳入规划，调整后该地块用地面积为5075㎡，总建筑面积≤19538.8㎡（不含地下部分），其中商业建筑面积≤6497.7㎡，住宅建筑面积≤13041.1㎡。2012年12月5日，我局发放的《建设工程规划许可证》，规定地上计容面积19538.75㎡，容积率3.85。2015年12月6日，龙岩经纬测绘有限公司出具了《建设工程规划条件核实报告》，该项目地上计容面积24060.08㎡（不含地下分摊），其中一层商业面积2740.02㎡、二层商业面积2765.31㎡、三层商业面积2765.31㎡，住宅面积15789.44㎡。据此，天鑫财富广场项目地上部分总违建面积4521.33㎡（不含地下分摊面积），其中地上商业超建1772.94㎡、住宅超建2748.39㎡。根据（龙政办［2010］145号）第九条规定：实测计容建筑面积与规划计容面积误差允许范围（3‰）部分，国土资源行政主管部门按本办法第十一条规定收取土地出让金。因此认定地上总违建面积4462.71㎡（不含地下分摊面积），其中地上商业超建1753.45㎡、住宅超建2709.26㎡。根据2015年6月5日福建金诺土地房地产评估有限公司和2015年7月22日龙岩冠力土地房地产评估有限公司、龙岩中恒房地产土地评估有限公司出具的评估结论，将三家公司的评估均价计算后，违法建筑商场和住宅的工程总造价为4028319.08元。因此，依据《中华人民共和国城乡规划法》第六十四条规定，龙岩市永定区住房和城乡规划建设局决定对龙岩市天鑫房地产开发有限公司作出如下行政处罚：1. 没收违法建筑住宅2709.26㎡；2. 没收第三层商业面积2621.12㎡；3. 处以地上违法建筑商场和住宅的工程造价4028319元的2%罚款，即罚款人民币80566元。

原审查明，原告开发的天鑫财富广场项目于2010年3月通过公开招拍，竞得位于龙岩市永定区凤城街道沿河北路东门农行旁的地块（编号为2010－拍－01号宗地）。2010年3月31日，原告作为受让人与永定县国土资源局签订《国有建设用地使用权出让合同》，取得该地块的国有建设用地使用权。该合同第十三条约定"受让人在本合同项下宗地范围内新建建筑物、构筑物及其附属设施的，应符合市（县）政府规划管理部门确定的出让宗地规划条件（见附件3）"，附件3系永定县城乡规划建设局于2010年1月20日出具的永建［2012］2号《永定县城乡规划建设局关于凤城镇东门农行旁地块规划设计条件通知书》，在通知书中确定该地块的用地情况、用地性质和土地使用强度等规划设计条件，其中用地性质为商住用地，一层、二层为大型知名品牌超市（为达到整体设计效果不得以店面形式分割出让），土地使用强度：①容积率：≤3.85；②建筑密度：≤40%等。2011年10月12日，永定县城市规划委员会同意将永定县农业银行南侧约236㎡地块（用途为商业）一并纳入规划，调整后该地块用地面积为5075㎡，总建筑面积≤19538.75㎡（不含地下部分），其中商业建筑面积≤6497.7㎡，住宅建筑面积≤13041.1㎡。2012年12月5日，被告为原告颁发了《建设工程规划许可证》（证号为建字第35082220121025号）。该规划许可证规定天鑫财富广场1#、2#楼规划用地面积为5075㎡，总建筑面积26798.29㎡，其中地上（计容面积）19538.75㎡，地下（计容面积）7259.54㎡。建筑密度39.99%，容积率3.85，绿化率25%。2012年12月31日被告作出永建（2012）143号《关于龙岩市天鑫房地产开发有限公司预售永定县天鑫财富广场住宅、综合用房、地下二层车位的批复》，批复同意原告预售住宅建筑面积12197.1㎡，后双方发生争执，结果按永定县人民政府永政综（2010）27号文件执行，同意原告预售住宅建筑面积13041.1㎡。也就是被告认可的合法建筑面积。2013年4月22日被告作出永建（2013）37号《关于龙岩市天鑫房地产开发有限公司预售永定县天鑫财富广场地上一层至三层商场、地下一层商场的批复》，批复同意原告预售地上一层至三层商场建筑面积8005㎡。而原告商场的实际建筑面积为8270.64㎡，按被告的预售批复，原告超建面积为265.64㎡。但被告却认可合法建筑面积6497.7㎡，超建面积1772.94㎡。这与上述批复住宅预售建筑面积即认定为合法建筑面积的精神存在差异。2014年3月21日，被告在巡查中发现原告开发的天鑫财富广场项目存在未按审批方案施工等问题，后于2014年5月26日作出永建罚决字［2014］1号《行政处罚决定书》。原告不服该行政处罚，向永定县人民政府提起行政复议。2014年9月15日，永定县人民政府作出了永政复决［2014］5号《行政复议决定书》，决定维持被告作出的行政处罚决定。2014年10月10日，原告向永定县人民法院提起行政诉讼。在诉讼过程中，被告主动撤销了该行政处罚决定。2014年11月11日，永定县人民法院作出（2014）永行初字第22号《行政裁定书》，裁定准许原告撤回起诉。2015年12月18日，被告对原告作出永建罚告字［2015］10号《行政处罚告知书》，并于当日送达给原告。2015年12月30日，被告对原告作出永建罚决字［2015］10号《行政处罚决定书》，认定原告开发的天鑫财富广场地上部分总违建面积4521.33㎡，其中地上商业超建1772.94㎡、住宅超建2748.39㎡，根据（龙政办［2010］145号）第九条规定，扣除误差部分，认定地上总违建面积4462.71㎡，其中地上商业超建1753.45㎡、住宅超建2709.26㎡。据此，被告对原告作出如下行政处罚决定：1. 没收违法建筑住宅2709.26㎡（包含1#楼第20层、1#楼顶层两个房间，2#楼第18层、第17层、第16层，第15层的局部）；2. 没收第三层商业面积2621.12㎡；3. 处以地上违法建筑商场和住宅的工程造价4028319元的2%罚款，即罚款人民币80566元。并于当日送达给原告。原告认为，被告规划的容积率≤3.85的数据来源于城市总体规划没有经过上一级政府的批准，该处罚依据不合法应予撤销。另面积增建也是因为为了满足政府部门建设大商场的要求，没有对结构、使用功能造成影响，在外观上及高度上也未变化。同时原告还认为被告的处罚决定书中对天鑫广场商业部分没收的面积数据与事实不符、与实物不符，不符合《中华人民共和国城乡规划法》的相关规定，遂向本院提起行政诉讼，请求对永建［2010］2号《永定县城乡规划建设局关于凤城镇东门农行旁地块规划设计条件通知书》规范性文件的合法性进行审查，并撤销被告作出的永建罚决字［2015］10号《行政处罚决定书》。

原审认为，被诉永建罚决字［2015］第10号《行政处罚决定书》，是以仍具有法律效力的《建设工程规划许可证》《国有建设用地使用权出让合同》作为事实依据，根据《中华人民共和国城乡规划法》第六十四条的规定作出的。永定县城市总体规划和城市的控制性详细规划是否符合法定审批程序不属于本案审查范围。因此，不存在本案是否适用《中华人民共和国城乡规划法》第十五条、第十九条规定的问题。故原告请求对永建［2010］2号《永定县城乡规划建设局关于凤城镇东门农行旁地块规划设计条件通知书》规范性文件的合法性进行审查，本院不予支持；被告批复同意原告预售住宅建筑面积12197.1㎡，后双方发生争执，结果按永定县人民政府永政综（2010）27号文件执行，同意原告预售住宅建筑面积13041.1㎡，也就是被告认可的住宅合法建筑面积。而被告批复同意原告预售地上一层至三层商场建筑面积8005㎡，同样的道理也应当认可商场合法建筑面积为8005㎡。原告商场的实际建筑面积为8270.64㎡，按被告的预售批复，原告商场超建面积应为265.64㎡，但被告却认定原告地上商场面积超建1753.45㎡，同时决定对原告没收第三层商场面积2621.12㎡，认定事实有误，被告主张按照房屋的价值换算处罚面积没有法律依据。故被告作出的被诉行政行为，事实不清，证据不足，原告诉请符合法律规定，依法应予支持。依照《中华人民共和国行政诉讼法》第七十条第（一）项的规定，判决如下：撤销永定区住建局作出的永建罚决字（2015）10号《行政处罚决定书》。本案诉讼费用50元由被告负担。

宣判后，原审原告天鑫公司不服，上诉称：一、《通知书》作为规范性文件，其内容来源不合法，《通知书》中规定的相关规划条件没有按照《城乡规划法》的相关法定程序进行审批、备案，因此这样的规划条件是不合法的，故《通知书》中的内容来源也不合法。二、一审法院认定《出让合同》是有效的，属认定事实错误，二审法院应依法予以改正。三、《出让合同》在签订时，上诉人并不知道《出让合同》依据的《通知书》中内容来源是不合法的，上诉人是受到了相关部门的蒙骗，因此签订违法的《出让合同》不是上诉人真实意思表示。请求：1. 二审法院依法对上诉人永定区住建局在行政处罚中依据的《国有建设用地使用权出让合同》中重要组成部分即永建［2010］2号《永定县城乡规划建设局关于凤城镇东门农行旁地块规划设计条件通知书》这一违反效力性强制性规定的规范文件依法进行合法性审查；2. 维持一审法院撤销永建罚决字［2015］10号《行政处罚决定书》的同时增加适用法律错误的理由。

永定区住建局辩称，1. 天鑫公司主张的规范性文件审查与本案没有关联；2. 双方在签订出让合同时，已经同意按土地出让合同履行；3. 双方签订出让合同是依据永定区住建局提出的技术性规范，天鑫公司当时对此没有意见，应当依据土地出让合同以及建设工程规划许可证核定的指标进行核实。

原审被告永定区住建局对原审判决不服，亦提起上诉称，一、一审混淆了商品房预售许可与建设工程规划核实的区别，上诉人认定的违建面积并不存在错误。1. 商品房预售许可与建设工程规划许可是两个独立的行政许可行为，由不同法律、法规规定的；2. 在不同的地区，商品房预售许可与建设工程规划许可、规划条件核实并非必然由同一个机关作出；3. 上诉人在规划条件核实时，应当适用龙岩市人民政府和龙岩市永定区人民政府的文件；4. 商品房预售许可与建设工程规划核实适用不同的房屋测量规范，是测量的规范不同导致面积的差异；5. 根据上述的规定，可以得出，商品房预售许可与建设工程规划核实存在诸多差异；6. 商品房预售时测量的面积，不应当作为规划条件核实的数据，不能简单地认为商品房预售许可与建设工程规划许可的数据必须完全吻合。二、一审认定上诉人的主张按照房屋的价值换算处罚面积没有法律依据是错误的。请求：撤销原审判决，并依法改判驳回天鑫公司的诉讼请求。

天鑫公司辩称，一、商品房预售许可是以规划许可作为依据并在规划许可之后颁发，永定区规划建设局作为颁发上述两个许可的行政机关，既然作出了商品房预售许可，就应当认为作出了与预售许可一致的规划许可变更。二、规划许可证和预售许可证规定的内容是建筑面积，而不是建筑价值。因此，永定区住建局按照房屋的价值换算处罚面积，没有法律依据。三、被诉处罚决定存在“先决定、再调查”的程序违法情形。四、被诉处罚决定适用法律错误，认定事实不清。

经审理查明，一审期间，双方当事人在法定举证期限内向原审法院提交的证据材料，已经原审庭审举证质证，证据名称及证明对象均记录于原审行政判决书中，相应的证据材料亦随案移送本院。上诉人龙岩市天鑫房地产开发有限公司对原审判决认定的事实无异议，上诉人龙岩市永定区住房和城乡规划建设局对原审判决第20页第二段中“也就是被告认可的合法建筑面积”的表述有异议，认为表述不当；对第21页第二段“按被告的预售批复，原告超建面积为265.64㎡。但被告却认可合法建筑面积6497.7㎡，超建面积1772.94㎡。这与上述批复住宅预售建筑面积即认定为合法建筑面积的精神存在差异”有异议，认为预售和规划条件核实是两个不同的行政行为，不能混为一谈。对双方均无异议的事实，本院依法予以确认；对上诉人龙岩市永定区住房和城乡规划建设局的异议，本院经审查认为原审判决中关于“也就是被告认可的合法建筑面积”“按被告的预售批复，原告超建面积为265.64㎡。但被告却认可合法建筑面积6497.7㎡，超建面积1772.94㎡。这与上述批复住宅预售建筑面积即认定为合法建筑面积的精神存在差异”的表述，系原审对事实的推理和分析，而不是对客观事实的认定，原审直接作为事实表述不妥，本院依法不予认定；对原审认定的其他事实予以确认。

另查明，二审诉讼中永定区住建局明确表示其认定天鑫公司的违建部分分别是：1. 商业部分：1#裙楼1—3层的中庭（原镂空现封板）及增建的4台观光电梯占用的面积；2. 住宅部分：1#楼增建的第20层及各住宅北面阳台边花池及南面“空中花园”原镂空部分现封板增加的面积；2#楼增加的第17层、第18层及其他零星违建增加的面积。上诉人天鑫公司对永定区住建局认定的实际建筑面积无异议，但对认定其违建面积有异议，对认定住宅部分的1#楼各住宅北面阳台边花池及南面“空中花园”原镂空部分现封板部分属其违建面积有异议。

针对两上诉人各自上诉主张，上诉人天鑫公司向本院补充提供了下列证据：1. 2010年12月8日永定县城市规划委员会《天鑫财富广场与南部工业园区局部调整设计方案评审会议纪要》。2. 2010年12月21日永定县城乡规划建设局《局长会议纪要》。以此证明当时该公司是根据规划委员会的要求进行规划设计，后来建设局的会议纪要要求建设大型商场，所以把面积扩大，将商业部分原设计镂空的中庭封板搭起来了。3.《国内挂号信函收据》《交房通知书》《房产交接验收表》，以此证明2015年2月6日通知交房，2015年2月12日与买房人办理了交房手续，此后房屋均在买房人管控之下，交房时间均在《竣工规划条件核实报告》出具之前。说明“空中花园”部分系各业主自行封板，其已按建筑许可施工图进行建筑并交付业主，不能认定为其违建面积。4. 证人天鑫1号楼业主阙某芬、王某华证明其住宅内的“空中花园”及北面厨房边的花池系该幢楼业主统一请人浇筑封板的。进一步证明天鑫1号楼住宅内的“空中花园”及北面厨房边的花池非天鑫公司所建，永定区住建局将该部分建筑面积认定为天鑫公司的违建面积错误。永定区住建局质证认为改变指标应当进行重新设计，并经规划委员会认定，住建局的会议纪要不能作为改变指标的依据。证据3、证据4是二审才提供的，不足以证明其主张的事实，且之前并未对此提出异议。为此，永定区住建局还向本院补充提供了三张验收时的现场照片作为新证据，证明天鑫财富广场项目广场1号楼住宅内的"空中花园"及北面厨房边的花池系天鑫公司所建，将该部分面积认定为天鑫公司的违建面积证据充分。本院经审查认为，该部分证据需综合分析，本院放在说理部分予以评判。

本院认为，上诉人天鑫公司对上诉人永定区住建局的执法主体无异议，经审查符合法律规定，本院予以确认。本案争议的焦点是：

1. 关于规范性文件审查问题。

《中华人民共和国行政诉讼法》第五十三条第一款规定："公民、法人或者其他组织认为行政行为所依据的国务院部门和地方人民政府及其部门制定的规范性文件不合法，在对行政行为提起诉讼时，可以一并请求对该规范性文件进行审查。"由此可见，该法条所指的规范性文件，必须具备两个条件：一是由国务院部门和地方人民政府及部门制定的规范性文件；二是作出被诉行政行为的依据。本案中，上诉人天鑫公司要求对永建［2010］2号《永定县城乡规划建设局关于凤城镇东门农行旁地块规划设计条件通知书》进行规范性文件审查，经查，该通知书系2010年3月31日上诉人天鑫公司与永定县国土资源局签订《国有建设用地使用权出让合同》的附件3，既不属上述法律规定的规范性文件，也不是上诉人永定区住建局作出行政处罚决定的依据，原审法院对上诉人天鑫公司要求不予支持并无不当，本院予以维持；二审中上诉人天鑫公司坚持其一审主张的理由不成立，本院不予采纳。

2. 关于被诉行政处罚的程序正当性问题。

上诉人天鑫公司主张，上诉人永定区住建局存在"先决定、再调查"的程序违法情形。经查，永定区住建局一审提供的（2015）34号《专题会议纪要》可以证明，其最后一次集体讨论对上诉人天鑫公司的处罚系2015年12月14日，在其2015年12月30日作出的被诉行政处罚之前，上诉人天鑫公司主张永定区住建局提供的《案件调查终结报告》显示直至2015年12月11日调查人员才调查终结，其2015年4月16日永定区人民政府（2015）42号《专题会议纪要》已议定了本案的处罚结果与事实不符，且永定区住建局向永定区人民政府上报调查处罚情况只是内部管理，不属于法定上报审批单位，审查作出行政处罚的程序是否合法只能看出行政处罚的行政执法主体永定区住建局是否履行法定程序，故上诉人天鑫公司依永定区人民政府的会议纪要时间主张被诉行政处罚存在程序违法理由不成立，本院不予采纳。

《中华人民共和国城乡规划法》第六十四条及《福建省实施〈中华人民共和国城乡规划法〉办法》第六十七条第一款均规定："未取得建设工程规划许可证进行建设或者未按照建设工程规划许可证的规定进行建设的，由城市、县人民政府城乡规划主管部门责令停止建设；尚可采取改正措施消除对规划实施影响的，限期改正，处建设工程造价百分之五以上百分之十以下的罚款；无法采取改正措施消除影响的，限期拆除，不能拆除的，没收实物或者违法收入，可以并处建设工程造价百分之十以下的罚款……"《福建省实施〈中华人民共和国城乡规划法〉办法》第六十七条第二款、第三款还规定："有下列情形之一，认定为无法采取改正措施消除对规划实施影响的违法建设：（一）违反本办法第二十四条规定进行建设的；（二）擅自占用地下工程或者压占城市管线、永久性测量标志进行建设的；（三）影响国家和省重点工程项目建设的；（四）对文物保护、风景名胜区保护造成严重影响的；（五）其他无法采取改正措施消除对规划实施影响的。可以采取改正措施消除对规划实施的影响的违法建设，是指前款规定情形以外，经改建或者采取其他改正措施可以达到城乡规划要求的违法建设。"由上可见，对未按照建设工程规划许可证的规定进行建设的，城市、县人民政府城乡规划主管部门应先行履行责令停建、限期改正等改正措施的法定程序后，在确实无法消除违建对规划实施影响时，才可采取行政处罚措施。这是行政职能部门监督管理职责的必然要求。从本院查明的事实看，上诉人天鑫公司未按照建设工程规划许可证的规定进行建设的违法事实确实存在，但上诉人永定区住建局未能提供证据证明其在作出本案行政处罚前，已履行责令限期改正且存在从技术层面上确实无法通过"采取改正措施消除影响的"之情形，违反法定程序。上诉人永定区住建局主张应由上诉人天鑫公司提供证据证明其无法通过整改消除影响，该主张与行政诉讼中由行政执法单位承担证明其行政行为合法性的举证责任原则相悖，本院依法不予采纳。

3. 关于事实认定问题。

虽然上诉人天鑫公司对上诉人永定区住建局行政处罚中认定："2015 年

12月6日，龙岩经纬测绘有限公司出具了《建设工程规划条件核实报告》，该项目地上计容面积24060.08㎡（不含地下分摊），其中一层商业面积2740.02㎡、二层商业面积2765.31㎡、三层商业面积2765.31㎡，住宅面积15789.44㎡的事实无异议，但对认定其违建面积有异议。”

（1）关于商业部分建筑的违建面积计算问题。《中华人民共和国城乡规划法》第四十五条第一款规定：“县级以上地方人民政府城乡规划主管部门按照国务院规定对建设工程是否符合规划条件予以核实。未经核实或者经核实不符合规划条件的，建设单位不得组织竣工验收。”2015年9月9日永政办（2015）197号《龙岩市永定区人民政府办公室转发龙岩市人民政府办公室关于龙岩市中心城市规划区容积率规划核实和房屋产权面积计算管理办法及其有关事项的通知》明确：为进一步规范容积率规划核实与房屋产权面积计算依据不同产生的问题，妥善处理已办理土地出让手续的经营性建设项目房屋产权登记和土地分割登记等相关工作，现将龙岩市人民政府办公室《关于龙岩市中心城市规划区容积率规划核实和房屋产权面积计算管理办法的通知》（龙政办［2010］145号）、《关于龙岩市中心城市容积率规划核实和房屋产权面积计算管理有关事项的通知》（龙政办［2010］229号）两文件转发给你们，请认真贯彻执行。龙政办［2010］145号文件第五条规定：规划行政主管部门以《建设工程规划条件核实报告》和建筑施工竣工图（加盖“此图与竣工实测面积相符”）作为规划条件竣工核实的依据。从上述规定看，规划行政主管部门建筑工程竣工验收只能以《建设工程规划条件核实报告》和建筑施工竣工图作为依据，对建设工程是否符合《建设工程规划许可证》的规划条件予以核实。本案中，上诉人永定区住建局以项目建设单位天鑫公司委托的龙岩市经纬测绘有限公司出具的《竣工规划条件核实报告》实测商业面积8270㎡为依据，与上诉人天鑫公司取得的《建设工程规划许可证》许可建筑面积相比照，认定上诉人天鑫公司商业部分违建面积为1772.94㎡符合上述通知规定。

《中华人民共和国城乡规划法》第四十三条第一款规定：“建设单位应当按照规划条件进行建设；确需变更的，必须向城市、县人民政府城乡规划主管部门提出申请。变更内容不符合控制性详细规划的，城乡规划主管部门不得批准。城市、县人民政府城乡主管部门应当及时将依法变更后的规划条件通报同级土地主管部门并公示。”由此可见，建设单位应当按照规划条件进行建设是其应有之责；确需变更的，必须向城市、县人民政府城乡规划主管部门提出申请，依法办理变更手续。本案中，上诉人天鑫公司主张其缘于政府要求将天鑫财富广场建设成为符合大商业要求的公共建筑才改变中庭设计，增加4部观景电梯才导致最终超面积。但从其二审补充提供的证据1、证据2看，虽具备真实性、合法性，但该证据的内容反映：政府要求按大型商场建设在前（2010年12月8日）。而天鑫财富广场项目的建设工程规划许可时间在后（2012年12月5日），上诉人天鑫公司作为房地产开发企业理应知道上述法律规定，其完全可以根据政府要求变更原建筑设计方案后申请建设工程规划许可，但其并未变更设计方案，而是按原建筑设计方案办理建设工程规划许可，是造成其违建的主要原因，故该两份证据无法证明其主张，本院不予采纳。上诉人天鑫公司办理《预售许可证》，是依《城市商品房预售许可管理办法》的相关规定办理，其中对预售许可的预测面积计算方法与竣工验收时的测算建筑面积的依据及计算方法不同，属两个不同的行政行为，上诉人天鑫公司坚持以政府要求及《预售许可证》已准予其预售的商业建筑面积8005㎡为由，主张其超建面积应按竣工规划条件核实报告实测商业面积8270㎡扣除预售许可证上准予预售商业面积8005㎡后的265㎡予以认定系将上述两个不同测算依据、计算标准的行政行为混为一谈，与法不合，其对该部分的上诉理由不成立，本院不予支持。

（2）关于住宅部分违建面积的计算问题

《最高人民法院关于执行〈中华人民共和国行政诉讼法〉若干问题的解释》第二十六条规定，行政诉讼中被告应当在收到起诉状副本之日起10日内提供作出具体行政行为时的证据、依据；被告不提供或无正当理由逾期提供的，应当认定该具体行政行为没有证据、依据。从本案审查情况看，上诉人永定区住建局在行政处罚决定书中仅简单认定天鑫公司住宅部分的违建面积，并未列明具体违建部分。在二审诉讼中永定区住建局虽能明确指出住宅部分具体违建部位，但未在法定期限内提供证明其认定的天鑫财富广场1#楼住宅内的“空中花园”及北面厨房边的花池镂空部分系天鑫公司所建的证据；在二审时补充提供了2015年10月23日竣工验收时拍摄的现场照片3张不属于法定举证期限内提供，不符合证据规则要求，不能作为证据采用。而上诉人天鑫公司在二审时补充提供的证据3、证据4能够初步证明其异议主张，也进一步证明永定区住建局认定在业主先入住永定区住建局后验收的情况下，虽在竣工验收时确实存在原设计的“空中花园”及北面厨房边的花池镂空部分已封板的事实，但并不能因此推定出由作为开发商的上诉人天鑫公司所建的结论，故上诉人永定区住建局径行认定为天鑫公司所建证据不足。依上述法律规定，上诉人永定区住建局应承担举证不能的法律后果，上诉人天鑫公司对该部分事实提出的异议理由成立。

4. 关于法律适用的准确性合理性问题。

本院认为，从《中华人民共和国城乡规划法》第六十四条及《福建省实施〈中华人民共和国城乡规划法〉办法》第六十七条的规定看，对于未按照建设工程规划许可证的规定进行建设的，是以对违建部分采取整改措施，消除对规划实施影响为目的，从本院查明的事实看，上诉人永定区住建局对天鑫公司违建部分作出处罚时，采用累加违建面积后，以合法建筑面积替代违建面积予以没收的情形，这种处罚方式没有法律依据，也与立法本意和执法目的相悖，有违适当性原则。上诉人天鑫公司对处罚方式提出的异议理由成立。

综上，被诉行政行为认定事实证据不足，程序不合法，适用法律不够准确，处罚适当性不够，原审判决予以撤销正确，本院予以维持，但原审判决撤销的理由不当，本院予以纠正。双方当事人的上诉理由均有部分不成立，如前所述，本院依法不予支持。依照《中华人民共和国行政诉讼法》第八十九条第一款第（一）项之规定，判决如下：

驳回上诉，维持原判。

二审案件受理费50元，由上诉人龙岩市天鑫房地产开发有限公司负担25元，上诉人龙岩市永定区住房和城乡规划建设局负担25元。

本判决为终审判决。

审　判　长　林　静
审　判　员　黄智勇
审　判　员　丁建岩
二〇一八年四月九日
法官助理　李俊锋
书　记　员　邱渟婷

【评析】

近些年来，伴随我国城市建设进入快速城市化时期，被称为城市顽疾之一的违法建设问题越加突出，成为社会关注的焦点之一。《中华人民共和国城乡规划法》（以下简称《规划法》）是当前城乡规划主管部门依法查处违法建设的重要法律依据之一，其第 64 条规定：“未取得建设工程规划许可证或者未按照建设工程规划许可证的规定进行建设的，由县级以上地方人民政府城乡规划主管部门责令停止建设；尚可采取改正措施消除对规划实施的影响的，限期改正，处建设工程造价百分之五以上百分之十以下的罚款；无法采取改正措施消除影响的，限期拆除，不能拆除的，没收实物或者违法收入，可以并处建设工程造价百分之十以下的罚款。”条文中规定了两种行政措施，即责令停止建设、限期改正；三种行政处罚，即罚款、限期拆除、没收实物或违法收入。

根据社会危害程度的不同，《规划法》第 64 条按照由轻到重的顺序，对违法建设设定了两个档次的行政处罚。第一个档次，针对“尚可采取改正措施消除对规划实施的影响的”违法情形，处以“限期改正”和“罚款”；第二个档次，针对“无法采取改正措施消除影响的违法”情形，处以“限期拆除”，不能拆除的，处以“没收实物或违法收入”，可并处罚款。可以说，该条规定体现了违法程序与处罚力度相一致的行政公正原则，有利于行政处罚权的规范行使。但是，现实生活中各个具体的违法建设实例具有千差万别的表现形态，对它们进行上述两个层次的违法程度的判断便成为规划行政管理部门自由裁量的问题。由于自由裁量权存在被滥用，进而侵犯公民合法权益的可能，特别是限期拆除和没收均为严厉的行政处罚方式，当二者针对违法建设时，往往会涉及相对人较大的利益，因此具体适用时尤应慎重。笔者认为，应当从以下几个方面进行考虑。

（一）法律、法规及部门规章的相关规定

1. 贵州省、安徽省、福建省、重庆市等在地方性法规中，列举了应当认定为无法采取改正措施消除对规划实施影响的违法建设的情形；住房和城乡建设部《关于规范城乡规划行政处罚裁量权的指导意见》规定了属于尚可采取改正措施消除对规划实施影响的情形。若行政执法所针对的违法建设符合

上述地方性法规和部门规章所规定的情形，规划行政管理部门仅需举证证明案涉违法建设存在上述情形，即可依照上述规定选择适用《规划法》第64条两个处罚档次中适当的一档进行处罚。

2. 与《规划法》密切相关的《中华人民共和国防震减灾法》《中华人民共和国水法》《中华人民共和国公路法》《中华人民共和国铁路法》《中华人民共和国民用航空法》《中华人民共和国海域使用管理法》《中华人民共和国气象法》《中华人民共和国文物保护法》《中华人民共和国环境保护法》等，为了维护国家利益、公共利益，往往都规定了一些强制性和禁止性规定。如《中华人民共和国防震减灾法》第35条第1款规定："新建、扩建、改建建设工程，应当达到抗震设防要求"；《中华人民共和国防洪法》第22条第2款规定："禁止在河道、湖泊管理范围内建设妨碍行洪的建筑物、构筑物……"若案涉违法建设存在违反上述强制性和禁止性规定，即属于"非拆不可"的情形时，规划行政管理部门仅需举证证明案涉违法建设存在上述情形，即可对违法建设作出限期拆除的处罚。

（二）技术层面的可行性

案涉违法建设取得建设工程规划许可证，但局部未按建设工程规划许可证的规定进行建设，对局部采取改正措施是否影响建筑整体安全性？案涉违法建设未取得建设工程规划许可证，或未按建设工程规划许可证的规定进行建设，但与案外人的合法建筑紧密相连，对违法建设采取改正措施是否影响案外人建筑的安全性？即规划行政管理部门在选择处罚方式时也应当考量拆除违法建设是否将对国家利益、社会公共利益、第三人利益造成重大损失，拆除违法建设部分是否将影响到建筑整体结构、危害公共安全等技术层面的因素。若规划行政管理部门采用委托第三方评估等方式，证明案涉违法建设在技术层面上不存在采取改正措施的可能性，即可直接选择《规划法》第64条的第二档次对案涉违法建设进行处罚。

（三）行政比例原则的适用

行政比例原则的基本含义是"国家应该以给公民及社会带来最小损失或者最大受益的方式来追求、实现其目标"。[①] 它要求行政主体为了实现其行政

---

① 李荣珍、王进：《论行政比例原则》，载《法治论坛》2007年第3期。

管理的特定目的，在若干可选择手段中应采用最有助于实现目标，且对相对人权利侵害最小的手段。具体到《规划法》第64条，规划行政管理部门在案涉违法建设不存在违反法律强制性规定必须予以拆除，或者依照法规、规章能够判断是否属于“可采取改正措施”的情形，又或者从技术层面可以判断是否“可采取改正措施”时，规划行政管理部门应当优先采用最有助于实现目标，且对相对人权利侵害最小的“采取改正措施消除对规划实施的影响”的方式来实现行政管理目标。即规划行政管理部门应当在先履行责令停止建设、限期改正的程序，当违建行为人确实无法通过“采取改正措施消除影响”的情况下，才能适用《规划法》第64条第二档的规定进行处罚。这也符合《中华人民共和国行政处罚法》第23条“行政机关实施行政处罚时，应当责令当事人改正或者限期改正违法行为”所规定的“处罚与教育相结合”的原则。

因此，规划主管部门应先行履行责令停建、限期改正等改正措施的法定程序后，在确实无法消除违建对规划实施影响时，才可采取行政处罚措施。规划主管部门未能提供证据证明其在作出行政处罚前，已履行责令限期改正且存在从技术层面确实无法通过“采取改正措施消除影响”之情形的，应属违反法定程序。

（作者单位：福建省龙岩市中级人民法院）

行政机关不能以土地市场价格变化等理由不履行土地出让协议

卢 瑜

【案例索引】

河南省高级人民法院（2017）豫行终2263号。

焦作中弘卓越置业有限公司诉焦作市国土资源局未按照约定履行国有土地出让协议一案，因双方均不服焦作市中级人民法院（2017）豫08行初6号行政判决，向河南省高级人民法院提起上诉。

【裁判要旨】

诚实信用法律原则是现代法治社会的基本原则。行政协议需要行政机关和行政相对人秉承诚实信用的原则切实履行协议义务，尤其是行政机关一方应当作为诚信履约的典范，发挥示范效应，保证行政协议的有效履行。在履行过程中，未出现解除、变更协议法定事由的情况下，行政相对人要求继续履行协议的诉求应当得到支持。本案中，在协议内容对出让价格有明确约定的情况下，行政机关应当按照协议约定继续履行。

【裁判文书】

河南省高级人民法院

行政判决书

（2017）豫行终2263号

上诉人（一审原告）：焦作中弘卓越置业有限公司，住所地河南省焦作市东环路北段松鹤园社区。

法定代表人：段霈霖，总经理。

委托代理人：赵振华，河南苗硕律师事务所律师。

委托代理人：李黔，河南久灵律师事务所律师。

上诉人（一审被告）：焦作市国土资源局，住所地：河南省焦作市山阳区焦东路3188号。

法定代表人：钟会学，局长。

委托代理人：陈宁，焦作市国土资源局工作人员。

委托代理人：李素玲，河南达成律师事务所律师。

焦作中弘卓越置业有限公司、焦作市国土资源局因焦作中弘卓越置业有限公司诉焦作市国土资源局未按照约定履行国有土地出让协议一案，不服焦作市中级人民法院（2017）豫08行初6号行政判决，向本院提起上诉。本院受理后，依法组成合议庭，公开开庭审理了本案。上诉人焦作中弘卓越置业有限公司（以下简称中弘公司）的委托代理人赵振华、李黔，上诉人焦作市国土资源局（以下简称焦作市国土局）的委托代理人陈宁、李素玲到庭参加诉讼。本案现已审理终结。

焦作市中级人民法院一审查明：2009年9月14日，焦作市国土局委托焦作市地产交易中心发布《JGT2009－21号国有建设用地使用权挂牌出让须知》（以下简称《出让须知》），以挂牌方式出让宗地编号为JGT2009－21号的国有建设用地使用权。2009年11月26日，焦作市国土局与中弘公司签订豫（焦）出让（2009）第0041号《国有建设用地使用权出让合同》（以下简称《出让合同》），将JGT2009－21号宗地的国有建设用地使用权出让给中弘公司，出让单价为1425.70元/m^2。2010年5月12日，焦作市国土局与中弘公司签订豫焦出让（2009）第0041号《国有建设用地使用权出让合同》补充协议（以下简称《补充协议》），双方就JGT2009－21号宗地的出让金缴纳方式、金额及土地使用权登记等问题达成相关补充协议。2010年7月28日，焦作市国土局以焦国土资〔2010〕137号文件的形式向焦作市人民政府请示，请求将山阳路东侧、JGT2009－21号地西侧的17.29亩国有建设用地按JGT2009－21号地的成交价出让给中弘公司并得到了焦作市人民政府的批准。2012年12月13日，中弘公司缴纳了JGT2009－21号宗地地块一的土地出让金并于2012年12月21日取得了焦国用（2012）第04447号国有土地使用证。2013 年 8 月 30 日，中弘公司缴纳了 JGT2009－21 号宗地地块二的土地出让金并于 2013 年 11 月 5 日取得了焦国用（2013）第 05552 号国有土地使用证。在 JGT2009－21 号宗地南侧及东南侧，有两块 139 号土地证项下未处置的土地，分别为：南侧地块一 13854m^2、东南侧地块二 12255m^2，2013 年 11 月 13 日焦作市人民政府作出焦政土〔2013〕249 号文件将上述地块纳入政府土地储备库。2013 年 7 月 31 日，焦作市人民政府作出焦政土〔2013〕251 号文件将 JGT2009－21 号地北侧边角地纳入政府土地储备库。2016 年 7 月 1 日和 8 月 19 日，中弘公司分别向焦作市人民政府和焦作市国土资源局主张 JGT2009－21 号地北侧边角地的出让事项和 JGT2009－21 号宗地地块一、地块二出让金的利息问题，在未获答复的情况下，2017 年 1 月 5 日，中弘公司提起本案诉讼。

焦作市中级人民法院一审认为：本案的争议焦点有两个：一是焦作市国土局是否应当将 JGT2009－21 号宗地北侧的边角地以及 139 号土地证项下剩余土地出让给中弘公司，出让价格如何确定？二是中弘公司提出的赔偿请求能否成立？

一、关于 JGT2009－21 号宗地北侧的边角地以及 139 号土地证项下剩余土地的出让问题。1. 2009 年 9 月 14 日的《出让须知》第十部分注意事项及要求第（十一）项明确规定：“JGT2009－21 号宗地是由焦作市建设投资（控股）有限公司焦国用（2008）第 139 号土地证项下的部分土地和焦作市群英水泥厂土地组成。周边边角地以及焦作市建设投资（控股）有限公司焦国用（2008）第 139 号土地证项下剩余土地，由山阳区政府做好拆除、安置及征收补偿工作。竞得人需按照该区域完整的控制性详细规划及先出让宗地的成交价补交出让金，焦作市国土资源局在土地征收、收购及拆迁、安置、补偿到位后，为竞得人办理供地手续，竞得人进行开发建设。”从该项表述来看，能够看出作为 JGT2009－21 号宗地的出让方，焦作市国土局承诺该宗地的竞得人可以按照挂牌出让的成交价受让 JGT2009－21 号宗地周边边角地以及 139 号土地证项下剩余的土地。作为 JGT2009－21 号国有建设用地使用权挂牌出让文件之一，《出让须知》应当是该宗地出让合同的组成部分，对此焦作市国土局在其答辩中也予以认可。焦作市中级人民法院认为，既然作为合同的组成部分，各方当事人就应当按照约定全面履行自己的义务。并且 2010 年 7 月 28 日，焦作市国土局以焦国土资〔2010〕137 号文件的形式向焦作市人民政府请示，请求将山阳路东侧、JGT2009 - 21 号地西侧的 17.29 亩国有建设用地按 JGT2009 - 21 号地的成交价出让给中弘公司并得到了焦作市人民政府的批准。由此可见，焦作市国土局也以自己的行为实际履行了《出让须知》所确定的内容。因此，中弘公司作为 JGT2009 - 21 号宗地的竞得人，享有按照 2009 年 JGT2009 - 21 号宗地的成交价受让 JGT2009 - 21 号宗地北侧边角地以及 139 号土地证项下剩余的土地的权利。2. 针对焦作市国土局提出的中弘公司没有在 2009 年 10 月当时或合理的期限内按成交价先行缴纳边角地、剩余土地的出让金以及房地产行情发生巨大变化应当按照现行评估价确定 JGT2009 - 21 号宗地周边边角地以及 139 号土地证项下剩余土地价格的答辩意见。焦作市中级人民法院认为，中弘公司竞得 JGT2009 - 21 号宗地时该宗地北侧边角地以及 139 号土地证项下剩余土地并不具备出让条件，直到 2013 年 7 月 31 日和 11 月 13 日焦作市人民政府才下文将上述土地纳入政府土地储备库，而北侧边角地的补偿款项 2015 年 3 月 12 日才支付完毕，139 号土地证项下剩余土地直到目前为止还不具备出让条件，所以焦作市国土局在涉诉土地不具备出让条件的情况下要求中弘公司先行支付土地出让金的说法无事实和法律依据。至于本案涉诉土地的出让价格，中弘公司提供的证据能够证明 2009 年 JGT2009 - 21 号宗地出让时，该宗地周边单位多，为避免用地方面出现纠纷及顺利实施土地出让以减少财政资金损失和尽快安置群英水泥厂职工，经焦作市人民政府同意，将 JGT2009 - 21 号宗地先行挂牌出让，该宗地周边边角地和 139 号土地证项下剩余土地待履行相应程序后由焦作市国土局按照该区域的规划及 JGT2009 - 21 号宗地的成交价出让给竞得人。焦作市中级人民法院认为，作为土地行政主管部门，焦作市国土局完全能够预料到 JGT2009 - 21 号宗地周边边角地和 139 号土地证项下剩余土地的征收、收购、拆迁、补偿等工作需要一定的时间，在此过程中土地价格会随市场发展而变化的情况。所以焦作市国土局在《出让须知》承诺竞得人可以按成交价受让 JGT2009 - 21 号宗地周边边角地和 139 号土地证项下剩余土地，即表明其愿意接受相关市场风险；并且在 JGT2009 - 21 号宗地挂牌出让时，相关申请人也是在全面了解《出让须知》的基础上才报名参加竞买的，基于诚实信用原则焦作市国土局也应当履行《出让须知》中的承诺。所以焦作市国土局提出按照现行评估价出让 JGT2009 - 21 号宗地北侧边角地和 139 号土地证项下剩余土地的主张不能成立，依法不予支持。3. JGT2009 - 21 号宗地北侧边角地和139号土地证项下剩余土地是否具备出让条件的问题。本案中，JGT2009－21号宗地北侧边角地中弘公司和焦作市国土局均认可目前具备了出让条件，但双方对139号土地证项下剩余土地是否具备出让条件存在争议。焦作市国土局提供的焦作市土地收购储备中心出具的情况说明能够证明，JGT2009－21号宗地南侧尚有139号土地证项下未处置土地两块，其中南侧地块一已经纳入政府土地储备库，规划部门也对该地块进行了规划，但规划用地范围东侧有二层住房未拆除，目前不具备出让条件；东南侧地块二也已经纳入政府土地储备库，但规划部门还没有对该地块进行规划，目前也不具备出让条件。上述事实，庭审中中弘公司也予以认可，并且其对139号土地证项下未处置的两块土地是否具备出让条件也提供不出有力的证据。因此，焦作市中级人民法院认为，JGT2009－21号宗地北侧边角地目前已经具备出让条件，中弘公司可以按照2009年JGT2009－21号宗地的成交价即1425.70元/m^2的价格受让该块土地（具体面积以签订出让合同时测绘部门的测绘数据为准）；139号土地证项下剩余的土地目前不具备出让条件，中弘公司可待具备出让条件时另行主张。

二、关于中弘公司提出的赔偿问题。1. 中弘公司要求焦作市国土局支付因未及时出让JGT2009－21号宗地的北侧边角地及139号土地证项下剩余土地给自己造成的损失100万元，但中弘公司对该项请求并未提供任何证据来证明，庭审中也称此项损失是自己估算的，指的是自己开发土地所能带来的经济收益。焦作市中级人民法院认为，当事人所主张的损失应当是因他人的行为导致自己已经发生或者必然要产生的损失，本案中，中弘公司在还没有取得JGT2009－21号宗地的北侧边角地及139号土地证项下剩余土地使用权的情况下，就将对上述土地不确定的预期商业利益作为自己的损失没有事实和法律依据，焦作市中级人民法院对其提出的第二项诉讼请求依法不予支持。2. 中弘公司要求焦作市国土局支付其JGT2009－21号宗地地块一和地块二的出让金利息共计34048544.40元，其主要理由是根据2010年5月12日双方签订的《补充协议》中第三条约定："宗地一、宗地二应缴土地出让金，待该规划内城市道路修建性规划经市政府批准后60日内一次性付清。"后焦作市国土局在并不具备上述款项支付条件的情况下，违反补充协议的约定强制要求中弘公司提前缴纳上述两块地的土地出让金，为此中弘公司多承担了34048544.40元的资金利息。对此，焦作市中级人民法院认为，中弘公司、焦作市国土局签订的《补充协议》第五条同时也约定："受让人可根据本协议第一条计算结果分宗地缴纳土地出让金，四宗地可分别申请土地登记，也可以一起申请土地登记。"《土地登记办法》（国土资源部令第40号）第二十七条规定："依法以出让方式取得国有建设用地使用权的，当事人应当在付清全部国有土地出让价款后，持国有建设用地使用权出让合同和土地出让价款缴纳凭证等相关证明材料，申请出让国有建设用地使用权初始登记。"由此可见，当事人在申请国有建设用地使用权初始登记前，付清全部的土地出让价款是其法定的义务。本案中，中弘公司就JGT2009－21号宗地地块一和地块二是分别申请土地登记的，并且也分别领取了两个地块的国有土地使用证，因此其应当付清相应的土地出让金，所以其称焦作市国土局违反补充协议的约定强制要求其提前缴纳两块土地的土地出让金的说法亦不能成立，其要求焦作市国土局赔偿相应利息损失的第三项和第四项诉讼请求依法不予支持。
3. 中弘公司要求焦作市国土局支付其未正常租赁商铺损失36817666.08元，理由是受政府规划道路影响。对此，焦作市中级人民法院认为，中弘公司所称的规划道路并未在JGT2009－21号宗地的出让范围内，并且也没有任何证据证明焦作市国土局在JGT2009－21号宗地的出让合同中负有中弘公司所称的规划道路的修建义务，所以中弘公司要求焦作市国土局承担因受规划道路影响导致其不能正常租赁商铺的损失无法律依据，焦作市中级人民法院对其第五项诉讼请求依法不予支持。

焦作市中级人民法院一审判决：（一）焦作市国土局应当在本判决生效后30日内将JGT2009－21号宗地北侧的边角地以1425.70元/m^2的价格出让给中弘公司（具体面积以签订出让合同时测绘部门的测绘数据为准）。（二）驳回中弘公司的其他诉讼请求。案件受理费401131元，由中弘公司负担。

上诉人中弘公司不服一审判决第二项内容，向本院上诉称：（一）本案焦作市国土局具有延期出让土地的违约情形，应当承担赔偿损失的违约责任。（二）一审法院依据《土地登记办法》第二十七条作出判决，系认定事实错误、适用法律错误。焦作市国土局在地块一、地块二不具备支付条件的情况下，违反《补充协议》的约定，强制要求中弘公司提前缴纳土地出让金，使中弘公司提早近3年缴纳了土地出让金，多承担了34048544.4元资金利息，对焦作市国土局而言属于不当得利。（三）中弘公司作为房地产开发商，基本社会功能是及早建好小区、及时投入使用，本案中，焦作市国土局的不作为使得建好的房产无法发挥作用，产生巨大的社会资源浪费。根据焦作市沿街商业租赁市场调查统计估算，2012 年至 2016 年期间中弘公司因此遭受损失 36817666.08 元。综上，请求依法撤销一审判决第二项，改判支持中弘公司的其他诉讼请求，并判决一、二审诉讼费由焦作市国土局承担。

焦作市国土局答辩称：（一）一审判决认定事实错误，适用法律不当，导致第一项判决错误。（二）中弘公司要求焦作市国土局赔偿的诉讼请求超过民事诉讼时效及行政起诉期限，且于法无据，中弘公司对一审判决第二项内容提出的上诉理由不能成立，一审判决第二项认定事实清楚、适用法律正确，依法应予维持。

上诉人焦作市国土局不服一审判决第一项内容，向本院上诉称：（一）一审法院判决中弘公司按原成交价支付出让金违反法律规定，违背公共利益，中弘公司的诉讼请求依法应予驳回。（二）中弘公司未及时缴纳涉案土地出让金，即使其有权受让涉案土地，也应当按照现行评估价格重新确定涉案土地的出让价格，一审认定事实错误。（三）一审法院认定涉案宗地中的剩余土地具备出让条件后可另行主张属于认定错误。综上，请求依法撤销一审判决第一项内容，改判驳回中弘公司的诉讼请求，一、二审诉讼费用均由中弘公司承担。

中弘公司答辩称：（一）焦作市国土局对中弘公司有权受让 JGT2009 - 21 号宗地北侧边角地以及 139 号土地证项下剩余的土地不持异议。（二）一审法院判决焦作市国土局将 JGT2009 - 21 号宗地北侧边角地以 1425.70 元/m^2 价格出让给中弘公司，认定事实清楚，适用法律正确。焦作市国土局依据《中华人民共和国合同法》第六十三条主张涉案价格应执行政府定价或者政府指导价，是断章取义，不能成立。（三）由于 139 号土地证项下剩余的土地上不符合出让条件，在此情况下，一审法院判决中弘公司待土地具备出让条件后另行主张并无不当。

本院二审查明事实与一审查明事实一致。

本院认为：

（一）涉案土地的出让价格应以协议约定为准。两上诉人中弘公司、焦作市国土局对本案 JGT2009 - 21 号宗地北侧边角地及 139 号土地证项下剩余土地的位置、面积均无争议，对出让价格存在争议。依据焦作市地产交易中心于 2009 年 9 月 14 日发布的《出让须知》第十部分第（十一）项的规定，JGT2009 - 21 号宗地竞得人应以宗地的成交价格补交宗地北侧边角地及 139

号土地证项下剩余土地的出让金，因此，中弘公司作为 JGT2009-21 号宗地的竞得人，有权以宗地成交价格，即 1425.70 元/m^2 受让涉案土地。

首先，《出让须知》内容作为合同的一部分，双方并无争议。诚实信用法律原则是现代法治社会的基本原则。行政协议需要行政机关和行政相对人秉承诚实信用的原则切实履行协议义务，尤其是行政机关一方应当作为诚信履约的典范，发挥示范效应，保证行政协议的有效履行。本案中，在协议内容对出让价格有明确约定的情况下，应当以协议为准。

其次，焦作市国土局上诉称应当变更协议中土地出让价格的上诉理由不成立。《最高人民法院关于适用〈中华人民共和国合同法〉若干问题的解释（二）》第二十六条规定，“合同成立以后客观情况发生了当事人在订立合同时无法预见的、非不可抗力造成的不属于商业风险的重大变化，继续履行合同对于一方当事人明显不公平或者不能实现合同目的，当事人请求人民法院变更或者解除合同的，人民法院应当根据公平原则，并结合案件的实际情况确定是否变更或者解除”。房地产行情变化属于正常的市场风险，不属于该司法解释规定的可以变更或解除合同的法定情形，故焦作市国土局关于因房地产行情发生巨大变化要求按照现行评估价格重新确定涉案土地出让价格的主张没有法律依据。焦作市国土局的该项上诉理由不成立，依法不予支持。

最后，焦作市国土局关于中弘公司未先行缴纳涉案土地出让金、要求重新确定涉案土地出让价格的上诉理由不成立。中弘公司与焦作市国土局签订的《出让合同》《补充协议》中均未对缴纳涉案土地出让金的时间作出约定。依据《土地登记办法》（国土资源部令第 40 号）第二十七条的规定，当事人应当在申请出让国有建设用地使用权初始登记前，付清全部国有土地出让价款。故中弘公司应当在申请出让国有建设用地使用权初始登记前付清土地出让款，在此之前，其是否缴纳土地出让金并不影响受让涉案土地的权利。焦作市国土局以中弘公司没有在 2009 年 10 月或合理期限内先行缴纳涉案土地的出让金为由，要求按照现行评估价格重新确定涉案土地出让价格的主张，没有事实和法律依据。焦作市国土局的该项上诉理由不成立，依法不予支持。

（二）中弘公司在 139 号土地证项下剩余土地具备出让条件时可另行主张权利。本案中，中弘公司及焦作市国土局对 JGT2009-21 号宗地北侧边角地已具备出让条件无争议，对 139 号土地证项下剩余土地是否具备出让条件有争议。通过焦作市中级人民法院一审查明及本院二审庭审可知，JGT2009-21

号宗地南侧地块一上仍有两层小楼，地块二还未经规划部门规划，均不具备出让条件，故一审法院认为中弘公司可待该地块具备出让条件时另行主张并无不当。焦作市国土局的该项上诉理由不成立，依法不予支持。

（三）中弘公司要求焦作市国土局赔偿其损失的主张，不予支持。中弘公司主张焦作市国土局应当承担违约责任，但其提供的证据不能证明其估算的各项损失是由焦作市国土局造成的，其要求焦作市国土局赔偿损失的诉讼请求无事实依据。此外，关于中弘公司主张其被迫提早缴纳了土地出让金，焦作市国土局应当赔偿其多承担的资金利息的问题，由于中弘公司于2012年12月13日缴纳了地块一的土地出让金并于2012年12月21日取得了该地块的国有土地使用证，后于2013年8月30日缴纳了地块二的土地出让金并于2013年11月5日取得了该地块的国有土地使用证，其缴纳土地出让金至取得相应地块国有土地使用证的期间属于合理期间，中弘公司提前缴纳土地出让金的行为符合《土地登记办法》（国土资源部令第40号）第二十七条的规定，其要求焦作市国土局赔偿资金利息没有事实和法律依据。中弘公司的该项上诉理由不成立，依法不予支持。

综上，上诉人中弘公司和焦作市国土局双方的上诉理由均不成立，依法不予支持。一审判决认定事实清楚、适用法律正确，依法予以维持。依照《中华人民共和国行政诉讼法》第八十九条第一款第（二）项的规定，判决如下：

驳回焦作中弘卓越置业有限公司、焦作市国土资源局的上诉，维持焦作市中级人民法院（2017）豫08行初6号行政判决。

二审案件受理费401131元，由上诉人焦作中弘卓越置业有限公司承担。

本判决为终审判决。

审 判 长 杨 巍

审 判 员 卢 瑜

代理审判员 韩凤丽

二〇一八年三月二十六日

书 记 员 路明爽

【评析】

随着2003年《行政许可法》的实施，政府诚信成为一项重要的法治原则。诚实守信是市场经济的基本要求和重要保障。政府失信不仅损害当事人的合法权益，更容易造成不诚信的社会风气，从而严重损害市场经济秩序。但迄今为止，仍有一些政府领导对政府诚信原则不了解，习惯于长官意志主导工作，爱承诺，但事后不兑现，损害当事人利益和正当的社会秩序。从司法实践看，近几年以政府不守诚信为由要求政府履行承诺或者承担补偿、赔偿责任的案件数量不断增多，争议标的越来越大，甚至达到数亿元。以行政协议案件为例，2015年河南全省法院受理106件，2016年跃升至289件，2017年受理235件，2018年达到435件，大多与行政机关失信行为有关。行政机关不守诚信的主要表现是：随意改变行政协议条件或者违背协议约定，损害相对人利益；违法承诺企业或个人使用土地，待企业或个人使用土地实施建设后，又以承诺不合法为由收回土地使用权；为招商引资，违法许诺减少土地出让金、减免税收或者先建后批等，而后又因领导更换、新官不理旧政等拒不履行承诺。本案就是在这个背景下产生的行政协议争议案件，法院应运用信赖保护原则约束行政机关的不诚信行为。

（一）信赖保护原则的价值

信赖保护原则是诚信原则在行政法中的具体体现，具有十分重要的法治意义和实践价值。信赖保护原则强调的是特定情况下超出特别法具体规范之外的实质公正，是国家与公民之间在行政许可法律关系中的一个缓冲地带，能够很好地调和国家公权力运行与公民私权利行使之间的矛盾，从而推动社会和经济在公私矛盾的相互作用中发展进步。其作为解决因信赖利益产生的纠纷的方法，具有不可替代的作用。信赖保护原则不仅有利于诚信法治政府的建设，更有利于保护行政相对人的合法权益。

（二）信赖保护原则的构成要素

信赖保护原则的构成要素应当包括：（1）存在信赖基础；（2）具备信赖行为；（3）信赖值得保护。第一，信赖基础即人民信赖什么，本案中市国土局已经作出了数个明确的行为，包括发布《出让须知》，与相对人中弘公司签订《出让协议》《补充协议》。市国土局是拥有法定职权的合法行政主体，具有独立承担责任的能力，以其真实的意思表示向相对人传达了与其订立行政协议的合意，市国土局的意思表示具有外部效力，因此符合行政行为成立的要素。市国土局首先作出了确定有效的行政行为，构成了相对人产生信赖的前提。第二，具备信赖行为，也称信赖表现，指行政相对人基于对行政行为的信赖而采取的具体行为（包括作为和不作为）。本案的行政相对人中弘公司基于对市国土局签订协议的信赖，充分相信市国土局对于未处置土地会按照竞拍时的价格进行出让，且关于未处置土地的出让价格在《出让须知》中已有明确的表述。中弘公司基于协议的签订，已经缴纳了土地出让金并取得了相关土地的使用权证书，对于其主张以竞拍时价格获得JGT2008－20号宗地北侧的边角地存在合理性。第三，信赖值得保护，即值得保护的信赖须是"正当的信赖"。所谓"正当的信赖"，是指"人民对国家之行为或法律状态深信不疑，且对信赖基础之成立为善意并无过失；若下来之成立系可归责于人民之事由所致，信赖即非正常，而不值得保护"①。本案中弘公司基于协议签订条款关于土地出让价格的约定属于正当合理的信赖，应当给予保护。因此市国土局不顾协议约定而主张改变出让价格的行为不具有正当性。本案被诉标的是市国土局与中弘公司签订的土地出让协议，该协议是在法律允许的范围内的意思自治行为，应得到法律保护。协议一旦签订，协议双方均应当遵守诚实信用原则，积极履行协议约定的义务。作为行政协议一方当事人的行政机关，市国土局更应当按照诚实信用原则履行协议确定的义务，中弘公司合理的信赖利益应当得到保护。

（三）信赖利益保护的限度

信赖保护原则是行政法领域通用的原则之一，其比较集中应用于行政许可法领域，并重点表现在行政授益性行为方面。参照《行政许可法》第69条第1款、第2款的规定，行政机关有过错可以撤销行政许可，被许可人以欺骗、贿赂等不正当手段取得行政许可的应当撤销，以此可见信赖利益的保护是有限度的，即法律只保护正当、合法、合理的信赖利益。本案中弘公司在协议签订时不存在欺骗、贿赂等不正当手段，其合法合理的权益应当被保护，但是对于其主张的市国土局承担的违约赔偿责任，负有举证责任。另外，信

① 城仲模：《行政法之一般法律原则（二）》，台湾三民书局1997年版，第239页、第241页。

赖保护的利益是已经发生的客观经济损失，不包括当事人主观臆断的、不存在证据支撑的预期可得利益。本案中，中弘公司关于赔偿其经济损失的主张缺乏证据支持，故该诉讼请求不予支持。

（作者单位：河南省高级人民法院）

征稿启事

《行政执法与行政审判》是最高人民法院针对行政审判工作出版发行的唯一的综合指导性图书。丛书自出版以来，深受全国各地法院行政审判法官、行政执法人员和专家学者的普遍欢迎和好评。对各级法院行政审判工作具有权威的指导作用，对各级各部门行政机关依法行政和行政法、行政管理专业的专家学者具有较强的参考作用。

本丛书及时刊登行政法的最新司法解释、司法文件、司法政策及解读，具有典型和指导意义的审判案例及分析，行政执法和行政审判的调研信息及成果等内容，设有“大法官论坛”“理论探索”“案例分析”“实务争鸣”“调查研究”“司法文件”等栏目。现编委会竭诚向全国的行政执法和行政审判理论和实务工作者征稿。来稿要求：

一、稿件应属未公开发表的作品。请勿一稿两投。

二、优先发表在本书所涉领域有创见的、高水平的文章，来稿采用与否以理论和实务价值为标准。

三、稿件引文应当注明出处，注释体例参见本书“写作体例说明”。

四、稿件最好为附打印稿的 word 文件电子版。

五、稿件一经发表，文责自负，但编者保留对来稿进行技术性加工处理的权利。文章一经采用，由本编辑部统一付给稿酬。

六、来稿请按以下联系方式寄送：

地址：北京市东城区东交民巷 27 号

最高人民法院行政审判庭　梁凤云

邮编：100745

请在信封正面注明“《行政执法与行政审判》来稿”字样。

E－mail：zgfyxzt@ sohu. com

《行政执法与行政审判》编委会

写作体例说明

一、交付稿件要求

（一）总体要求

齐（不缺页、不缺件）、清（稿面清楚）、定（已定稿的稿件）。提供稿件电子版，并附打印清样，出版社视清样为最终定稿。

（二）具体要求

纸样用 A4 纸，单面打印。

电子版内容一定要与提供的清样内容相同。

二、编辑体例

正文编码顺序按：一、（一）1.（1）①第一，其一，等来编排。

三、技术规范

数字用法：

统计数字、时间、物理量等均用阿拉伯数字（如：100kg　45.8 万元　11 个月　4.9 万册　12.4 亿人）；法条号尊重原文，即原文是汉字的用汉字，原文是阿拉伯数字的用阿拉伯数字。

注释方法：

1. 一般原则

（1）注释采取页下注，注释号每页重新起算；

（2）引注作品的，注释应完整；

（3）作者为三人或三人以上的，首次引用时应显示全部作者，重复出现时可在第一作者之后加“等”字样。

2. 著作引文注释范例

一般格式：作者/书名/出版社/出版年代/页码

如：×××/×××编著/×××主编：《×××》，××出版社××年版，第××页。

3. 文章引文注释范例

一般格式：作者/文章题目/引自何种出版物/出版时间/页码

（1）著作中文章

××：《文章名》，载××主编：《书名》，××出版社××年版，第××页。

（2）期刊中的文章

××：《文章名》，载《期刊名》××年第×期。

（3）报纸上的文章

××：《文章名》，载《报纸名》××年××月××日，第×版。

图书在版编目（CIP）数据

行政执法与行政审判. 总第77集／中华人民共和国最高人民法院行政审判庭编．—北京：中国法制出版社，2020. 8

ISBN 978－7－5216－1216－5

Ⅰ. ①行… Ⅱ. ①中… Ⅲ. ①行政执法－中国－丛刊②行政诉讼－审判－中国－丛刊 Ⅳ. ①D922. 11－55②D925. 318. 2－55

中国版本图书馆 CIP 数据核字（2020）第134892号

责任编辑　周琼妮（zqn－zqn@126. com）　　封面设计　杨鑫宇

行政执法与行政审判（总第77集）

XINGZHENG ZHIFA YU XINGZHENG SHENPAN（ZONG DI－77 JI）

编者／中华人民共和国最高人民法院行政审判庭

经销／新华书店

印刷／三河市紫恒印装有限公司

开本／710毫米×1000毫米　16开　　印张／16. 25　字数／221千

版次／2020年8月第1版　　2020年8月第1次印刷

中国法制出版社出版

书号 ISBN 978－7－5216－1216－5　　定价：68. 00元

北京西单横二条2号

邮政编码 100031　　传真：010－66031119

网址：http：//www. zgfzs. com　　**编辑部电话：010－66067023**

市场营销部电话：010－66033393　　**邮购部电话：010－66033288**

（如有印装质量问题，请与本社印务部联系调换。电话：010－66032926）